Fotos Carolin Friese

Vom Glück beim Essen

saisonal | regional | bio

CHRISTIAN

Inhalt

Vorwort 6

Reportage 8

Gestatten, Rainer 10

Von der Burgstuben Residenz
zu Hensen's Residenz 13

Kochen wie Gott in Frankreich 17

Zwischen zweiter Heimat und
einer Hobbyküche 18

Austern aus der Gezeiten-Lagune 21

Junges Gemüse oder mein Weg
zu Anneliese 22

Von Oliven, die noch grün hinter
den Ohren sind 25

Stresslos: ein Rinderleben bei
Hubert Rahm 26

Von Schweinen und Ziegenkäse 29

»Furztrocken«: wie Günter zum Wein
und ich zu Günter kam 30

Rezepte 38

Grundrezepte 40

Essen wie früher 50

Kochen für und mit Freunde(n) 84

Kochen für besondere Gäste 118

Zeit zu zweit 152

Register 182
Danksagung 186
Impressum 188

Vorwort

Mein Name ist Rainer Hensen, ich bin einer der wenigen Bio-Sterne-Köche in Deutschland und das aus Überzeugung. In *Vom Glück beim Essen* habe ich für Sie Rezepte aus über 30 Jahren als Küchenchef meines Gourmet-Restaurants *St. Jacques* zusammengetragen. Manche Gerichte stammen aus meinen Anfängen, manche wurden für dieses Buch neu kreiert. In ihrer Gesamtheit bilden sie einen kleinen Ausschnitt meiner Küche und zeigen meine Herangehensweise ans Kochen.

Ein paar Seiten in diesem Buch habe ich reserviert, um Ihnen den Koch und den Menschen Rainer Hensen mit seinen Überzeugungen vorzustellen. Warum ist es notwendig, die Herkunft von Zutaten zu kennen? Warum braucht es persönliche Beziehungen zwischen dem Küchenchef und seinen Produzenten? Warum sollte sich jeder für die Produktionsweisen seiner Lebensmittel interessieren? Ich hoffe, Ihnen auf diesen Seiten zumindest einige gute Antworten geben und meine Ansichten vermitteln zu können.

Ich bin überzeugt davon, dass ich als Restaurantinhaber und Koch immer genau prüfen muss, von wem ich meine Produkte bekomme. Bevor wir im *St. Jacques* mit einem neuen Winzer, einem Olivenbauern oder Rinderzüchter zusammenarbeiten, besuche ich die Leute. Dafür reise ich auch gerne nach Südfrankreich, Mallorca oder Griechenland. Ich lasse mir erklären, was genau sie machen und warum. Ich muss spüren, dass da Liebe hineinfließt. Ein Stück weit bin ich damit auch ein Sammler besonderer Menschen geworden, glaube ich. Menschen, die den ökologischen Anspruch genauso hochhalten wie ich. Leute, die rein natürlich produzieren, die Tieren und Pflanzen die Bedingungen geben, die diese brauchen. Gegen alle Widerstände. Weil sie an ihr Produkt glauben. Weil der Geschmack dadurch der richtige wird.

Ich suche nach diesen Menschen, nach meinen »positiv Verrückten«. Sehen Sie in mir in diesem Sinne einfach eine Art Trüffelschwein. Aber stellen Sie es sich bitte nicht zu bildlich vor!

Mein großer Dank gilt an dieser Stelle vor allem meiner Frau. Sie hat ihre eigenen Zukunftspläne für meine Ideen zurückgestellt und mir von Anfang an bedingungslos zur Seite gestanden. Sie übernahm das Büro, den Service, erzog unsere Tochter. Mir ist schmerzlich bewusst, dass es für beide eine entbehrungsreiche Zeit war und dass sie von 1986 bis 2007 durch die vielen Umbauten fast wie auf einer Baustelle gelebt haben. Wenn ich in diesem Buch also von mir spreche, ist damit immer ein »wir« gemeint. Ohne sie wäre ich nicht da, wo ich bin.

Reportage

Gestatten, Rainer

»Wer ist denn überhaupt dieser Rainer Hensen?«, werden sich jetzt manche völlig zu Recht fragen. Damit Sie mich ein bisschen verstehen, versuche ich, ein Bild mit dem ganz groben Pinsel zu malen. Ich stamme aus Randerath, einem Ort am Niederrhein, im Westen des Westens, unweit der niederländischen Grenze. Seit meiner Kindheit bin ich hier tief verwurzelt und noch heute kann ich zu den meisten Häusern eine Geschichte erzählen. Welches Geschäft hatte hier früher geöffnet? Wie sahen die Schaufenster aus, wenn es überhaupt welche gab? Welcher Inhaber folgte auf wen? Das ist kein Kunststück, weil sich mein Leben auf diesen Ort konzentrierte. Wir sind damals zwar öfter umgezogen, dabei ging es aber höchstens um ein paar Hundert Meter.

Um den Ort herum liegen Wiesen und Felder. Durch Randerath fließt die Wurm, ein kleiner, meistens sacht dahinplätschernder Fluss. Wo heute ein paar Bäume sind oder ein großer Garten ist, da waren früher für uns dichte Wälder, verwunschene Orte für Baumhäuser und Kampfgebiet von Kinderbanden. Mein Leben fand draußen statt – es war ein Abenteuer, in dem ich meinen Helden Huckleberry Finn und Tom Sawyer nacheiferte.

Bis heute hat sich der Ort kaum verändert. Ein, zwei Neubaugebiete sind dazugekommen. Geschäfte, Kneipen und Restaurants sind verschwunden, wie leider fast überall auf dem Land. Was sich für mich geändert hat, ist meine Sicht auf den Ort und seine Menschen. Als ich hier im Jahr 1986 die *Burgstuben Residenz* eröffnet habe, wurde das von der Dorfgemeinschaft begrüßt. Ein neuer Tresen, Gerstensaft, Pommes, Currywurst – so waren die Erwartungen. Die erfüllte ich von Anfang an nicht. Ich wollte nicht die kulinarische Welt revolutionieren – das will ich heute übrigens auch nicht; aber ich wollte frisch kochen, alles selbst gemacht. Doch schon das passte nicht zu den Erwartungen.

Es dauerte nicht lange, bis ich mich weiterentwickelte. Ich war neugierig. Ich wollte mich herausfordern. Neue Geschmäcker, neue Richtungen kennenlernen und sehen, ob ich sie mit meinem Verständnis vom Kochen kombinieren konnte. Dass ich kein Imbissbudenbesitzer sein wollte und mich täglich mehr und mehr davon wegbewegte, merkten auch meine Gäste im Dorf. Aber erklären, warum das für mich wichtig war und wohin ich wollte, wurde für mich immer schwieriger. Irgendwann fehlte mir dafür die Zeit – und später auch die Lust.

Das Kochen habe ich wie jeder andere im Rahmen einer Ausbildung gelernt, dann folgte eine Bäckerlehre. Von da an war mein Weg zum Stern allerdings ein anderer als bei vielen meiner Kollegen: Ich bin nicht zu den Großen gegangen, um dort weiter zu lernen. Die Namen meiner Ausbildungsbetriebe hatten nicht den Klang und dazu fehlte mir das Selbstbewusstsein. Ich habe vielmehr in der nächstgrößeren Stadt in der Polizeikantine gearbeitet. Dann war ich vier Jahre Koch bei der Bundeswehr und danach machte ich mich selbstständig.

Mein Mentor war Norbert, ein hiesiger Zahnarzt, der schon im Studium einen Großteil seines Geldes in Restaurantbesuche investiert hatte. Er hatte mir damals viel voraus und einige unbequeme Wahrheiten für mich. Er war Motivator, Richter und Ideengeber zugleich – das trieb mich an. Dennoch habe ich mir jeden Entwicklungsschritt selbst erarbeiten müssen – von den ersten Jahren als kleiner Koch, der sich das eigene Essen kaum leisten konnte, bis heute. Ich habe mir meinen Stern sozusagen erkocht und »erfressen«.

Try and error. Immer wieder. Jeden Tag noch einmal etwas ausprobieren. Wenn tagsüber viele Eindrücke auf mich eingeprasselt waren, begann es im Kopf zu rattern. Ich hatte immer einen Notizblock am Nachttisch. Geschmack erträumen kann ich ganz gut. Ich kann im Traum auch Geschmäcker kombinieren, das scheint mit dem Unterbewusstsein gut zu harmonieren. Am nächsten Morgen musste ich es noch vor dem Frühstück nachkochen, Testerin war unsere Postbotin. Das war irgendwann eingespielt, sie ging immer gleich durch in die Küche. Da stand der Hensen mit erwartungsvollem Blick und sie musste kosten. Das war von ihr mutiger, als man es heute ahnen kann.

Sagen musste sie nie etwas: Wenn etwas richtig schmeckte, entstand ein Leuchten in den Augen, es änderte sich etwas im Ausdruck. Was danach gesagt wurde, interessiert mich nicht – im schlimmsten Fall fühlt sich jemand noch genötigt, dich zu loben.

Heute bin ich ein Koch, ein Mensch mit einer Mission. Frisch und saisonal zu kochen, reicht mir schon lange nicht mehr. Das Besondere finde ich in natürlichen Produkten, etwa bei der Gemüsehändlerin meines Vertrauens, die ihre Pflanzen mit Liebe pflegt oder bei meinem verrückten Winzer in Südfrankreich. Die Leidenschaft, die in diese Produkte investiert wird, schmeckt man!

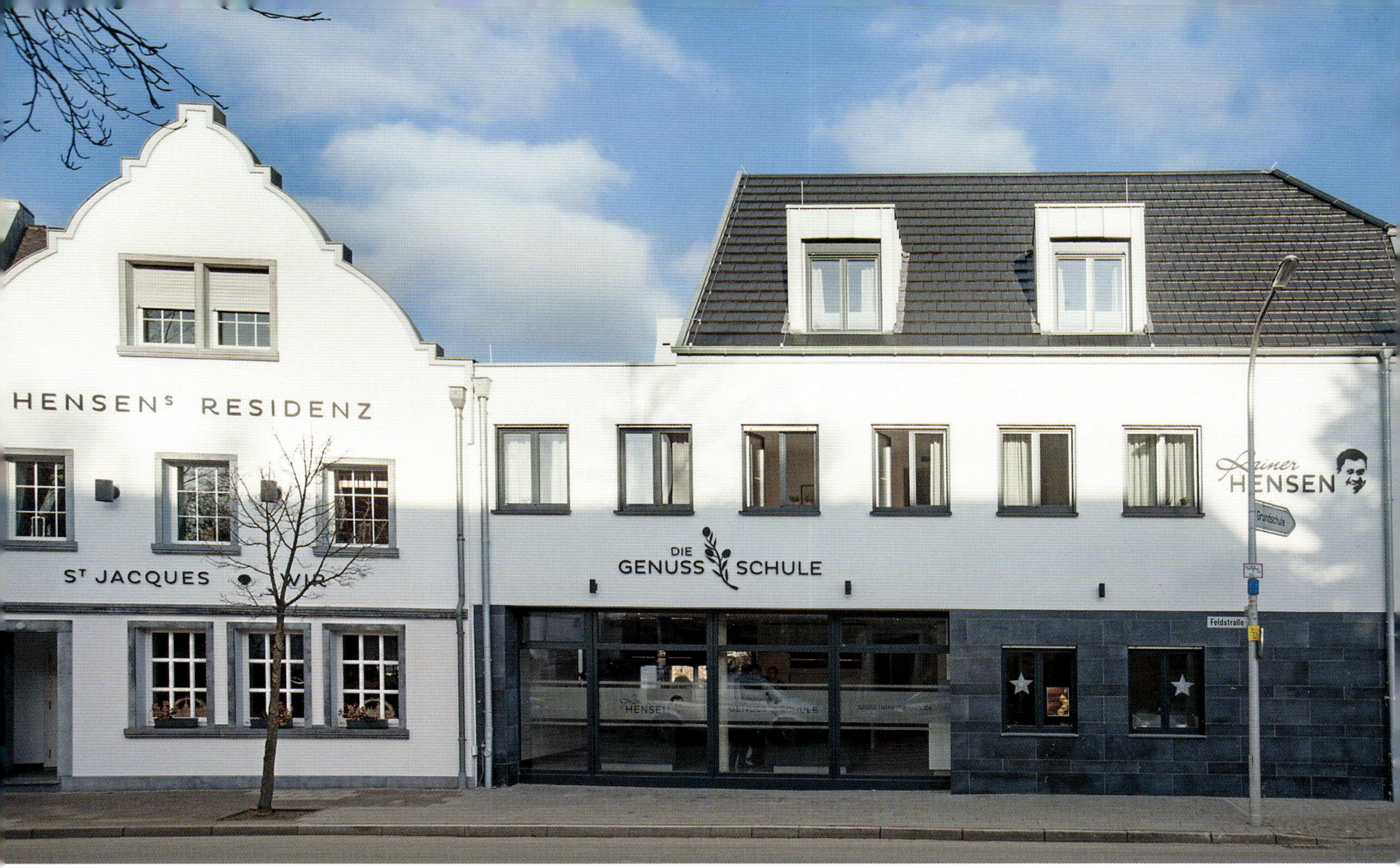
HENSENS RESIDENZ
ST JACQUES WIR
DIE GENUSS SCHULE
Rainer HENSEN
Grundschule
Feldstraße

t Raum ...
für Kochku
St. Jacques
Rainer Hensen

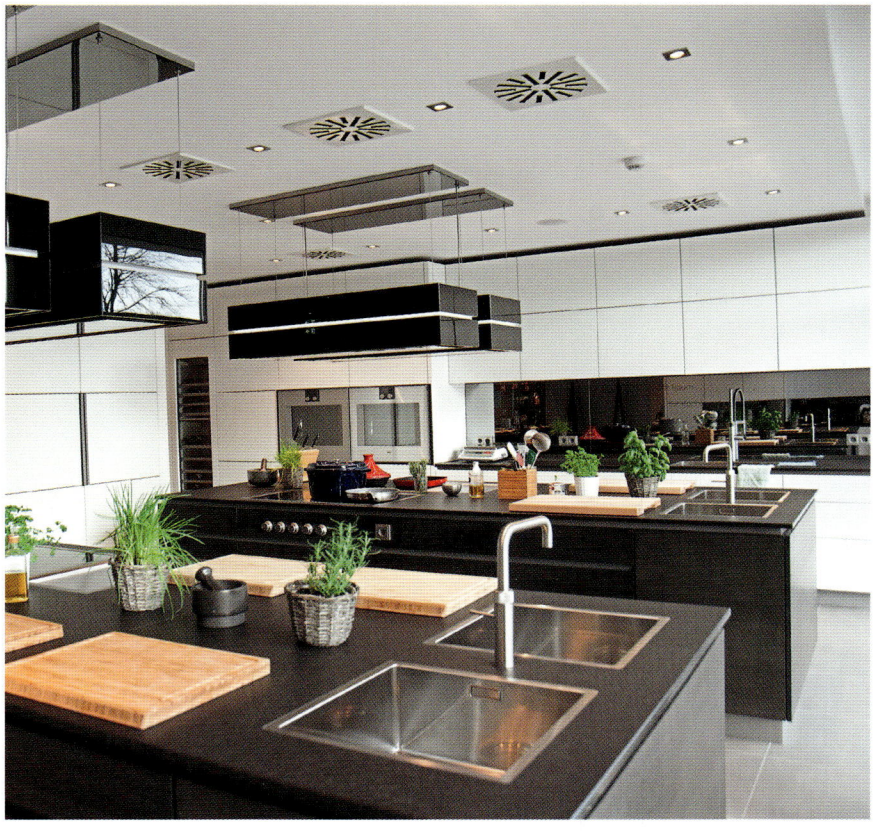

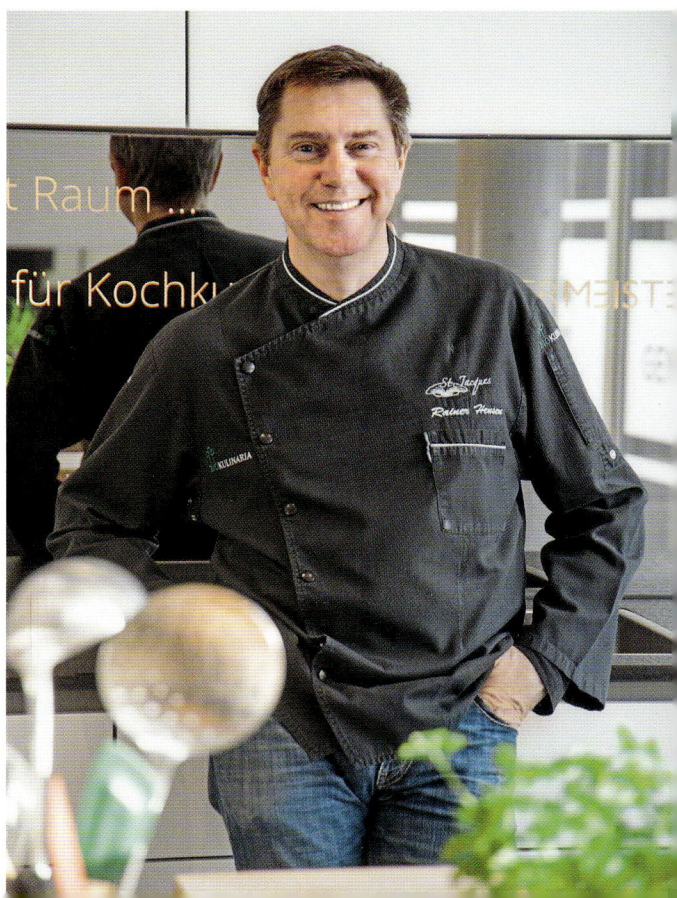

Von der Burgstuben Residenz zu Hensens Residenz

Als wir im Jahr 2002 unseren Stern bekommen haben, war ich total baff. Denn lange Zeit habe ich gesagt: »Was soll ich mit einem Stern?« Die Leute sollten das lecker finden, was ich machte. Hauptsache, sie kommen wieder und ich kann davon leben. Seit der Eröffnung der *Burgstuben Residenz* haben wir daran gearbeitet, uns täglich zu verbessern, 16 Jahre ausprobieren, sich herausfordern, lernen. Der Stern war eine riesige Anerkennung für unsere Arbeit. Eine, die sich viel besser anfühlte, als ich mir zuvor habe eingestehen wollen.

Ich hätte aber nicht das Selbstvertrauen gehabt, jemanden gezielt auf mich hinzuweisen. »Was, wenn du dann nicht gut genug bist?«, habe ich mich damals gefragt. Ich wollte lieber positiv überraschen und durch das Kochen auf mich aufmerksam machen. Dass das schließlich klappte, war für uns alle eine große Freude. Eine Freude, die ich inzwischen mit meinem Küchenchef Alexander Wulf teile. Er hat kürzlich mit dem Team seinen ersten Stern erkocht. Chapeau, Alexander!

Wie bereits angedeutet, war mein Weg zum guten Koch ein wenig anders als bei manchen Kollegen. Das Gleiche gilt auch für den Entwicklungsweg unserer *Burgstuben Residenz* mit dem Gourmetrestaurant *St. Jacques* und der *Brasserie Wir*. Im Prinzip entwickeln wir ständig Neues oder überlegen uns Verbesserungen. Nach dem kompletten Umbau vor der Eröffnung folgte der Bau des Wintergartens, der Außenanlage mit Teich, des vorderen Bereichs mit der Brasserie. Der letzte Um- und Ausbau ist 2016 fertig geworden. Wir haben das Hotel *Hensens Residenz* mit fünf Zimmern und einer Suite direkt neben das Restaurant und die Brasserie gebaut. Oben sind die Zimmer, unten ist unsere neue Genussschule, wo unsere Kochkurse stattfinden.

Viele Gäste haben mich schon gefragt, warum ich in Randerath bleibe. Hier, irgendwo im Nirgendwo in der Nähe der niederländischen Grenze, hier sei doch nichts. Hier ist aber meine Heimat. Klar hätte ich zum Beispiel nach Düsseldorf gehen können, wahrscheinlich hätte ich dort auch wesentlich mehr Umsatz gemacht. Aber es hätte sich falsch angefühlt, denn es wäre ein Schritt von mir weg gewesen. Ich will aber ich bleiben und mich nicht verstellen. Ich kann es auch nicht – ich bin einfach Randerather. Und dieses Bodenständige und Verwurzelte findet man auch in unserer Küche.

In der Genussschule versuchen wir, den Teilnehmern unsere Ideen vom Kochen schmackhaft zu machen. Das *St. Jacques* steht für französische und mediterrane Küche, für saisonale Produkte aus der Region, aber vor allem für klaren Geschmack. Wir sind hier Traditionalisten, fast Puristen. Das heißt, ich möchte, dass man auf dem Teller erkennt, was man isst. Showeffekte sind nicht meins und alles Verkünstelte geht mir gegen den Strich. Gerade weil wir hier so großen Wert auf die Qualität unserer Zutaten legen, tun wir alles, um ihnen eine Bühne zu bereiten. Es geht darum, den natürlichen, umwerfenden Geschmack der Produkte hervorzuheben.

Wie kann das aussehen? Indem man sich intensiv mit dem Produkt beschäftigt. Man muss einen Kontakt dazu herstellen. Es befühlen, riechen, anschauen. Ein Beispiel: Spargel. Dann schwirren bei uns Fragen durch den Kopf. Was braucht er? Wie können wir seinen Geschmack unterstützen? Welche Garmethode? Was passiert dann geschmacklich damit? Welcher geschmackliche Partner kommt dazu? Machen wir etwas Traditionelles, aber auf ganz andere Weise? Versuchen wir etwas Neues? Man muss das für sich völlig neu fühlen, denn wenn man zu festgefahren ist, führt der Weg in eine Sackgasse. Entweder lasse ich dann Dinge weg, weil ich sie als überflüssig empfinde, oder ich tue etwas hinzu, was mir schon immer gefehlt hat.

Das Wichtigste ist jedoch, mit Leidenschaft zu kochen und die Dinge zu Ende zu denken. Für mich ist Leidenschaft die Basis des Kochberufs – wer die nicht hat, kann handwerklich ein guter Koch werden, aber ihm wird immer etwas fehlen. Er kann sich nicht in seine Produkte einfühlen.

Übrigens, dieser Fokus auf Leidenschaft und Einfühlung gilt auch für alle Rezepte, die Sie in diesem Buch finden: Ich freue mich über jeden, der sich nicht sklavisch an alle Punkte im Rezept hält. Wenn etwas nicht da ist, nehmen Sie etwas anderes. Fühlen Sie sich ein! Machen Sie die Rezepturen zu Ihren Gerichten! Aber fragen Sie nach der Herkunft der Produkte und wie sie produziert wurden. Fragen Sie im Supermarkt oder im Bauernladen, ob es das auch als ökologisch produzierte Variante gibt. Beißen Sie einmal in eine Tomate aus dem Garten Ihres Nachbarn, die noch nie einen Kühlraum von innen gesehen hat und die in voller Reife steht. Nehmen Sie sie direkt im Sonnenschein warm vom Strauch. Und beißen Sie dann in eine typische, fast industriell produzierte Hollandtomate.

In unserer Genussschule wollen wir unsere Ideen für gesunde, natürliche Ernährung jetzt erweitern. Wir arbeiten gerade an einem Konzept, das gesunde Ernährung und Bewegung kombiniert. Einen Arzt, einen Ökotrophologen und einen Physiotherapeuten haben wir bereits an Bord. Unser Ziel: hin zu einer gesünderen Lebenseinstellung. Das wird spannend!

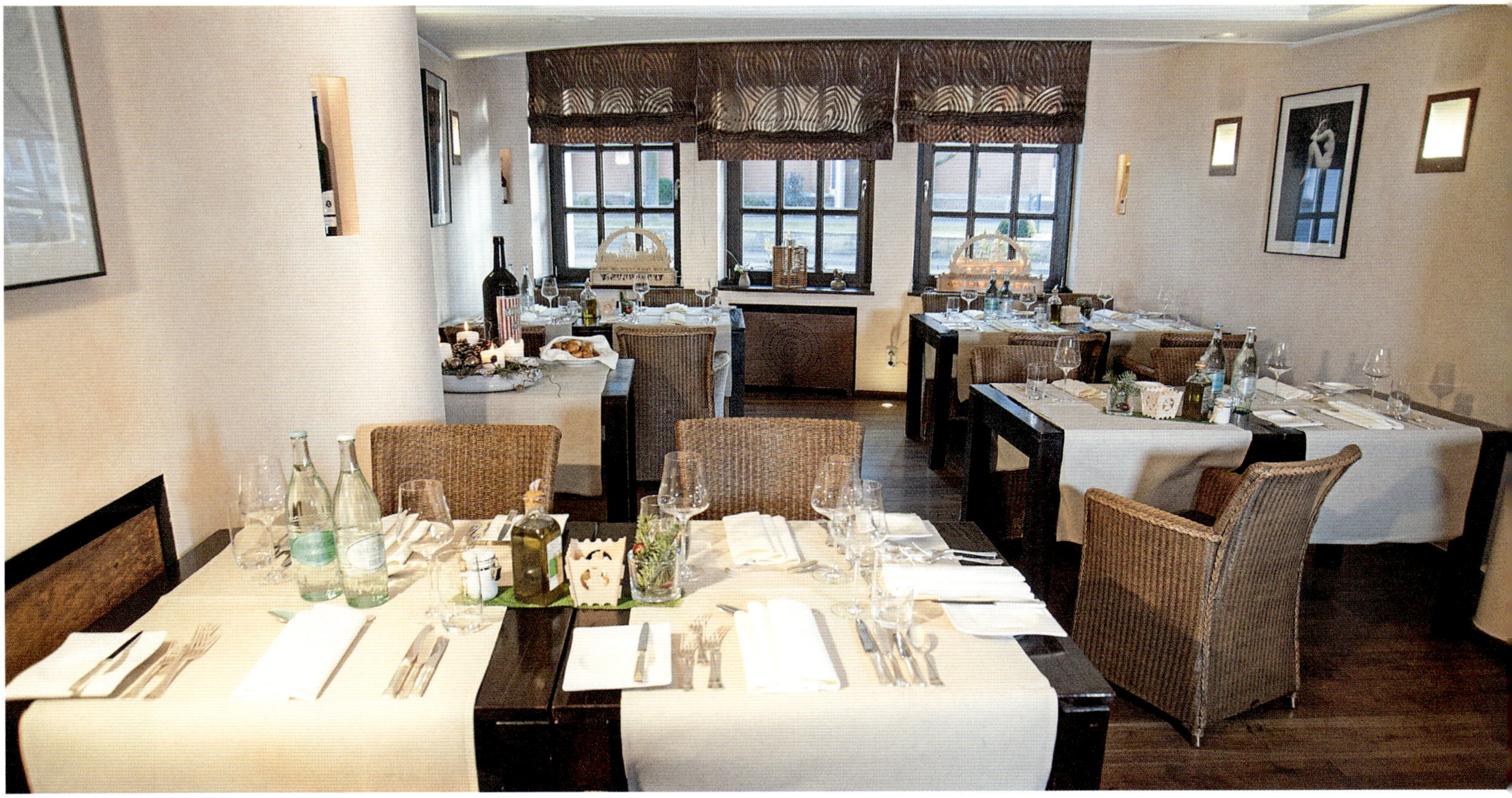

O·LIVE
VANITY KIT
SHOWER CAP
SEWING KIT

ST. EUGENE
POL Y FENOLL

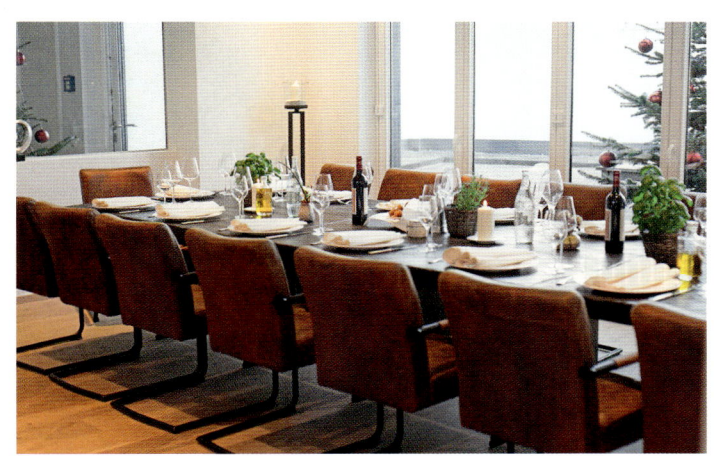

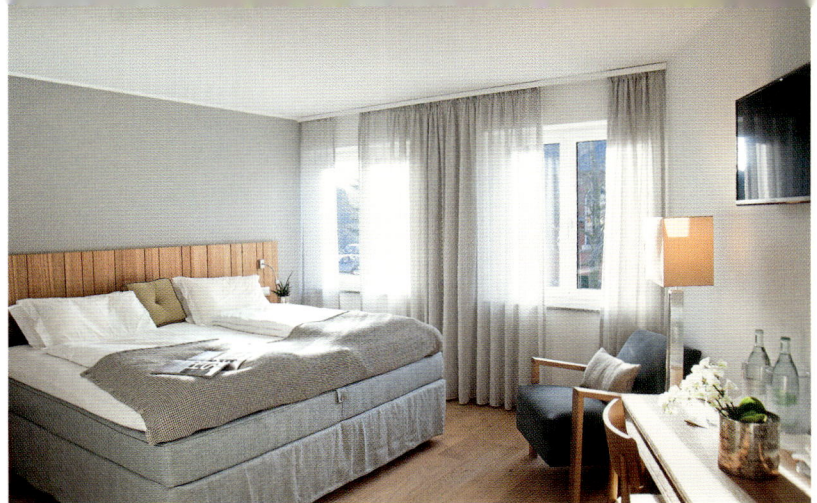

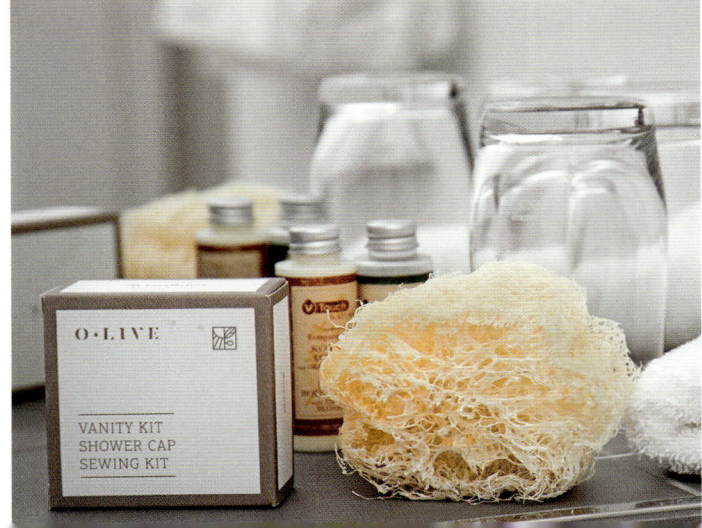

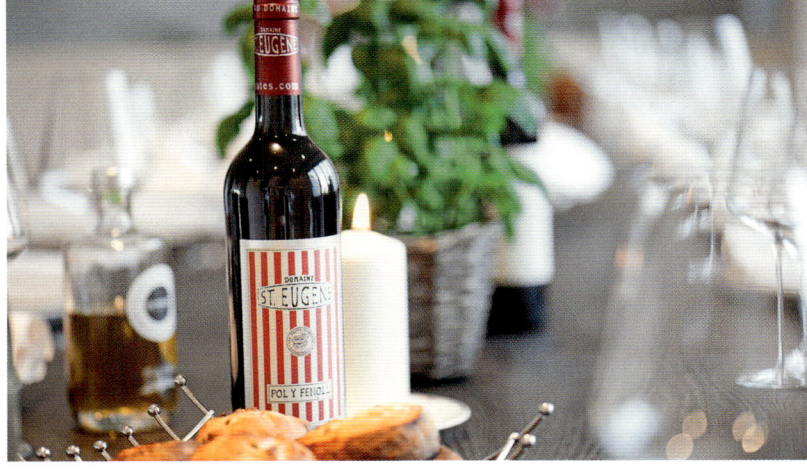

Kochen wie Gott in Frankreich

Das *Château les Sacristains* ist für mich ein mystischer Ort. Hier richten wir unsere Genusskurse in Südfrankreich aus. Inzwischen ist es zu einem zweiten Zuhause für meine Frau Rosi und mich geworden.

Die historische Domäne liegt malerisch zwischen Rebland, Obst- und Olivenfeldern, Trüffelhainen und Pinienwäldern in einer sacht geschwungenen Landschaftslinie. Eingefasst ist das Château von Grünflächen, die die Grenzen der Anlage markieren. Es gehörte früher zur Abtei von Valmagne. Mönche pflegten hier Wein, Gärten und die Ländereien, rund 75 Hektar Land gehören zum Anwesen. Diese Historie und Weite atmet die Anlage mit jeder Faser. Rosen und Efeu umranken die Natursteingebäude aus dem 18. Jahrhundert. Einzigartig ist der Duft. Diese Mischung aus Lorbeer, Rosmarin und Jasminblüten hat einen tiefen Eindruck bei mir hinterlassen. Die Farben liegen irgendwo zwischen Sand und Terrakotta. Im roten Morgen- und Abendlicht wirkt es fast so, als würde das Château selbst leuchten – ein einmaliges Farbenspiel. Es gibt kaum ein Detail, das Peter Plück, Architekt und Inhaber des Châteaus, nicht bedacht hat. Alles wirkt hier, als sei es natürlich gewachsen, dabei entwickelt Peter die Anlage und Gebäude kontinuierlich weiter.

Das beeindruckende Anwesen und die Art, wie Peter und seine Frau Margarete das Hotel führen, sorgen für eine unglaublich friedvolle Atmosphäre. Sich fallenlassen? Das ist hier keine Frage. 2002 war hier unser erster Genusskurs und für mich gibt es dafür keinen besseren Ort in Frankreich.

Wie oft haben wir im kleinen Restaurant bis in den Morgen getanzt und gefeiert. Wer müde war, nahm auf den Liegen neben dem Pool Platz und schaute in den Sternenhimmel. Das Château liegt kilometerweit von jedem anderen Ort entfernt. Erst seitdem ich hier war, weiß ich, was ein echter Sternenhimmel ist.

Jahrelang sind wir bei unseren Urlauben in Südfrankreich über die Märkte flaniert. Um richtig darin zu schwelgen, fehlten aber Gleichgesinnte, so etwas muss man teilen. Deshalb suchten wir nach einem geeigneten Ort für einen Genusskurs. Einen vagen Tipp gab uns schließlich ein Rechtsanwalt aus Herzogenrath. Es brauchte viel Fragerei und einen über 80-jährigen Harley-Fahrer, uns den Weg zu weisen. Als wir dort ankamen, habe ich mich augenblicklich in den Ort verliebt. »Wenn, dann hier!«, dachte ich. Aber ich traute mich nicht, nach dem Verantwortlichen zu fragen. Schließlich erzählte ich unsere Pläne dem netten Typen an der Bar. »Dann mach es doch einfach«, sagte der spontan. Dann habe ich mit dem Inhaber Peter gesprochen und seitdem sind Südfrankreich und das Château für uns untrennbar miteinander verbunden.

Reportage

Zwischen zweiter Heimat und einer Hobbyküche

Auf Mallorca findet unser zweiter Genusskurs statt. Gerade weil Mallorca die Sinne anders kitzelt als Südfrankreich, macht es so viel Spaß, an beiden Orten zu kochen.

Mallorca ist für mich die Insel der Gegensätze. Es gibt steile Klippen und weitläufige Strände ganz nah beieinander, hoffnungslos überlaufene Touristengegenden und einsame Ortschaften. Es gibt die wilden Olivenbäume, Palmen, Ölbäume und rötlich-braune Erde, die lose aufgeschichteten Steinmauern, das *Cas Xorc*, ein Hotel und Restaurant mit dem spektakulärsten Ausblick, den ich kenne, und dazu das Licht. Das Licht auf Mallorca ist einmalig – egal ob am Morgen, Mittag oder Abend. Dazu kommen die Märkte, die vielen Gastronomen, die wir inzwischen hier kennen und die Häfen mit fangfrischem Fisch. Und dann gibt es die Finca Amapola mit ihren Gastgebern Jörg Hertzner und Nicole Bibard.

Wenn das *Château les Sacristains* unser zweites Zuhause ist, ist die *Finca Amapola* mindestens unser zweites zweites Zuhause. Der erste Eindruck ist hier ziemlich spröde: Ein großes elektrisches Tor versperrt den Zugang zum Gelände und erinnert eher an Fort Knox als an Urlaub. Wenn man diese Hürde aber überwunden hat, ist der Besuch Entspannung pur. Der gesamte Alltag fällt von einem ab, man atmet freier. Als Gast kann man sich hier fast völlig frei zwischen den Gebäuden in Terrakotta und Sandfarben sowie den orangen Natursteinwänden bewegen.

Dass Rosi und ich hier so entspannen können, liegt aber nicht nur an dem sehr angenehmen Luxus, den die Anlage mitbringt. Es liegt vor allem an den entspannten Gastgebern. Ich kann hier um 11.30 Uhr ohne Hektik zu einem göttlichen Frühstück schlurfen. Zeit kennt hier keinen Takt. Ich kann auf einer eigenen Strecke joggen, wenn ich joggen will. Hotelatmosphäre kommt hier kaum auf. Das liegt auch daran, dass Jörg und Nicole ihren Gästen vertrauen. Ein Beispiel: Getränke holt man sich selbst an der Bar. Wer etwas herausnimmt, schreibt an. Bezahlt wird später. Kontrolleure? Pustekuchen! »Wir sind alle erwachsen«, sagt Jörg. Das hat mir von Anfang an sehr gut gefallen.

Ich glaube, auf mich übt die Finca aber auch einen beruflichen Reiz aus. Denn in dieser kleinen Küche einen Genusskurs abzuhalten und für zehn bis 15 Leute zu kochen, ist die tatsächliche Herausforderung auf Mallorca. Jörg ist selbst Koch und hilft aus, wo er kann. Dennoch, das jedes Jahr organisatorisch in der Küche zu meistern, braucht Kreativität. Aber davon haben wir ja reichlich.

Austern aus der Gezeiten-Lagune

Auf die Austernzucht von Florent Tarbouriech und seinen Kindern Florie und Romain bin ich erst 2015 aufmerksam geworden. Es war ein Tipp von Margarete, unserer Gastgeberin auf *Château les Sacristains*. Sie nannte die Austern außergewöhnlich. Worin das Außergewöhnliche bestand, bemerkten wir dann bei unserem Besuch.

Ich könnte Ihnen jetzt etwas von der malerischen Lage direkt an der blau schimmernden Lagune Étang de Thau erzählen, die sich zwischen den Orten Sète, Marseillan und Mèze erstreckt. Von dem langen Steg mit Sitznischen aus weiß ausgeblichenen Holzplanken und von der teils skurrilen Inneneinrichtung im Restaurant *Le St. Barth*, wo unter anderem ein altes Boot als Lampenschirm an der Theke dient. Das ist jedoch alles nur schmückendes Beiwerk – fast schon ein Bild von Südfrankreich, wie man es auf Postkarten erwartet.

Die Austern, die man dort essen kann, sind wirklich etwas Besonderes. Das liegt an der Weise, wie sie von den Tarbouriechs großgezogen werden. Sie nennen sie »l'Huitre Seven«.

Wenn die Austern vier Millimeter groß sind, werden sie Stück für Stück von Hand mit einem Harz an einem Gewebe festgemacht. Die Stoffgewebe werden in die Lagune gebracht und dort an Austerntischen fixiert. Die haben die Tarbouriechs mit Solarpanels und Elektromotoren versehen. Zu bestimmten Zeiten ziehen die Motoren die Gewebe samt der Austern aus dem Wasser. Zu anderen Zeiten werden sie zurück in die Lagune gelassen. So simuliert die Familie die Gezeiten in einer Lagune, die keine Gezeiten kennt.

Das hat auf die Tiere verschiedene Effekte. Unter anderem beeinflussen die künstlichen Gezeiten das Wachstum. Sie wachsen langsamer und dadurch verändert sich die Konsistenz ihres Fleisches, es wird fester, der Geschmack wird intensiver.

Zwei Jahre verbringen die Tiere auf diese Weise in der 18 Kilometer langen Lagune. Danach entfernen die Tarbouriechs die Austern von den Geweben. Sie kommen mit ihren Artgenossen in klares, sauerstoffreiches und salzärmeres Wasser. Dort bleiben sie für eine Weile, erst danach sind sie bereit zum Verzehr.

Der Besuch im Restaurant *Le St. Barth* am nordöstlichen Rand von Marseillan gehört jetzt zu jedem Genusskurs in Südfrankreich. Wir sind nicht nur zum Austernessen dort, sondern lassen uns mit Booten direkt zu den Austernbänken fahren und die Zucht erklären. Für mich ist es immer eines der Highlights, wenn wir dort unten sind.

Übrigens, falls Sie dort selbst einmal hinwollen: Wenn Sie in einer Art verlassener Fischerhütte stehen, gehen Sie einfach weiter durch. Der Besuch lohnt sich.

Reportage

Junges Gemüse oder mein Weg zu Anneliese

Gemüse muss erntefrisch sein, dann schmeckt es am besten. Und es sollte so naturbelassen aufwachsen, wie es nur irgend möglich ist. Ich hätte mir also einen Biobauernhof in meiner Nähe suchen können und alles wäre gut. Kurze Wege, keine Chemie, guter Geschmack. Zum Glück habe ich aber Anneliese kennengelernt.

An Anneliese kam ich vor einigen Jahren über meinen Onkel Dieter. Er brachte immer wieder Gurken, Tomaten oder Kartoffeln von einem kleinen Biobauernhof in dem Ort Broich unweit von Jülich mit. Jedes Mal rieb er mir dabei unter die Nase, wo er seine Mitbringsel herhatte. Dazu hatte er immer irgendwelche Tipps zu der jeweiligen Gemüsesorte auf den Lippen. Das machte mich neugierig. Vor allem, nachdem ich seine Mitbringsel einmal probiert hatte.

Wenn ich an Anneliese denke, sehe ich immer ihre Hände vor mir. Diese wettergegerbten, leicht ledrigen Hände. Sie sehen aus, als hätte sie vor ein paar Minuten noch damit in der Erde gegraben. Ich erwarte dann fast, dass sie im nächsten Moment Wurzeln schlagen.

Das Besondere an Anneliese ist: Sie liebt das, was sie tut, genauso wie ich meine, dass jeder Koch seinen Beruf lieben sollte. Man muss sie nur einmal über ihren Kohlrabi reden hören.

Anneliese ist mit Haut und Haaren für ihre Pflanzen da. Sie zittert mit ihnen, wenn die Witterung nicht optimal ist. Dann entschuldigt sie sich sogar manchmal bei mir. Gelegentlich erklärt sie mir, dass eine Ernte nichts für unser Restaurant wäre, das Ergebnis sei in diesem Jahr einfach nicht optimal. Für perfekte Ergebnisse tut sie alles.

Ich wünschte nur, es würden mehr Menschen erkennen, wie viel Liebe in diesen Produkten steckt. Es würden mehr Leute den Wert dieser Produkte erkennen und den Preis bezahlen, den sie tatsächlich wert sind. Eine Kartoffel von Anneliese und die gängige Industriekartoffel sind nicht vergleichbar. Die sind nur auf Größe und schnelles Wachstum getrimmt. Die Kartoffeln von Anneliese sind dagegen ein Stück Gold aus dem Boden. Ich freue mich jedes Jahr auf die neue Kartoffelernte. Eine Pellkartoffel, eine Prise Fleur de Sel und ein Stück Butter kalt abgeschnitten und auf der Kartoffel zum Zerfließen gebracht. Manchmal reichen die einfachen Dinge. Echter Reichtum. Das ist mein Glück beim Essen.

Von Oliven, die noch grün hinter den Ohren sind

Wenn jemand ganz bewusst auf Produktionsmenge verzichtet, weil er höhere Qualität erreichen will, weckt das bei mir augenblicklich Interesse. Die Familie Fullana auf Mallorca reiht sich da nahtlos in die Gruppe von Produzenten ein, die ich in diesem Buch ganz kurz vorstellen möchte.

Die Fullanas, das sind Miquel, sein Sohn Jaume und seine Töchter Pepa und Rosa. Die Familie besitzt fünf Hektar Land in Esporles und Santa Maria mitten im Tramuntana-Gebirge. Das ist Luftlinie nur einige Kilometer von Palma entfernt, dennoch trennen beide Orte Welten.

Wer die Familie zum ersten Mal auf ihrem Gut besucht, wird von der malerischen Lage zwischen den Bergen der Tramuntana überrascht – die Landschaft ist wunderschön. Der Familienbetrieb liegt dort aber nicht aus ästhetischen Gründen. Das Mikroklima in den Bergen auf rund 450 Metern über dem Meeresspiegel ist hier geradezu ideal für den Anbau von Wein und Oliven – zufällig genau das, was die Fullanas dort machen.

Seit über 60 Jahren arbeitet die Familie im Weinanbau, seit dem Jahr 2000 jedoch streng ökologisch. 2004 haben sie ihr erstes Öl, *Oli de Mallorca*, auf den Markt gebracht. Es hat etwas gedauert, bis wir auf die Fullanas aufmerksam geworden sind, denn die Familie produziert nur Kleinstmengen ihres Öls. Das liegt auch an ihrer Produktionsweise. Die Oliven werden nämlich nicht reif geerntet, sondern schon in einem noch sehr frühen Stadium. Hier braucht es ein sehr geschultes Auge, um den richtigen Zeitpunkt zu bestimmen.

Ich kann mich noch sehr gut daran erinnern, als mich Jaume zum ersten Mal durch das Anwesen führte und vom Olivenöl kosten ließ. Er wartete auf das Leuchten in meinen Augen und das hat er ohne Frage bekommen. Durch die frühe Ernte hat das Öl nur 0,1 bis 0,2 Prozent Säure und ein frischeres, fast grasiges, aber auch würziges Aroma. Mich erinnert der Duft immer an eine frisch gemähte Alpenwiese.

Alles Weitere verläuft nach sehr strengen Richtlinien. Geerntet wird ohne Ausnahme von Hand, was morgens eingeholt wurde, wird nachmittags, spätestens aber am Morgen danach, frisch und kalt verpresst – direkt in der kleinen Anlage auf dem Gut. Oliven, die bereits auf den Boden gefallen sind, bleiben dort.

Mich hat beeindruckt, mit welcher Überzeugung gegen alle unternehmerischen Risiken die Fullanas das Öl, aber auch ihre Weine, produzieren. Aber es braucht so mutige Menschen, um einmalige Produkte zu schaffen.

Reportage

Stresslos: ein Rinderleben bei Hubert Rahm

Unter meinen Verrückten ist Hubert ein Schwergewicht und ich meine das als Kompliment. Denn jemanden wie Hubert Rahm zu treffen, ist für mich die pure Freude.

Hubert züchtet deutsches Angus-Rind. Etwa 60 Rinder haben bei ihm in der Oberpfalz ein fürstliches Leben. Er setzt die Tiere strikt auf Stressdiät. Jede Weide muss bestimmte Merkmale erfüllen, dazu gehören ein natürlicher Bachlauf, eine Suhle, ein Gefälle, damit die Tiere ihre Muskeln sanft trainieren, und ein Waldbestand für Schatten, falls die Sonne scheint. Beim Weidewechsel treibt er die Tiere nicht, er lockt sie, bis sie freiwillig in den Hänger gehen.

Wie ernst ihm die stresslose Zucht ist, habe ich selbst miterlebt. Als meine Fotografin Caro für dieses Buch Fotos machte, bat sie Hubert, die Tiere für ein malerisches Motiv aus dem Schatten der Bäume ins Licht zu führen. Für ihn war das ein Unding. »Wir kommen in zwei Stunden wieder«, sagte er, »dann stehen die Tiere da von ganz alleine.« Das war kein Scherz.

Uns beide verbindet der tiefe Respekt vor der Kreatur. Bei Hubert spiegelt er sich darin wider, wie er auf seine Rinder achtet, sie hegt und pflegt und welche Lebensbedingungen er ihnen schafft. Mit jedem einzelnen Rind geht er selbst zum Schlachter. Ich versuche meinen Respekt zu zollen, indem ich nicht einfach Filet bestelle. Wir nehmen ganze Rinder oder Hälften und verarbeiten alles. Muskeln, Knochen, Sehnen, das ergibt wunderbare Fonds und Saucen. Aber man muss sich beim Kauf des Fleisches immer vor Augen führen, dass da ein Tier für einen gestorben ist. Da bin ich verdammt noch mal dazu verpflichtet, nicht die Hälfte in den Mülleimer zu werfen. Ich sage immer: Wer den Schwanz nicht mag, ist es nicht wert, das Filet zu essen. Oder umgekehrt. Jeder hat ja andere Vorstellungen davon, was das Beste am Rind ist.

Man kann nicht sagen, dass Hubert einen leichten Weg gehen würde. Aber natürlich hat seine besondere Zuchtweise Auswirkungen auf die Tiere. Einen gesünderen Lebensraum werden sie kaum irgendwo finden, dazu leben sie völlig sorglos. Das schmeckt man und es hat seinen Preis – aber den zahle ich gerne.

Trotz unserer tiefen Verbundenheit in der Sache haben Hubert und ich ein Verständigungsproblem: Zwischen seinem Oberpfälzer und meinem niederrheinischen Dialekt liegen Welten. Bei Telefonaten wird das zum Problem. Während ich versuche, seine eben ausgestoßenen Sprachwolken zu entwirren, ist Hubert schon drei Sätze weiter. Ich muss ihn dann immer daran erinnern, langsamer zu sprechen. Seltsam: Ich kann mich mit meinem Olivenproduzenten fast besser verständigen als mit Hubert. Und der ist Mallorquiner und spricht kein Wort Deutsch. Andererseits, Hubert ja auch nicht.

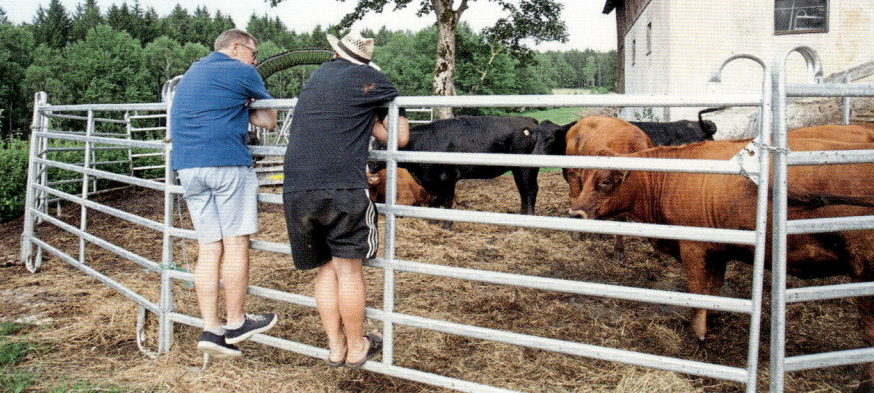

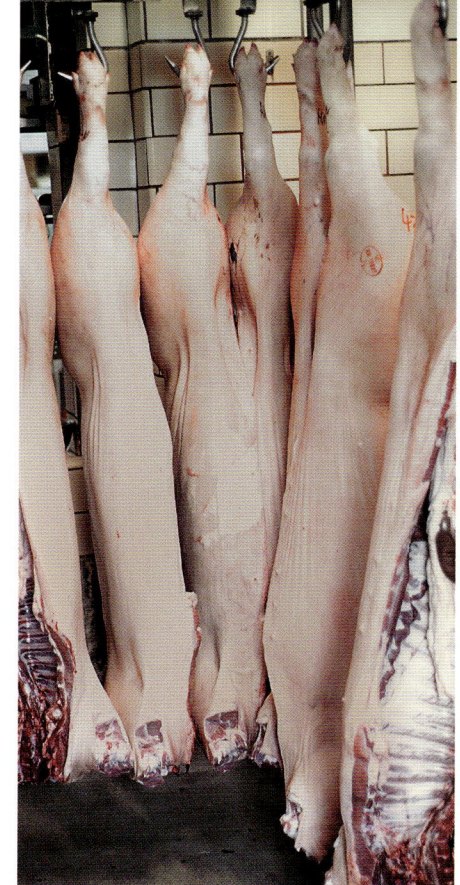

Von Schweinen und Ziegenkäse

Als junger Koch, noch bevor ich mich selbstständig gemacht habe, hatte ich einen Traum. Ich wollte auf einem Bauernhof eine Gemeinschaft von Selbstständigen gründen. Die Idee: Es gibt einen Metzger, einen Bäcker und einen Bauern mit Hofladen. Ich eröffne dazu ein Restaurant. Alle arbeiten zusammen. Die Idee war für 1986 wohl noch etwas zu früh und zerschlug sich. Dann träumte ich davon, Landwirt zu werden. Aber ich hatte nicht das Geld, die Zeit und den Platz dafür. Die Vorstellung von Gemüse aus unserem eigenen Garten finde ich aber immer noch reizvoll. Meine Suche nach Menschen, mit denen ich gemeinsam etwas schaffen kann, egal ob Produzenten oder Kooperationspartner, ist also eine Art Alternative zu diesen Träumen.

Gerd Heinrichs ist einer dieser Menschen, die ich für so eine Kooperation gewinnen konnte. Gerd hat in unserer Region einen eigenen Hof und kennt sich gut mit der Schweinezucht aus. Richtig gut. Für das *St. Jacques*, die Brasserie und *Hensens Residenz* haben wir gemeinsam mit einem hiesigen Metzger eine besondere Salami entwickelt, nach einem Rezept wie vor 100 Jahren. Kein Pökelsalz, komplett ohne Zusatzstoffe. Das funktioniert aber nur mit hervorragendem Fleisch, das selbst genug kräftigen Eigengeschmack mitbringt. Der Auswahlprozess für eine geeignete Rasse war deshalb entscheidend, genau wie die Lebensdauer der Tiere. Unsere Schweine werden erst nach 36 bis 48 Monaten für unsere Wurst und den Schinken geschlachtet. Seit fast einem Jahr gibt es diese Spezialität nun bei uns im Haus und bald soll man sie auch direkt kaufen können.

Ein zweites Projekt ist im Moment noch Zukunftsmusik und bringt mich ein kleines Stück meinen Träumen von einem eigenen Produkt näher: Wir werden eigenen Ziegenkäse produzieren. Streng ökologisch. Zufriedene Tiere, jede Menge Auslauf, wenig Stress. Gerd liebt Ziegen und ist schon jetzt Feuer und Flamme für das Vorhaben. Die Ziegen sind bereits gekauft und im Frühjahr 2018 geht es los. Er macht die Milch, mein Team und ich machen den Käse direkt neben dem Melkstand, rund 3,5 Kilometer von *Hensens Residenz* entfernt. Zumindest für den Start wird uns Angelika Schaub, eine echte Expertin bei der Ziegenkäse-Produktion aus Andalusien, helfen.

Vielleicht halten Sie dann einmal einen Ziegenkäse oder Ziegenquark von Rainer Hensen aus Randerath in Ihren Händen. Tun Sie mir einen Gefallen: Schauen Sie beim Kosten in den Spiegel. Falls Sie ein Leuchten in Ihren Augen sehen, schicken Sie mir davon ein Foto.

Reportage

»Furztrocken«: wie Günter zum Wein und ich zu Günter kam

Günter Hutter stammt aus der IT-Branche. Dennoch ist er mir in ziemlich vielen Dingen ähnlich.

Günter war in Deutschland lange auf der Suche nach einem »furztrockenen« Riesling, wie er selbst sagt. Den hätte es aber nicht gegeben. Was macht man da, als IT-ler in der Pfalz? Man baut ihn selbst an.

Nach ersten Gehversuchen in Deutschland ließ er die IT zurück und wandelte sich zum Winzer mit echtem Herzblut. Ein zweiter Traum zog ihn nach Südfrankreich, ins Languedoc. Er wollte richtig guten Rotwein anbauen. In Didier Fenoll und Paul Vercammen fand er zwei Seelenverwandte. Bei der Namensfindung für ihr Unternehmen beschrieben sie unzählige Blätter und tranken zünftig Wein. Als am Abend ein Gewitter aufzog, legten sie drei Tomaten als Beschwerer auf die Papierstapel. Ein Nachbar sagte schließlich zu den drei Angetrunkenen im Vorbeigehen: »Ihr seht schon aus wie eure drei Tomaten da.« So wurde der Name geboren: *Les Trois Tomates*.

Das war 1996. Im Languedoc nannte man die drei wenig später »Spinner«, weil sie ihre großen Bodenparzellen im Tal gegen die kleinen der Einheimischen im Hang tauschten. Qualität gegen Masse und das bei bedingungslos rein ökologischem Anbau. Ich habe Günter einmal gefragt, warum er auf seine Weine kein »Bio«-Siegel klebt. »Ich produziere natürlich. Das muss man nicht deklarieren«, sagte er. Wer Pestizide und Fungizide verwende, müsse das auf die Flasche schreiben, so werde ein Schuh daraus. Typisch Günter.

Rund 30-mal wird an jedem Rebstock vor der Ernte gearbeitet. Die handgepflückten Trauben kommen in kleine, luftdurchlässige Kisten, damit sie heil bleiben und ihr Saft nicht gärt. Dann werden sie schnell weiterverarbeitet und jede Traube einzeln geprüft. Jede Traube! So sorgt der Winzer dafür, dass nur gesundes, reifes Lesegut in jede Flasche kommt. Ihre Reife erhalten die Weine in 225-Liter-Barriques-Fässern. Günters *Crazy* getaufter Spitzenwein – zehn Rebstöcke wandern hier in eine Flasche – wird von Sammlern immer heiß ersehnt. Aber auch die günstigeren Varianten stechen viele teurere Weine aus.

Wie lernt man so verrückte Ex-ITler kennen? Natürlich auf einer Weinmesse. Bei uns war es die Vinisud in Montpellier, ich war auf der Suche nach neuen Winzern. Von Weitem sah ich bereits seine drei Tomaten auf rotweiß gestreiften Kartons leuchten. »Welcher Vollidiot verkauft denn auf einer Weinmesse Tomatenketchup?«, dachte ich bei mir. Ich kam näher und bemerkte, dass es bei ihm um vollmundige, tiefrote Weine ging. Als ich ihn dann Französisch mit Pfälzer Dialekt sprechen hörte, musste ich ihn einfach kennenlernen.

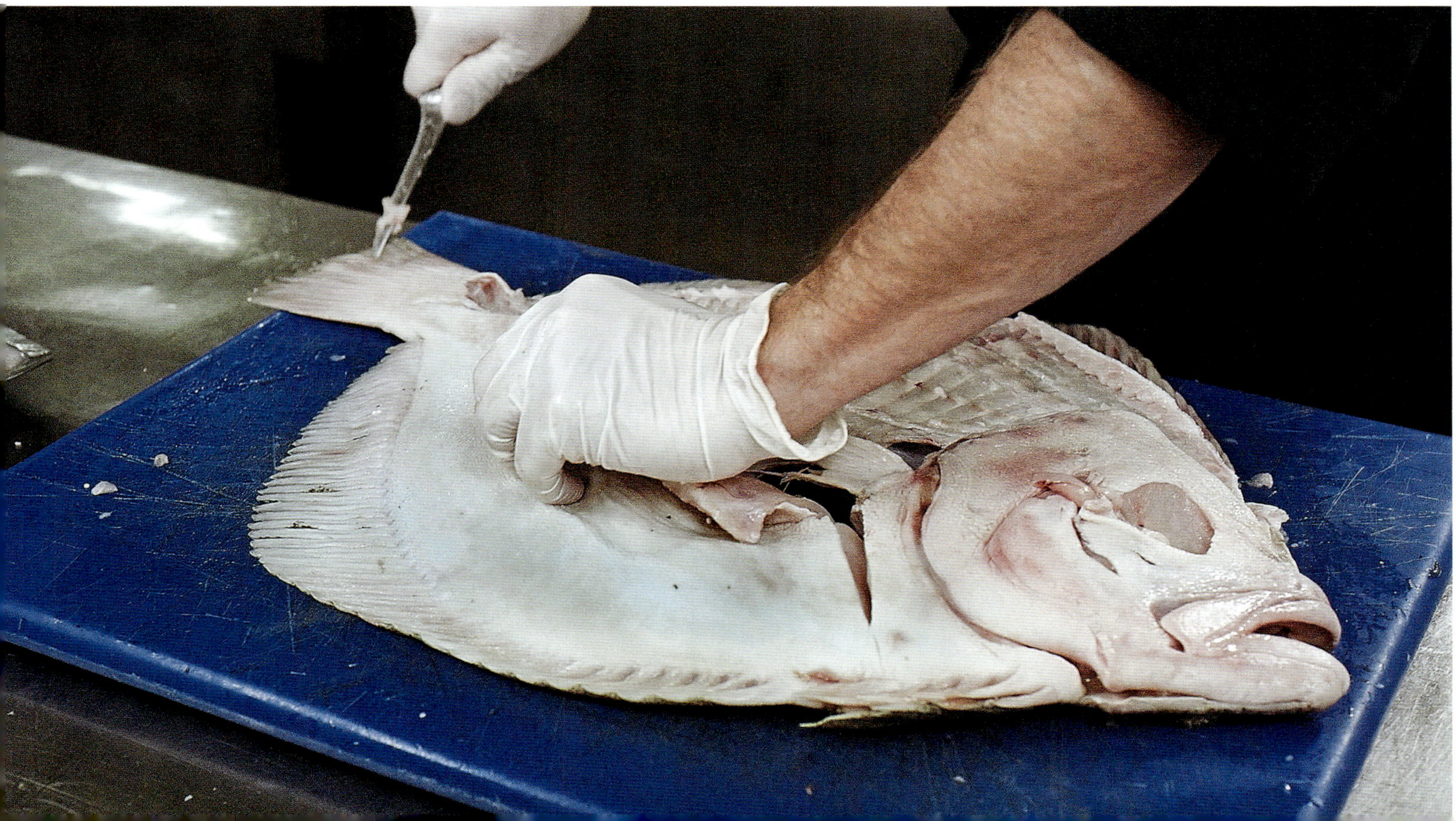

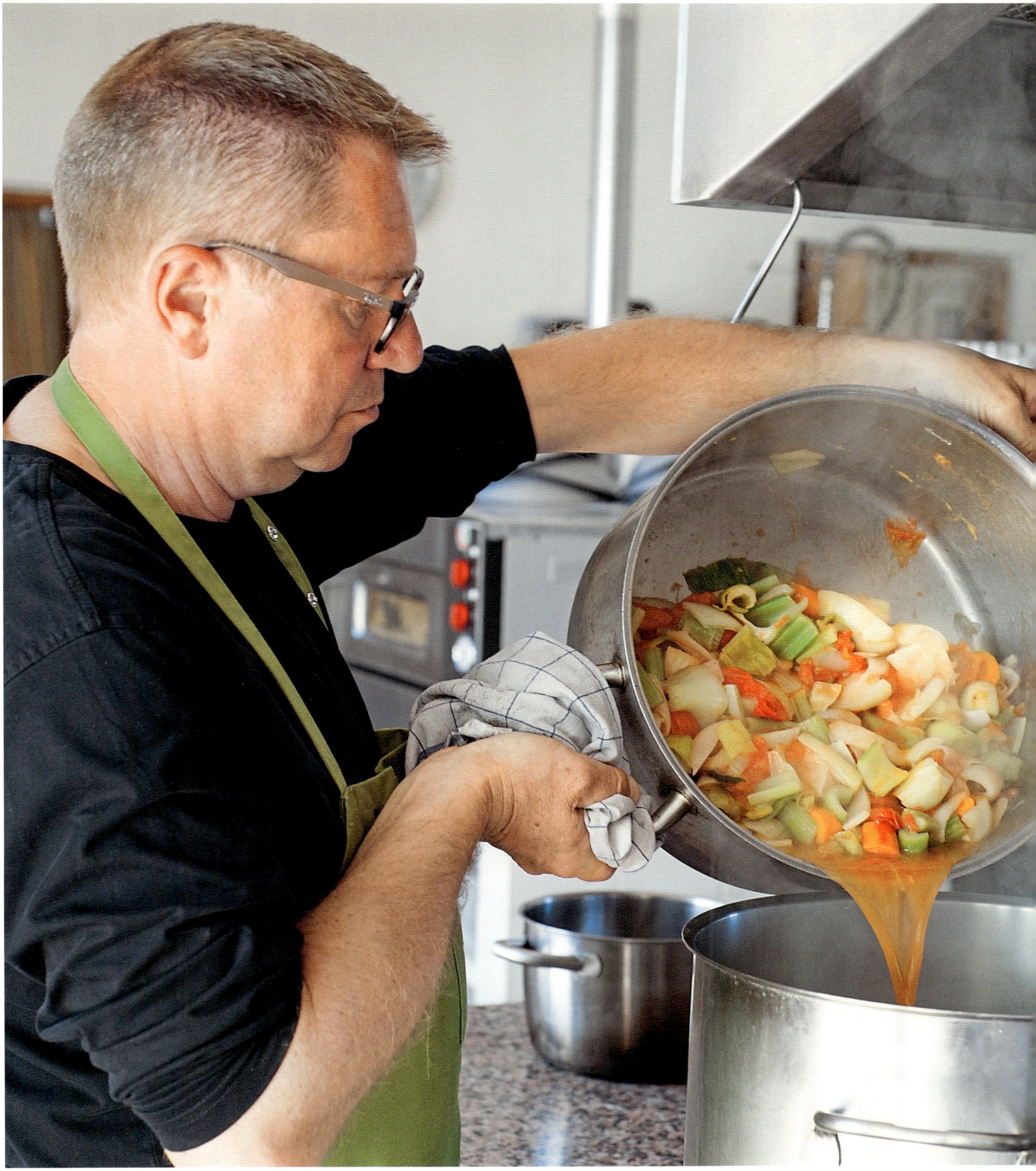

Rezepte

Rainer HENSEN

Zu den Grundlagen gehört Nachhaltigkeit

Machen Sie sich keine Sorgen. Ich werde Sie zu Anfang dieses Kapitels nicht mit den Basiszutaten meiner Küche langweilen. Ich werde auch nicht die Unterschiede zwischen Blanchieren und Dünsten, Pochieren und Sautieren erläutern. Ich möchte auf eine andere Basis meines Kochens hinaus: Nachhaltigkeit. Mir ist es ein Gräuel, wenn Lebensmittel ungenutzt weggeworfen werden. Noch schlimmer finde ich, wenn große Teile von Lebewesen – egal ob Tier oder Pflanze – für die Tonne produziert werden, weil man nur das Herzstück haben will. Ich habe meinem Nachwuchs in der Küche immer beigebracht, dass Kreativität nicht bei der Rezeptur endet. Deshalb haben wir uns im *St. Jacques* zur Aufgabe gemacht, möglichst alles vom Tier zu nutzen. Geht!

Ich kann die Einstellung vieler engagierter Hobbyköche verstehen. Man hat sich über Jahre das Handwerkszeug beigebracht, erlesen, erkocht. Dann macht man sich auf den Weg, raffinierte Rezepte auszuprobieren. Schließlich stellt man sich für die Gäste, seine Familie oder Freunde stundenlang in die Küche. Es soll das Beste werden, was die eigene Kochkunst hergibt. Und dann kommt der Hensen und will auch noch, dass man über Nachhaltigkeit beim Kochen nachdenkt? Diese Frage sehe ich manchmal auf der Stirn meiner Kochkurs-Teilnehmer in Form von Falten eingraviert. Ich sage dann meistens ganz elegant: Ja, verdammt! Das sollst du!

Das fällt mir umso leichter, weil der Weg zu weniger Abfall in der Küche kein schwieriger ist. Er braucht nur etwas Organisation, Kreativität und das Verständnis, dass das Thema Abfall wichtig ist. Ein Beispiel: Sie wollen einen Rinderbraten von der Oberschale machen oder ein Tartar. Bestellen Sie das Stück mit Knochen und Sehnen! Der Metzger wirft diese Teile mit hoher Wahrscheinlichkeit sowieso ungenutzt weg. Das wäre eine Schande. Damit kann man wunderbare Fleischfonds ansetzen. Die köcheln nebenher und machen kaum zusätzliche Arbeit.

Der Gedanke »Das könnte ich ja selbst machen« muss hier nicht enden. Wer mit offenen Augen durch die Welt geht, kann seine Zutaten und den Variantenreichtum seiner Küche stark erweitern. Gehen Sie doch mal im späten Frühling auf dem Land spazieren. Da gibt es Blüten in Hülle und Fülle. Aus den weißen Blütendolden des Holunders lässt sich ein Sirup herstellen, den man für alle möglichen Dinge verwenden kann. Mit Essig zusammen passt er wunderbar zu Spargel. Also: einsammeln und den Sirup nicht irgendwo kaufen. Das Herstellen macht Spaß und spart der Umwelt den Transport und die Verpackung.

Wenn Sie im September an gleicher Stelle den Spaziergang wiederholen (und nicht schon im Frühjahr alle Dolden gepflückt haben), können Sie nun Holunderbeeren mitnehmen. Daraus lässt sich ein herber Saft gewinnen. Eine schöne Note für Saucen, es ist Ihnen aber bestimmt auch niemand böse, wenn Sie daraus Gelee, Kompott oder Kuchen herstellen.

Ein anderes Thema sind Essensreste. Man kann sein Menü noch so genau planen, in den Schüsseln wird immer etwas übrig bleiben. Das ist bei unseren Genusskursen in Südfrankreich und auf Mallorca nicht anders. Für unsere Teilnehmer ist aber auch völlig klar, dass die Überbleibsel nicht weggeworfen werden. Auch bei uns gibt es zum Beispiel einen Eintopf mit den Resten der vergangenen Tage. Manch engagierter Hobbykoch rümpft darüber die Nase, weil er das für niveaulos hält. In meinen Augen ist das völliger Quatsch. Zubereitet mit dem entsprechenden Fond und schön angerichtet kann daraus großes Kino werden. Außerdem kommt es auch immer darauf an, wie man das Gericht anderen und sich selber verkauft. Tatsächlich ist so ein Eintopf wie Haute Couture. Denn die Zutaten, die man da beisammen hat, und die Art und Weise, wie man sie zubereitet, wird man wahrscheinlich nur einmal so in seinem Leben kochen.

Das sind nur ein paar Beispiele, wie man seine eigene Küche ein Stück weit nachhaltiger gestalten kann. Mir ist schmerzlich bewusst, dass das Thema wesentlich vielschichtiger ist. Mir geht es hier aber nur darum, die Idee, nachhaltiger zu kochen, ins Bewusstsein zu bringen. Wer diesen Gedanken im Hinterkopf behält, wird selbst auf viele weitere Ideen kommen.

Übrigens, lecker zu kochen hat auch einen direkten nachhaltigen Effekt: So sorgt man schließlich dafür, dass Reste auf den Tellern gar nicht erst entstehen.

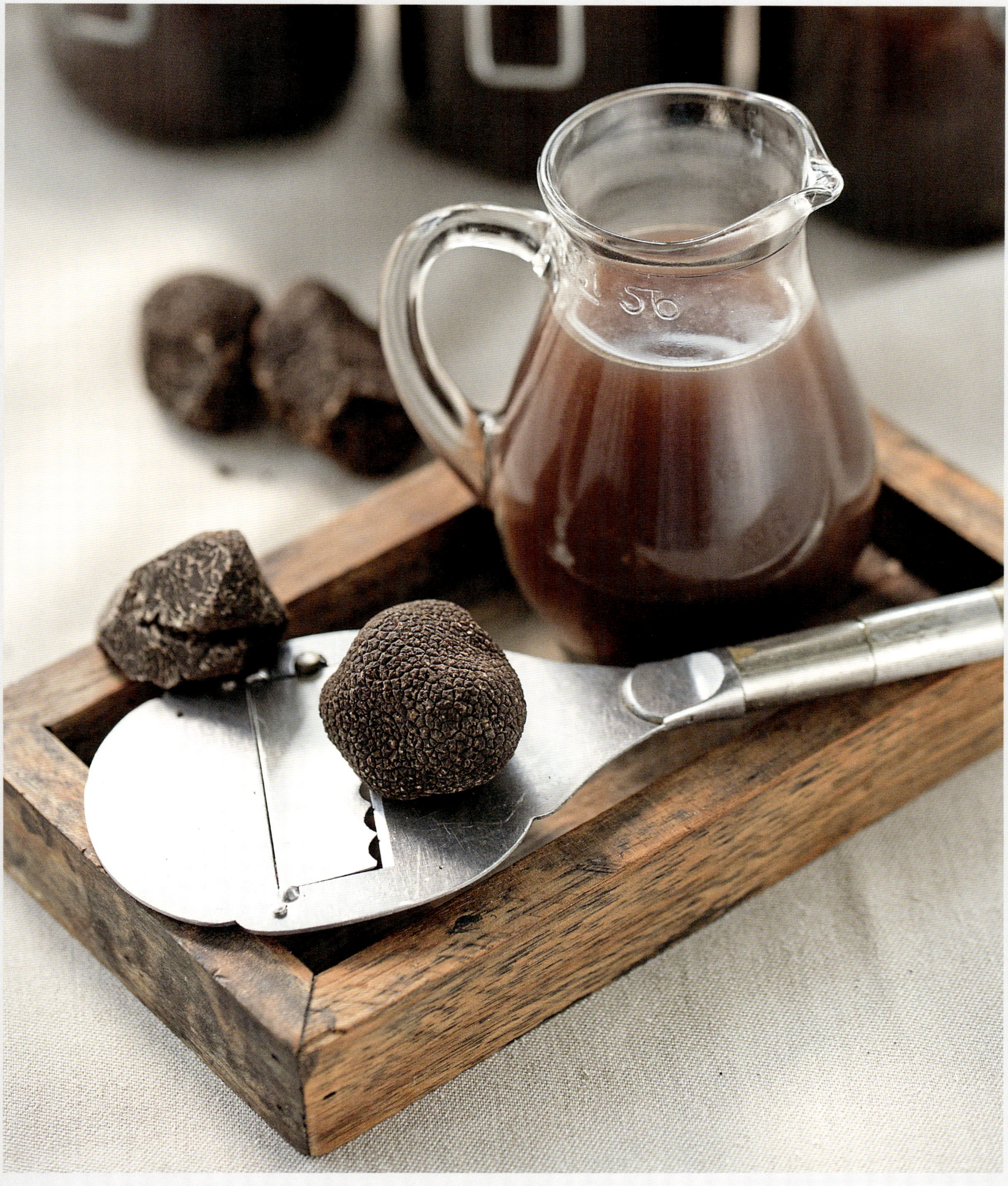

Kalbsfond

Für etwa 3 Liter | Zubereitungszeit: etwa 30 Minuten
plus 2 Stunden 30 Minuten Kochzeit

½ Kalbsfuß (vom Metzger) | Salz | 2 kg Kalbsschwanz (vom Metzger) | 2 große Karotten | 4 Zwiebeln | 300 ml trockener Weißwein | 1 große Stange Sellerie | 150 g Champignons | 4 große Tomaten | 2 Knoblauchzehen | Bouquet garni (Porree, Estragon, Petersilie, Lorbeerblatt, Thymian)

❧ Für den Kalbsfond den Backofen auf 230 °C (Ober-/Unterhitze) vorheizen. Den Kalbsfuß waschen, trocken tupfen und in Stücke hacken oder sägen (oder vom Metzger vorbereiten lassen), in kochendem Salzwasser kurz blanchieren. Den Kalbsschwanz waschen, trocken tupfen und in grobe Stücke schneiden, Knochen und Schwanz in einen großen Bräter geben. Die Karotten putzen und in Scheiben schneiden, die Zwiebeln abziehen und grob hacken.

❧ Die Knochen und den Schwanz im Bräter im vorgeheizten Backofen anrösten, dabei mehrfach wenden, bis alles gut gebräunt ist. Karotten und Zwiebeln untermischen und ebenfalls anbräunen, anschließend das Fett abgießen und mit etwas Weißwein ablöschen – dabei sollten sich die Röststoffe von den Zutaten ein wenig lösen. Bei mittlerer Temperatur alles auf etwa ein Drittel reduzieren, dann den übrigen Wein angießen und 4 l Wasser auffüllen. Alles aufkochen, dann die Temperatur reduzieren, der Fond darf jetzt nur noch sieden. Den Fond abschäumen und 30 Minuten köcheln.

❧ Währenddessen den Sellerie und die Champignons putzen und in feine Scheiben schneiden. Die Tomaten über Kreuz einschneiden, mit heißem Wasser übergießen und häuten. Vierteln, von Stielansätzen und Samen befreien und würfeln. Alle Zutaten zum Fond geben und etwa 2 Stunden köcheln lassen, danach durch ein Tuch passieren.

❧ Das Fleisch vom Schwanz absuchen und zu anderweitiger Verarbeitung (zum Beispiel als Suppenfleisch) aufbewahren. Den Fond sehr heiß in sterile Twist-off-Gläser füllen und zuschrauben. Fest verschlossen und ungeöffnet hält er sich im Kühlschrank mehrere Wochen – nach dem Öffnen schnellstmöglich verbrauchen.

Geflügelfond

Für etwa 1,5 Liter | Zubereitungszeit: etwa 30 Minuten
plus 2 Stunden Kochzeit

1 Suppenhuhn (küchenfertig) | 2 große Karotten | 2 Stangen Lauch | ½ große Stange Sellerie | ½ kleine Knolle Sellerie | 1 Zwiebel | 1 Lorbeerblatt | 2 Gewürznelken | 200 g frische Champignons | 1 Zweig Thymian | 8 schwarze Pfefferkörner

❧ Für den Geflügelfond das Suppenhuhn waschen, trocken tupfen und halbieren. Die Karotten putzen und in etwa 2 cm große Würfel schneiden. Den Lauch (nur das Weiße verwenden, das Grün für andere Zubereitungen verwahren) und die Selleriestange ebenfalls putzen und in 2 cm lange Stücke schneiden. Die Sellerieknolle putzen und grob würfeln. Die Zwiebel mit Lorbeerblatt und Nelken spicken, die Champignons putzen und in feine Scheiben schneiden. Den Thymian waschen und trocken schütteln und die Pfefferkörner andrücken.

❧ Das Huhn in einem Topf mit 3 l kaltem Wasser auffüllen. Bei hoher Temperatur aufkochen und dann sofort die Temperatur reduzieren – es sollte nur noch köcheln. Den Schaum abschöpfen und die übrigen Zutaten zugeben. Im offenen Topf etwa 2 Stunden köcheln lassen und dabei immer wieder abschäumen.

❧ Das Huhn aus dem Topf nehmen und den Fond durch ein Tuch passieren. Den Fond sehr heiß in sterile Twist-Off-Gläser füllen, zuschrauben und abkühlen lassen. Der Fond hält sich fest verschlossen und ungeöffnet im Kühlschrank mehrere Wochen – nach dem Öffnen schnellstmöglich verbrauchen. Das Hühnerfleisch anderweitig verwenden, zum Beispiel als Suppenfleisch.

Tipp Verwenden Sie Biohühner aus Freilandhaltung, denn sie wurden gut ernährt und haben eine kräftige Muskulatur; deshalb lässt sich daraus ein intensiver, gehaltvoller Fond zubereiten.

Fischfond

Für etwa 1,5 Liter | Zubereitungszeit: etwa 55 Minuten

2 kg Karkassen, Gräten, Köpfe und Flossen von Weißfischen (zum Beispiel Seezunge, Steinbutt, Wolfsbarsch, Wittling) | 2 Stangen Lauch | 1 Stange Sellerie | 1 kleine Karotte | 3 kleine Zwiebeln | 100 g Champignons | 60 g Butter | 200 ml trockener Weißwein | 1 Zweig Thymian | 2 Stängel Petersilie | 10 schwarze Pfefferkörner | 1 Lorbeerblatt

❀ Für den Fond die Fischkarkassen, -gräten, -köpfe und -flossen in kaltem Wasser waschen, bis es klar bleibt. Anschließend in einem Sieb gut abtropfen lassen. Den Lauch putzen und in feine Ringe schneiden (nur das Weiße verwenden, das Grün für andere Verarbeitungen verwahren). Den Sellerie putzen und in kleine Stücke schneiden. Die Karotte schälen und in dünne Scheiben schneiden. Die Zwiebeln abziehen und die Champignons putzen, beides ebenfalls in dünne Scheiben schneiden.

❀ Das Gemüse in einem großen Topf in der Butter andünsten, es sollte keine Farbe nehmen. Die Fischstücke zugeben und ebenfalls kurz andünsten. Den Weißwein angießen und die Flüssigkeit bei mittlerer Temperatur auf ein Drittel einkochen lassen. Anschließend 2 l kaltes Wasser zugießen und alles aufkochen. Den Schaum abschöpfen, die Temperatur reduzieren und den Topfinhalt sanft köcheln lassen, bis das Gemüse weich ist – zwischendurch immer abschäumen. Thymian und Petersilie waschen und trocken schütteln, die Pfefferkörner andrücken. Wenn sich kein Schaum mehr bildet, Gewürze und Kräuter in den Topf geben und den Fond etwa 15 Minuten weiterköcheln lassen. Durch ein Tuch passieren.

Pilzfond (als Suppenbasis)

Für etwa 100 ml | Zubereitungszeit: etwa 10 Minuten plus 25 Minuten Kochzeit

500 g Champignons | 1 l Geflügelfond (siehe Seite 44) | 1 Eiweiß

❀ Für den Pilzfond die Champignons putzen und fein schneiden. Alle Zutaten in einem Topf pürieren, aufkochen und etwa 20 Minuten bei reduzierter Temperatur köcheln. Durch ein Tuch in ein Gefäß passieren und die Flüssigkeit nach Bedarf weiterverarbeiten.

Kalbsjus

Für etwa 500 ml | Zubereitungszeit: etwa 30 Minuten plus 2 Stunden 10 Minuten Kochzeit

1 kg Kalbsknochen | 1 kg Kalbsparüren (Fleischabschnitte, die beim Parieren übrig bleiben) | 4 Zwiebeln | 1 große Karotte | ½ kleine Knolle Sellerie | 1 Petersilienwurzel | 4 Tomaten | 40 ml Rapsöl | 250 ml Rotwein | 100 ml Portwein | 1 Zweig Thymian | 5 Pimentkörner | 10 schwarze Pfefferkörner | 2 l Kalbsfond (siehe Seite 44)

❀ Für die Kalbsjus die Knochen und die Kalbsparüren waschen und trocken tupfen. Die Knochen in walnussgroße Stücke hacken, das Kalbfleisch würfeln. Die Zwiebeln abziehen und grob würfeln. Karotte, Sellerie und Petersilienwurzel putzen und ebenfalls grob würfeln. Die Tomaten über Kreuz einschneiden, mit heißem Wasser übergießen und häuten; vierteln, von Stielansätzen und Samen befreien, dann grob würfeln.

❀ Das Rapsöl im Bräter hoch erhitzen. Knochen und Parüren darin rundum kräftig anrösten, Zwiebeln und Wurzelgemüse dazugeben und ebenfalls anrösten. Die Tomaten zugeben, kurz anschwitzen und mit dem Rot- und Portwein ablöschen. Die Flüssigkeit einkochen lassen, den Thymian waschen, trocken schütteln und grob hacken. Mit den übrigen Zutaten in den Topf geben. Alles aufkochen, den Schaum abschöpfen und 2 Stunden bei geringer Temperatur köcheln lassen.

❀ Alles durch ein feines Sieb passieren und die Jus entfetten. Anschließend auf die gewünschte Konsistenz einkochen lassen. Die Jus sehr heiß in sterile Twist-Off-Gläser füllen, zuschrauben und abkühlen lassen. Sie hält sich fest verschlossen und ungeöffnet im Kühlschrank mehrere Wochen – nach dem Öffnen schnellstmöglich verbrauchen.

Tipp Während des Kochens muss gegebenenfalls mehr Wasser zugegossen werden, die Knochen sollten immer mit Flüssigkeit bedeckt sein. Nicht zu stark einkochen, sonst könnte die Jus nach Lakritz schmecken.

Geflügeljus

Für etwa 500 ml | Zubereitungszeit: etwa 25 Minuten
plus 1 Stunde 15 Minuten Kochzeit

800 g Hähnchenflügel (vom Metzger) | 200 g Geflügelhälse (vom Metzger) | 100 g Geflügelmägen (vom Metzger) | 1 Karotte | 1 kleine Stange Sellerie | 3 kleine Zwiebeln | 2 Tomaten | 20 ml Rapsöl | 200 ml trockener Weißwein | 5 Wacholderbeeren | 5 schwarze Pfefferkörner | 5 Pimentkörner | 2 Knoblauchzehen | 1 Bund Thymian | 2 l Geflügelfond (siehe Seite 44)

❋ Für die Jus die Geflügelteile waschen, trocken tupfen und möglichst klein hacken. Karotte und Sellerie putzen und fein würfeln, die Zwiebeln abziehen und grob würfeln. Die Tomaten waschen, von den Stielansätzen befreien und fein würfeln.

❋ Das Öl in einem Bräter erhitzen und das Geflügelklein darin bei hoher Temperatur unter Wenden goldbraun anbraten. Das Fett abgießen, das Gemüse zugeben und alles weitere 5 Minuten unter Wenden anbraten. Die Zwiebeln dürfen auf keinen Fall schwarz werden.

❋ Mit dem Weißwein ablöschen und diesen fast vollständig verkochen lassen. Wacholderbeeren, Pfefferkörner und Piment sowie den abgezogenen Knoblauch andrücken. Den Thymian waschen, trocken schütteln und grob hacken. Gewürze, Kräuter und Geflügelfond zur Jus hinzufügen und diese bei hoher Temperatur aufkochen. Die Temperatur reduzieren und alles etwa 1 Stunde köcheln lassen, währenddessen die Jus immer wieder abschäumen.

❋ Durch ein feines Sieb passieren und entfetten, anschließend auf die Hälfte einkochen. Die Jus sehr heiß in sterile Twist-Off-Gläser füllen, zuschrauben und abkühlen lassen. Fest verschlossen und ungeöffnet hält sich die Jus im Kühlschrank mehrere Wochen – nach dem Öffnen schnellstmöglich verbrauchen.

Lammjus

Für etwa 500 ml | Zubereitungszeit: etwa 20 Minuten
plus 2 Stunden 15 Minuten Kochzeit

1 kg Lammknochen (vom Metzger) | 400 g Lammhaxe (vom Metzger) | 1 Karotte | 3 kleine Zwiebeln | 1 kleines Stück Sellerie | ¼ Knolle Fenchel | 3 Fleischtomaten | 30 ml Rapsöl | 250 ml Rotwein | 1 Zweig Rosmarin | 1 Zweig Thymian | 3 Salbeiblätter | 2 Knoblauchzehen | 3 Wacholderbeeren | 4 Pimentkörner | 6 schwarze Pfefferkörner | 2 l Lammfond

❋ Für die Jus die Lammknochen und -haxe waschen, trocken tupfen und in walnussgroße Stücke hacken. Die Karotte putzen und in etwa 1 cm große Stücke schneiden. Die Zwiebeln abziehen, den Sellerie und den Fenchel putzen und alles grob würfeln. Die Tomaten über Kreuz einschneiden, mit heißem Wasser übergießen, häuten, von Stielansätzen und Samen befreien und hacken.

❋ Das Öl in einem Bräter erhitzen, Lammknochen und Haxenstücke hineingeben und unter Wenden kräftig anbraten. Das Fett abgießen, das Gemüse zugeben und ebenfalls anrösten. Mit dem Rotwein ablöschen und die Flüssigkeit fast vollständig verkochen lassen. Währenddessen die Kräuter waschen, trocken schütteln und grob hacken. Den Knoblauch abziehen und wie auch Wacholder, Piment und Pfeffer andrücken. Die Zutaten mit dem Lammfond in den Bräter geben und alles aufkochen. Anschließend abschäumen, die Temperatur reduzieren und das Ganze etwa 2 Stunden köcheln. Durch ein feines Sieb passieren und auf die gewünschte Konsistenz einkochen.

Rehjus

Für etwa 400 ml | Zubereitungszeit: etwa 20 Minuten
plus 2 Stunden 15 Minuten Kochzeit

1 kg Rehknochen (vom Metzger) | 400 g Rehhaxe (vom Metzger) | 1 Karotte | 3 kleine Zwiebeln | 1 kleines Stück Knollensellerie | 3 Fleischtomaten | 30 ml Rapsöl | 100 ml Rotwein | 100 ml Portwein | 1 Zweig Rosmarin | 1 Zweig Thymian | 3 Salbeiblätter | 2 Knoblauchzehen | 3 Wacholderbeeren | 4 Pimentkörner | 6 schwarze Pfefferkörner | 4 EL Johannisbeergelee | 2 l Wildfond

❋ Für die Jus Rehknochen und -haxe waschen, trocken tupfen und in walnussgroße Stücke hacken. Die Karotte putzen und in etwa 1 cm große Stücke schneiden. Die Zwiebeln abziehen und den Sellerie putzen, beides grob würfeln. Die Tomaten über Kreuz einschneiden, mit heißem Wasser übergießen, häuten, von Stielansätzen und Samen befreien und hacken.

❋ Das Öl in einem Bräter erhitzen, Rehknochen und Haxenstücke darin unter Wenden kräftig anbraten. Das Fett abgießen, das Gemüse zugeben und ebenfalls anrösten. Mit Rot- und Portwein ablöschen und die Flüssigkeit fast vollständig verkochen lassen. Währenddessen die Kräuter waschen, trocken schütteln und grob hacken. Den Knoblauch abziehen und wie auch Wacholder, Piment und Pfeffer andrücken. Die Zutaten mit dem Gelee und dem Wildfond in den Bräter geben und alles aufkochen. Anschließend abschäumen, die Temperatur reduzieren und das Ganze etwa 2 Stunden köcheln. Durch ein feines Sieb passieren und auf die gewünschte Konsistenz einkochen.

Krustentierfond

Für etwa 1,5 Liter | Zubereitungszeit: etwa 25 Minuten
plus 1 Stunde Kochzeit

1 kg Krustentierkarkassen (zum Beispiel Hummer, Langusten, Krebse, Garnelen) | 4 EL Olivenöl | 50 ml Cognac | 2 l Geflügelfond (siehe Seite 44) | 20 g Ingwer | 1 Stängel Zitronengras | 4 Schalotten | 4 Knoblauchzehen | 1 kleine Stange Sellerie | 2 Stangen Lauch | 6 vollreife Tomaten | 40 g Butter | 5 Wacholderbeeren | 1 Zweig Estragon | 1 Zweig Thymian | 2 Lorbeerblätter | 2 Gewürznelken

❄ Für den Fond die Karkassen waschen und trocken tupfen. In einem großen Topf im Olivenöl scharf anbraten. Mit dem Cognac ablöschen und den Geflügelfond angießen. Den Ingwer schälen und fein hacken, das Zitronengras putzen und ebenfalls fein hacken. Schalotten und Knoblauch abziehen, die Schalotten fein würfeln, den Knoblauch halbieren. Sellerie und Lauch putzen und in feine Scheiben schneiden – vom Lauch nur das Weiße verwenden, das Grün für andere Zubereitungen verwahren. Die Tomaten waschen, vierteln, von den Stielansätzen und Samen befreien.

❄ In einem weiteren Topf die Butter bei geringer bis mittlerer Temperatur erhitzen und Ingwer, Zitronengras, Schalotten und Knoblauch darin kurz anschwitzen. Das Gemüse zugeben und 10 Minuten mitschwitzen. Zu den Karkassen geben, alles aufkochen und abschäumen. Anschließend 30 Minuten bei geringer Temperatur köcheln. Den Wacholder andrücken, Estragon und Thymian waschen, trocken schütteln und grob hacken. Gewürze und Kräuter in den Topf geben, nochmals 10 Minuten köcheln und dann alles durch ein feines Tuch passieren.

Trüffelmayonnaise

Für etwa 20 Portionen | Zubereitungszeit: etwa 10 Minuten

40 g Trüffel nach Belieben | 50 ml Trüffelsaft (Rezept Eingelegte Trüffel, siehe Seite 49) | 50 ml Milch | 2 Eigelb | 1 TL Senf | 2 Tropfen Worcestersauce | 1 Spritzer Zitronensaft | Zucker | Salz | frisch gemahlener schwarzer Pfeffer | 200 ml Sonnenblumenöl (kein kalt gepresstes Öl verwenden)

❄ Für die Trüffelmayonnaise alle Zutaten bis auf die Gewürze und das Sonnenblumenöl in der Küchenmaschine zerkleinern, die entstandene Mischung würzen. Das Sonnenblumenöl unter Rühren nach und nach in feinem Strahl zulaufen lassen, bis die gewünschte Konsistenz erreicht ist.

Salsa verde

Für 1 kleines Glas | Zubereitungszeit: etwa 15 Minuten

1 Bund Petersilie | 1 Bund Basilikum | 1 Zweig Rosmarin | 1 Zweig Thymian | 1 Knoblauchzehe | 200 ml Olivenöl | 1 TL Kapern aus dem Glas | 2 Sardellenfilets | Meersalz | frisch gemahlener schwarzer Pfeffer

❄ Für die Salsa verde die Kräuter waschen, trocken schütteln, die Blättchen beziehungsweise Nadeln abzupfen und zerkleinern. Den Knoblauch abziehen und mit den Kräutern sowie den übrigen Zutaten im Mixer fein pürieren, anschließend durch ein feines Sieb streichen.

Klarer Tomatensaft

Für etwa 250 ml | Zubereitungszeit: etwa 25 Minuten

16 große, reife Tomaten | 1 kleine Knoblauchzehe | 1 kleiner Zweig Estragon | 1 kleiner Zweig Thymian | 1 kleiner Zweig Rosmarin | 5 Basilikumblätter | ½ TL weißer Aceto balsamico | 1 Prise Zucker | 1 Spritzer Tabasco | Fleur de Sel | frisch gemahlener schwarzer Pfeffer

❄ Für den klaren Tomatensaft die Tomaten waschen, vierteln und von den Stielansätzen befreien. Den Knoblauch abziehen und andrücken, die Kräuter waschen, trocken schütteln und die Blätter beziehungsweise Nadeln von den Zweigen zupfen. Tomaten, Knoblauch und Kräuter mit den übrigen Zutaten im Mixer pürieren. Durch ein Tuch in ein Gefäß passieren und die Flüssigkeit weiterverarbeiten.

Grundrezepte

Tomatenkonfit

Für etwa 80 g | Zubereitungszeit: etwa 10 Minuten
plus 2 Stunden 10 Minuten Backzeit

8 reife Tomaten | 1 Knoblauchzehe | 1 kleiner Zweig Thymian |
1 kleiner Zweig Rosmarin | ½ TL Zucker | Salz | frisch gemahlener schwarzer Pfeffer | Olivenöl zum Beträufeln

🍀 Für das Konfit die Tomaten waschen, vierteln, von den Stielansätzen und Samen befreien. Den Knoblauch abziehen und fein hacken. Die Kräuter waschen, trocken schütteln, die Blätter beziehungsweise Nadeln abzupfen und fein hacken. Alle Zutaten bis auf das Olivenöl gut mischen.

🍀 Den Backofen auf 95 °C (Ober-/Unterhitze) vorheizen und ein Backblech mit Backpapier belegen. Die Tomatenmischung auf dem Blech verteilen und mit Olivenöl beträufeln. Im vorgeheizten Backofen 2 Stunden 10 Minuten trocknen.

Süß-saure Marinade für Gemüse

Für etwa 1,5 Liter | Zubereitungszeit: etwa 10 Minuten
plus 40 Minuten Kochzeit plus 3 Stunden Zeit zum Durchziehen

3 Stängel Zitronengras | 1 Ingwerwurzel (etwa 60 g) | 2 Zwiebeln |
½ große Knolle Sellerie (etwa 200 g) | 3 Knoblauchzehen |
1–2 Chilischoten nach Belieben | 80 g Korianderkörner |
70 g Senfkörner | 1 l Apfelsaft | 1 l weißer Aceto balsamico |
750 ml trockener Weißwein | 1 kg Zucker | 3 EL Honig | 200 g Salz |
10 g schwarze Pfefferkörner | 5 Lorbeerblätter | 3 Gewürznelken |
4 Wacholderbeeren | 1 Kardamomkapsel | 1 EL Dillsamen |
1 Zimtstange | 1 Vanilleschote | 1 EL gehackte Rosmarinnadeln

🍀 Für die Marinade das Zitronengras putzen und schräg in Stücke schneiden, den Ingwer schälen und fein hacken. Die Zwiebeln abziehen und den Sellerie putzen, beides in feine Streifen schneiden. Den Knoblauch abziehen und andrücken, die Chilischoten putzen und halbieren – je nach gewünschtem Schärfegrad die Samen belassen oder entfernen. Die Koriander- und Senfkörner in einem großen Topf anrösten. Zitronengras, Ingwer, Zwiebeln, Sellerie und Knoblauch zu den Körnern im Topf geben und ebenfalls kurz anrösten, die Mischung sollte jedoch keine Farbe nehmen.

🍀 Mit Apfelsaft, Essig und Wein ablöschen, dann aufkochen. Die übrigen Zutaten bis auf den Rosmarin zugeben. Abermals aufkochen und bei geringer Temperatur 30 Minuten weiterkochen. Den Topf vom Herd nehmen, den Rosmarin zufügen und die Mischung 3 Stunden ziehen lassen. Durch ein feines Tuch passieren, sehr heiß in sterile Twist-off-Gläser füllen und fest zuschrauben. Fest verschlossen und ungeöffnet hält sich der Fond im Kühlschrank mehrere Wochen – nach dem Öffnen schnellstmöglich verbrauchen.

Nudelteig

Für etwa 300 g Nudeln (als Beilage für 2–4 Personen) |
Zubereitungszeit: etwa 5 Minuten plus 2 Stunden Ruhezeit
plus 10 Minuten Kochzeit (plus Zeit zum Formen)

300 g Nudelgrieß | 2 Eier | 3 Eigelb | Salz

🍀 Für den Nudelteig die Zutaten miteinander verkneten (wird der Teig zu trocken, einige Tropfen Wasser zugeben) und bei Zimmertemperatur mindestens 2 Stunden ruhen lassen. Dann zu Nudeln nach Belieben formen und weiterverarbeiten. In reichlich Salzwasser etwa 10 Minuten al dente garen.

Ravioli-Teig

Für etwa 300 g Ravioli (als Hauptgericht für 2 Personen) |
Zubereitungszeit: etwa 15 Minuten plus 2 Stunden Ruhezeit
plus 3 Minuten Kochzeit

300 g Nudelmehl (Type 00) plus Mehl für die Arbeitsfläche |
3 Eier plus 1 Ei zum Bestreichen | Zutaten für die Füllung nach Belieben (Spinat, Frischkäse, Hack und viele mehr sowie Gewürze)

🍀 Für die Ravioli Mehl und Eier miteinander verkneten (wird der Teig zu trocken, einige Tropfen Wasser zufügen) und bei Zimmertemperatur mindestens 2 Stunden ruhen lassen. Den Teig in zwei Hälften teilen und jede Hälfte auf einer bemehlten Fläche ausrollen. Auf eine Hälfte in Abständen mit einem Esslöffel Portionen von der Füllung setzen, rundum mit verquirltem Ei (alternativ Wasser) bestreichen. Dann die andere Teighälfte aufsetzen und den Teig um die Füllung herum festdrücken. Ravioli ausstechen und die Ränder mit einer Gabel festdrücken. In reichlich Salzwasser etwa 3 Minuten garen.

Feines Geflügelragout

Für etwa 500–600 ml | Zubereitungszeit: etwa 10 Minuten plus 35 Minuten Kochzeit plus Zeit zum Abkühlen

Für die Gewürzmischung
2 schwarze Pfefferkörner | 1 Msp. gemahlener Koriander | 2 Pimentkörner | 1 Kardamomkapsel | 1 Msp. Zimtpulver | 20 g Meersalz

Für das Ragout
3 kleine Zwiebeln | ½ kleiner Apfel | 200 g Geflügelmägen (vom Metzger) | 200 g Geflügelherzen (vom Metzger) | 200 g Geflügelleber (vom Metzger) | 10 g Butter | Gewürzmischung zum Abschmecken | 2 EL alter Aceto balsamico | 20 ml Portwein | 50 ml Geflügeljus (siehe Seite 46) | 1 TL frisch gehackte Majoranblätter

🍀 Für die Gewürzmischung alle Zutaten im Mörser fein miteinander zerstoßen.

🍀 Für das Geflügelragout die Zwiebeln abziehen, den Apfel schälen und vom Kerngehäuse befreien – beides fein würfeln. Die Geflügelinnereien waschen, trocken tupfen und getrennt voneinander grob hacken. In einer Schwenkpfanne die Butter bei geringer Temperatur zerlassen. Zwiebeln und Apfel darin glasig dünsten. Die Geflügelmägen etwa 5 Minuten mitdünsten, dann die Herzen ebenfalls 5 Minuten mitdünsten, die Leber zufügen und alles weitere 2 Minuten dünsten. Anschließend mit der Gewürzmischung vorsichtig abschmecken, zum Schluss mit Essig und Portwein ablöschen.

🍀 Die Flüssigkeit bei mittlerer Temperatur vollkommen einkochen lassen, die Jus dazugeben und die Flüssigkeit nun auf die Hälfte einkochen (das dauert etwa 8–10 Minuten). Den Topf vom Herd nehmen und den Majoran unterrühren. Zum Auskühlen auf ein Blech geben und anschließend mit einem großen Messer fein hacken, nach Belieben nochmals mit der Gewürzmischung abschmecken.

Gedämpfte Venusmuscheln

Für 4 Portionen | Zubereitungszeit: etwa 15 Minuten plus 10 Minuten Kochzeit

500 g Venusmuscheln | ½ Zwiebel | ⅓ Karotte | 1 etwa fingerlanges Stück Lauch | 1 Zweig Thymian | 1 Zweig Koriander | Olivenöl zum Anschwitzen | 125 ml Weißwein

🍀 Für die gedämpften Venusmuscheln die Muscheln mehrmals sorgfältig in kaltem Wasser waschen, bis kein Sand mehr im Wasser zurückbleibt; anschließend in einem Sieb abtropfen lassen. Die Zwiebel abziehen und würfeln, Karotte und Lauch putzen und in feine Scheiben schneiden. Die Kräuter waschen, trocken schütteln und grob hacken.

🍀 Das Öl in einem Topf bei geringer Temperatur erhitzen und die Gemüse darin kurz anschwitzen. Muscheln, Kräuter und Wein dazugeben, den Deckel aufsetzen und etwa 6–8 Minuten dämpfen, bis alle Muscheln geöffnet sind – den Topf dabei ab und zu schwenken. Muscheln, die sich nicht geöffnet haben, wegwerfen.

🍀 Die Muscheln durch ein feines Sieb seihen und den Sud auffangen, die Muscheln aus den Schalen nehmen. Sud und Muscheln können separat verwendet werden. Alternativ die Muscheln bis auf einige zum Dekorieren aus den Schalen nehmen und wieder zum Sud geben.

Eingelegte Trüffel

Für 1 kleines Glas | Zubereitungszeit: etwa 5 Minuten plus 1 Stunde 30 Minuten Zeit zum Dampfgaren

125 ml Geflügelfond (siehe Seite 44) | 125 ml Kalbsfond (siehe Seite 44) | 50 ml Pilzfond (siehe Seite 45) | 10 ml Madeira | 10 ml Portwein | Salz | frisch gemahlener schwarzer Pfeffer | 1 Trüffel nach Belieben (etwa 100 g)

🍀 Die Fonds mit Madeira und Portwein aufkochen, dann mit Salz und Pfeffer abschmecken.

🍀 Den Fond in ein steriles Twist-Off-Glas füllen, den Trüffel einlegen, das Glas fest zuschrauben und für 1 Stunde 30 Minuten bei 100 °C in einen Dampfgarer geben (alternativ im Wasserbad im Backofen). Langsam abkühlen lassen – fest verschlossen sowie kühl und dunkel gelagert halten sich Trüffel und Saft im Kühlschrank mehrere Wochen. Nach dem Öffnen möglichst rasch verbrauchen.

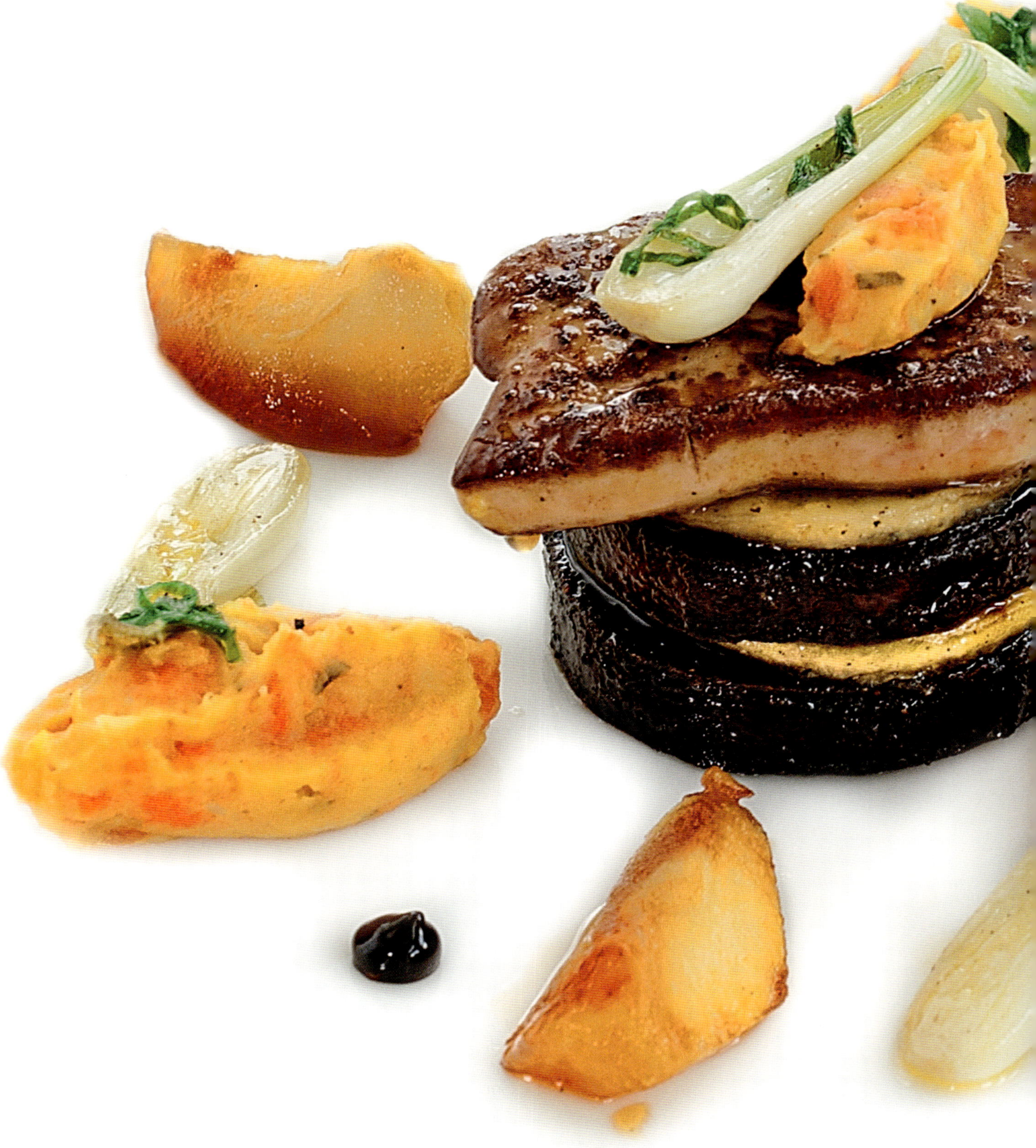

Essen wie früher

Essen wie früher – echt und frisch

Wenn ich an Glück beim Essen denke, führt mich das unweigerlich zu meiner Kindheit und meiner Familie. Echtes und frisches Kochen, wie es das zu Hause bei meiner Oma und meiner Mutter gab, war für mich eine Selbstverständlichkeit. Dass das für andere nicht so war, habe ich erst sehr viel später verstanden. Wir hatten damals nicht viel, aber das Essen war meinen Eltern wichtig. Es gab immer drei Gänge. Außer samstags, da war Putztag und es gab Eintopf oder Pfannkuchen. Die Vorspeise war meistens eine Suppe mit saisonalem Gemüse, dann kamen Hauptgang und Dessert. Die Zutaten stammten meistens aus unserem Garten. Fleisch gab es höchstens zweimal in der Woche. Allein deshalb war es schon etwas Besonderes. Wochentags gab es Wochentagsdesserts, besondere Desserts waren dem Sonntag vorbehalten. Da musste Sahne dran, das war völlig klar. Es passierte schon einmal, dass am Wochenende das falsche Dessert auf den Tisch kam, dann stand mein Vater wutentbrannt auf und ging. Beim Dessert war er streng. Das löste bei mir und meinem Bruder regelmäßig Kämpfe um die nun herrenlose Portion aus. Dabei ging schon manches Mal eine Schüssel zu Bruch. Meine Frau Rosi muss heute noch lachen, wenn sie daran denkt. Sie durfte so eine Episode selbst miterleben, als wir als Teenager gerade zusammenkamen. Ich bin nicht stolz darauf.

Ich kann also nicht behaupten, ich wäre ein besonders artiges Kind gewesen. Gerade nicht, was das Essen betraf. Das kann ich gerne am für mich damals leckersten Kuchen der Welt beweisen. Ich weiß noch genau, wie es im Haus duftete, wenn meine Mutter oder meine Oma dieses Wunderwerk aus Hefeteig und dem von mir so sehr geschätzten Streuselbelag aus Zucker, Butter und Mehl aus dem Ofen nahm. Sie wussten offenbar gar nicht, was das für mich bedeutete. Sonst hätten sie den duftenden Kuchen nicht zum Abkühlen auf das kleine Regal direkt neben unser Schlafzimmer gestellt. Ich bin ein leidenschaftlicher Mensch. Da kann man sich vorstellen, dass Zurückhaltung in meinen Kinderjahren nicht gerade zu meinen Stärken zählte. Ich glaube, ich habe es einmal geschafft, gleich mehrmals daran vorbeizugehen, ohne zu naschen. Es war Folter! Am Ende zog mir die herrliche Duftwolke immer die Schuhe aus und meine Hände hin zu den goldbraunen Streuseln. »Nur den dicken Krümel da«, habe ich dann zu mir gesagt. »Das merkt keiner.« Hatte ich den mit andächtig geschlossenen Augen vertilgt, waren da noch immer dicke Krümel. »Wenn ich die gleichmäßig herauspuhle, fällt das genauso wenig auf«, beruhigte ich mich. Die verbliebenen dicken Streuselkrümel zerbröselte ich weiter, um die entstandenen Lücken aufzufüllen. Der Kuchen sah zwar jämmerlich aus und ich bekam riesigen Ärger, aber es hatte sich gelohnt. Selbst heute kann ich nicht die Finger von den Streuseln lassen.

Zu meinen schönsten Erfahrungen gehören meine eigenen »Kochversuche« aus jener Zeit. Meine Freunde und ich hatten damals ein Spiel, das immer damit anfing, dass ich mir von meiner Mutter ohne ihr Wissen einen Kochtopf oder eine Pfanne »lieh«. Darunter machten wir ein Feuer, irgendwo auf einem Feld oder einer Wiese. In das kochende Wasser kamen Zutaten hinein, die hier gerade wuchsen oder entlangkrochen. Wildkräuter gab es jede Menge am Rand von Feldwegen oder auf Wiesen, Kartoffeln lagen nach der Ernte zuhauf auf den Feldern herum. Daraus haben wir Pellkartoffeln gemacht. Manchmal haben wir Folienkartoffeln auch direkt ins Feuer geworfen. Natürlich hatten wir jede Menge gesundes Halbwissen. Ich wusste zum Beispiel, dass man in Frankreich Schnecken kochte. Die gab es doch bei uns auch! Also ab damit in den Kochtopf, manchmal kamen auch Champignons hinzu – dann aber kam alles in die Pfanne. Auf welcher Wiese die Pilze besonders gern wuchsen, hatte ich schon lange ausgemacht. Manchmal aßen wir auch Runkelrüben, direkt roh. Dessert gab es natürlich auch: Äpfel, Kirschen, Birnen waren ja nicht weit. Ich muss zugeben, die Gerichte waren geschmacklich echte Herausforderungen (besonders die Schnecken). Das schmälert den Wert der Erinnerungen aber um keinen Deut. Es war schließlich das erste gesellige Zusammensein außerhalb der Familie. Wir aßen zusammen, wir unterhielten uns, wir lachten. Das war unbeschwert, das war Abenteuer und ich habe es geliebt. Das hat mich sehr geprägt. Behalten habe ich die tiefe Verbundenheit zur Natur und den Drang zu wissen, wo etwas herkommt. Das Direkte, die Produkte in die Hand zu nehmen und zu herzen.

Wir wohnen immer noch in Randerath und bewirten unsere Gäste hier, viel hat sich also nicht geändert. Außer vielleicht, dass es sich inzwischen lohnt, meine Rezepte zu behalten.

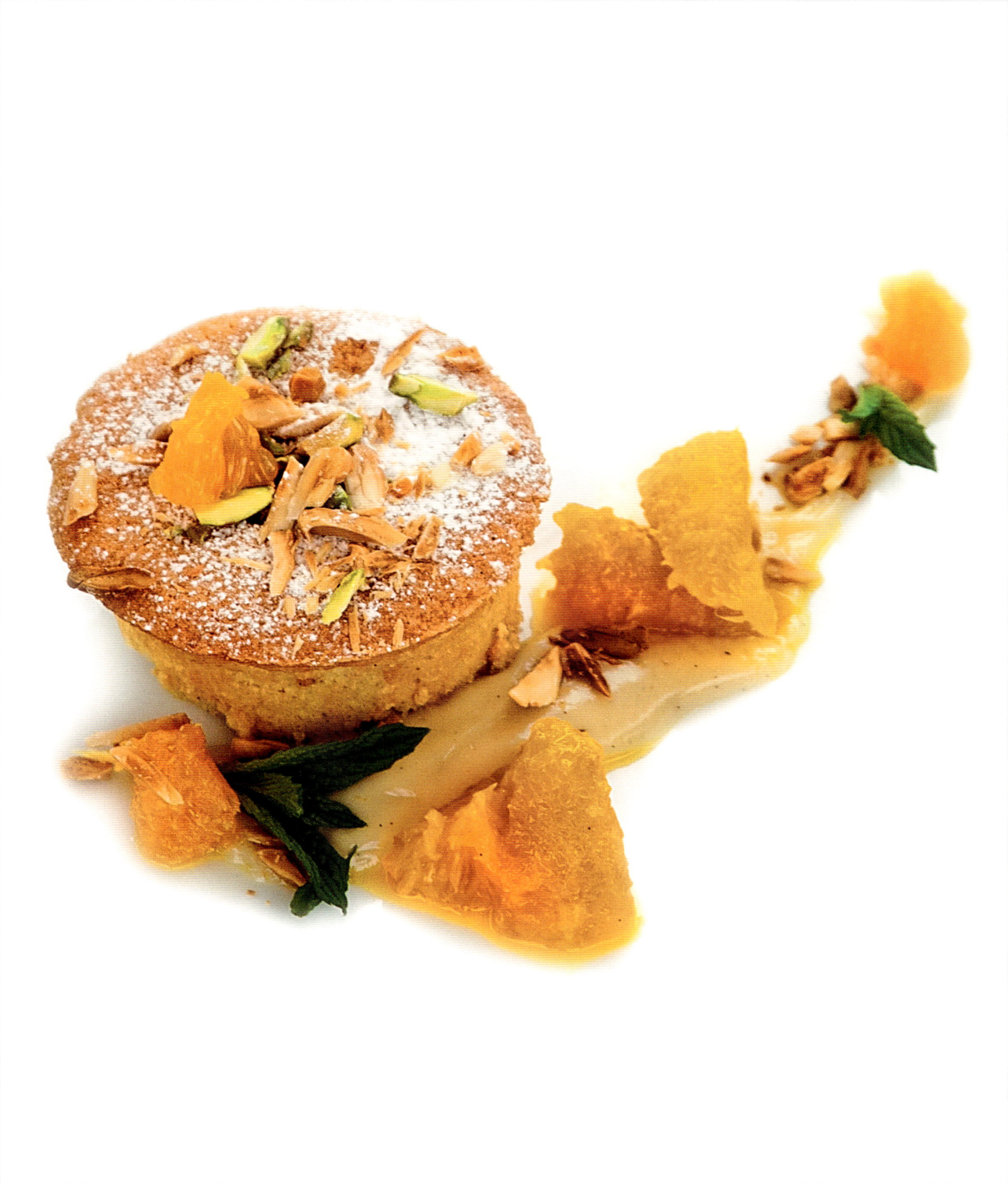

Kalbsnieren mit Dijon-Senfsauce, Rosmarinkartoffel-Kohlrabi-Püree und Gemüse

Für 4 Personen | Zubereitungszeit: etwa 40 Minuten plus 1 Stunde Brat-, Koch- und Backzeit

Für die Kalbsfarce
100 g schieres Kalbsfleisch (ohne Fett, Sehnen und Knochen)
100 g Sahne
Salz
frisch gemahlener schwarzer Pfeffer
1 Prise Piment d`Espelette
1 Spritzer Tabasco
1 TL gehackte Thymianblätter

Für die Kalbsnieren
1 kg Kalbsnieren im Fettmantel
200 g Kalbsfarce (siehe oben)
200 g Schweinenetz
Fleur de Sel
frisch gemahlener schwarzer Pfeffer
4 Zweige Rosmarin
1 Zweig Salbei

Für die Dijon-Senfsauce
2 EL brauner Zucker
3 EL alter Apfel-Balsam-Essig
300 ml dunkler Kalbsfond (siehe Seite 44)
3 Schalotten
30 g Butter
3 EL grober Dijonsenf
200 ml trockener Riesling
200 g Sahne
Fleur de Sel
frisch gemahlener schwarzer Pfeffer
1 Prise Ras El-Hanout

Für das Rosmarinkartoffel-Kohlrabi-Püree
1 Kohlrabi
20 ml Geflügelbutter
2 große Kartoffeln
Salz
1 Zweig Rosmarin
40 ml Milch
60 g Butter
frisch gemahlener schwarzer Pfeffer
frisch geriebene Muskatnuss
2 EL Olivenöl

Für das Gemüse
5 Rosenkohlröschen
1 kleine Karotte
16 Kohlrabikugeln (siehe links)
120 ml Geflügelbutter
Salz
frisch gemahlener schwarzer Pfeffer
frisch geriebene Muskatnuss
1 kleine vorgegarte Rote Bete
20 g Butter
10 ml alter Aceto balsamico
Zucker
4 kleine Petersilienwurzeln

Zum Fertigstellen
30 g Butter
40 ml Cognac

Außerdem
Fleischthermometer

☘ Für die Kalbsfarce das Fleisch waschen, trocken tupfen und würfeln. Alle Zutaten bis auf den Thymian im Mixer fein pürieren und anschließend durch ein feines Sieb streichen, dann den Thymian unterheben, beiseitestellen.

☘ Für die Kalbsnieren den Backofen auf 160 °C (Ober-/Unterhitze) vorheizen. Den Fettmantel der Nieren in der Mitte (dort, wo die Zugänge sind) einschneiden und die Harnwege entfernen. Die Nieren vorsichtig komplett aus dem Fett nehmen und dieses behutsam zu einer 1 cm dicken Schicht aufschneiden. Die Nieren mit der Kalbsfarce bestreichen, wieder in das Fett einhüllen und in das Schweinenetz einwickeln. Mit Fleur de Sel und Pfeffer würzen und in einer Pfanne bei mittlerer Temperatur rundum anbraten. Die Kräuter waschen und trocken schütteln, auf ein Backblech legen und die Nieren darauflegen. Im vorgeheizten Ofen auf der mittleren Schiene rosa braten: Die Kerntemperatur sollte dann 52 °C betragen. Aus dem Ofen nehmen und warm stellen.

☘ Für die Senfsauce den Zucker in einem Topf bei geringer Temperatur unter Rühren schmelzen und karamellisieren lassen. Mit dem Apfel-Balsam-Essig ablöschen, 150 ml Kalbsfond angießen und alles sirupartig einkochen lassen. Die Schalotten abziehen und würfeln, in einer Pfanne die Butter bei geringer Temperatur zerlassen und die Schalotten darin glasig andünsten. Den Senf zugeben und mit dem Riesling ablöschen. Die Flüssigkeit auf die Hälfte reduzieren, dann den übrigen Kalbsfond angießen und nochmals auf die Hälfte einkochen. Die Sahne angießen, alles nochmals etwas einkochen und mit Salz, Pfeffer und Ras El-Hanout abschmecken.

☘ Für das Rosmarinkartoffel-Kohlrabi-Püree den Kohlrabi putzen, 16 schöne Kugeln ausstechen und beiseitelegen. Den übrigen Kohlrabi in feine Stifte schneiden. In einem Topf mit der Geflügelbutter bei geringer Temperatur sehr weich garen und anschließend pürieren.

Essen wie früher

❋ Die Kartoffeln schälen und in Salzwasser garen. Währenddessen den Rosmarin waschen, trocken schütteln und in die Milch geben. Aufkochen, die Temperatur reduzieren und die Butter zugeben. Die Kartoffeln abgießen und pressen, die Milch durch ein Sieb zugießen, etwas einarbeiten und die Kartoffelmischung mit dem Kohlrabipüree glatt rühren, mit Salz, Pfeffer sowie Muskat abschmecken und das Olivenöl unterheben.

❋ Für das Gemüse die Rosenkohlröschen vom Strunk befreien und in Blätter zerzupfen. Die Karotte putzen und in feine Stifte schneiden. Die Kohlrabikugeln (siehe links) und die Karottenstifte nacheinander mit jeweils 20 ml Geflügelbutter in einer Schwenkpfanne bei geringer Temperatur glasieren und mit Salz, Pfeffer und Muskat würzen, aus der Pfanne nehmen und warm halten. Die Rosenkohlblätter kurz in sprudelnd kochendem Salzwasser blanchieren, in Eiswasser abschrecken und in einem Sieb abtropfen lassen. Anschließend ebenfalls in etwas Geflügelbutter anschwenken und mit Salz, Pfeffer und Muskat abschmecken. Aus der Pfanne nehmen und warm halten.

❋ Die Rote Bete würfeln und bei geringer Temperatur in 1 EL Butter kurz anschwenken und mit Salz, Pfeffer und Zucker würzen. Mit Essig ablöschen, 20 ml Geflügelbutter angießen und fertig garen, aus der Pfanne nehmen. Die Petersilienwurzel schälen und der Länge nach halbieren. Mit 1 EL Butter bei geringer Temperatur auf beiden Seiten anbraten. Die übrige Geflügelbutter zugeben und fertig garen, dann mit Salz, Pfeffer und Muskat würzen.

❋ Zum Fertigstellen und Anrichten die Kalbsnieren in 2 cm dicke Scheiben schneiden. Die Butter in einer Pfanne bei geringer bis mittlerer Temperatur erhitzen, die Nierenscheiben einlegen, mit dem Cognac übergießen und flambieren. Die Kalbsnieren auf der Sauce aus der Pfanne anrichten und damit überziehen. Eine Nocke Rosmarinkartoffel-Kohlrabi-Püree anlegen und das Gemüse um die Kalbsnieren anrichten.

Essen wie früher

Kaninchenkeule
nach Art meiner Mutter

Für 4 Personen | Zubereitungszeit: etwa 1 Stunde 20 Minuten plus 1 Stunde Koch- und Backzeit plus Zeit zum Marinieren

Für die marinierten Kaninchenkeulen
6 Pimentkörner
4 Kaninchenkeulen
4 Kaninchenvorderläufe
200 ml Aceto balsamico
200 ml trockener Weißwein
1 Stange Ceylon-Zimt
2 Lorbeerblätter
1 Vanilleschote | 1 Sternanis
Salz
frisch gemahlener schwarzer Pfeffer

Für die Fertigstellung
30 g Kaninchenfett
1 Gemüsezwiebel
1 l Kaninchenjus
4 EL Apfelkraut | 4 EL Rübenkraut
Salz
frisch gemahlener schwarzer Pfeffer

Für die Kaninchenfrikadellen
1 altbackenes Brötchen
Milch zum Einweichen
1 Knoblauchzehe | ½ Gemüsezwiebel
1 Kräuterstrauß
(Thymian, Rosmarin, Salbei, Majoran
   oder Oregano, Basilikum, Estragon)
2 Kaninchennieren
250 g schieres Kaninchenfleisch
   (Keule und Bauchlappen ohne Fett,
   Sehnen und Knochen)
50 g Kaninchenleber, gut gewässert
Salz
frisch gemahlener schwarzer Pfeffer
frisch geriebene Muskatnuss
1 Ei | Olivenöl zum Braten

Für die Spieße
2 Kaninchenlebern, gut gewässert
6 Kaninchennieren, gut gewässert
4 Rosmarinspieße
Salz
frisch gemahlener schwarzer Pfeffer
10 g Butterschmalz

Für den Rahmwirsing
(Rezept Rahmwirsing in Variationen
   vom Reh, siehe Seite 122)

Für den Spitzkohl
½ Spitzkohl
1 EL Butter
Salz
frisch gemahlener schwarzer Pfeffer
frisch geriebene Muskatnuss

Für das Allerlei vom Apfel
2 festkochende Äpfel
1 Zweig Rosmarin
½ Vanilleschote
50 g Zucker
100 ml Sauternes
1 Lorbeerblatt | 1 Ecke Sternanis

Für das Apfelmus
3 Äpfel
½ Vanilleschote
100 g Zucker
200 ml trockener Weißwein

Für die Butterkartoffeln
16 Kartoffeln
Salz | 20 g Butter

✿ Für das Kaninchen die Pimentkörner andrücken. Die Kaninchenkeulen und -läufe waschen, trocken tupfen und mit allen Zutaten in einem großen Beutel vakuumieren und für 12 Stunden marinieren (alternativ alles in eine Schüssel geben, mit einem Deckel beschweren und 24 Stunden marinieren). Das Fleisch aus der Marinade nehmen, trocken tupfen und mit Salz und Pfeffer würzen. Die Marinade beiseitestellen.

✿ Für die Fertigstellung der Keulen den Backofen auf 120 °C (Ober-/Unterhitze) vorheizen. Das Kaninchenfett in einem Bräter bei geringer bis mittlerer Temperatur auslassen, das Fleisch darin rundum anbraten und herausnehmen. Die Zwiebel abziehen und fein würfeln, in den Topf geben und leicht anbräunen. Mit der Marinade ablöschen, kurz aufkochen und abschäumen. Kaninchenjus, Apfel- und Rübenkraut dazugeben, nochmals aufkochen und bei Bedarf nochmals abschäumen.

✿ Das Fleisch wieder in den Bräter legen und zugedeckt im vorgeheizten Backofen auf der mittleren Schiene 30–45 Minuten garen. Das Fleisch aus der Sauce nehmen, diese durch ein feines Sieb passieren und mit Salz und Pfeffer abschmecken. Das Fleisch wieder einlegen und bis zum Anrichten warm halten.

✿ Für die Kaninchenfrikadellen das Brötchen grob würfeln und in der Milch 10 Minuten einweichen. Knoblauch und Zwiebel abziehen, die Zwiebel grob zerteilen. Die Kräuter waschen, trocken schütteln und die Blätter und Nadeln abzupfen. Die Kaninchennieren und -leber waschen, trocken tupfen und parieren.

✿ Die Innereien und das gut gekühlte Kaninchenfleisch mit Knoblauch, Zwiebel und Kräutern in eine Schüssel geben. Das eingeweichte Brötchen gut ausdrücken und dazugeben. Alles kräftig mit Salz, Pfeffer und Muskatnuss würzen, anschließend durch die mittlere Scheibe des Fleischwolfes drehen. Das Ei unterarbeiten und eine kleine Probe der Mischung in einer Pfanne in Olivenöl braten; eventuell nachwürzen. Vier kleine Frikadellen formen und in Olivenöl auf jeder Seite etwa 3 Minuten braten. Beiseitestellen und warm halten.

❀ Für die Spieße die Kaninchenlebern und -nieren waschen, trocken tupfen und parieren. Die Lebern in zwölf etwa gleich große Stücke schneiden, die Nieren halbieren. Die Rosmarinspieße waschen und trocken schütteln. Je drei Leber- und Nierenstücke abwechselnd auf einen Rosmarinspieß stecken und mit Salz und Pfeffer würzen. Butterschmalz in einer Pfanne bei mittlerer bis hoher Temperatur erhitzen und die Spieße darin rundum kurz anbraten. Das Fleisch muss von innen noch rosa sein, sonst wird es zu trocken, warm halten.

❀ Für den Spitzkohl das Gemüse putzen und in feine Streifen schneiden. Die Butter in einem Topf zerlassen und den Spitzkohl darin bei geringer Temperatur etwas zusammenfallen lassen. Mit den Gewürzen abschmecken. Den Wirsing zubereiten.

❀ Für das Allerlei die Äpfel schälen. Mit einem Ausstecher 20 Kugeln ausstechen, das übrige Fruchtfleisch würfeln. Den Rosmarin waschen und trocken schütteln, die Vanilleschote aufschlitzen. Den Zucker in einer Pfanne schmelzen, ohne dass er Farbe nimmt. Den Sauternes angießen und die Gewürze dazugeben. Apfelkugeln und Würfel darin glasig werden lassen.

❀ Für das Apfelmus die Äpfel schälen, achteln und vom Kerngehäuse befreien. Die Vanilleschote aufschlitzen und alle Zutaten in einem Topf kochen, bis die Apfelstücke zerfallen. Die Gewürze entnehmen und die Äpfel mit einem Stabmixer fein pürieren.

❀ Für die Butterkartoffeln die Kartoffeln schälen, tournieren (rautenförmig zuschneiden) und in Salzwasser garen. Kurz vor dem Servieren die Butter bei mittlerer Temperatur zerlassen und die Kartoffeln darin schwenken.

❀ Zum Anrichten je eine Kaninchenkeule und einen Lauf mittig auf Teller geben und mit Sauce überziehen. Frikadellen und Spieße dazulegen und die übrigen Zubereitungen darum anrichten.

Essen wie früher

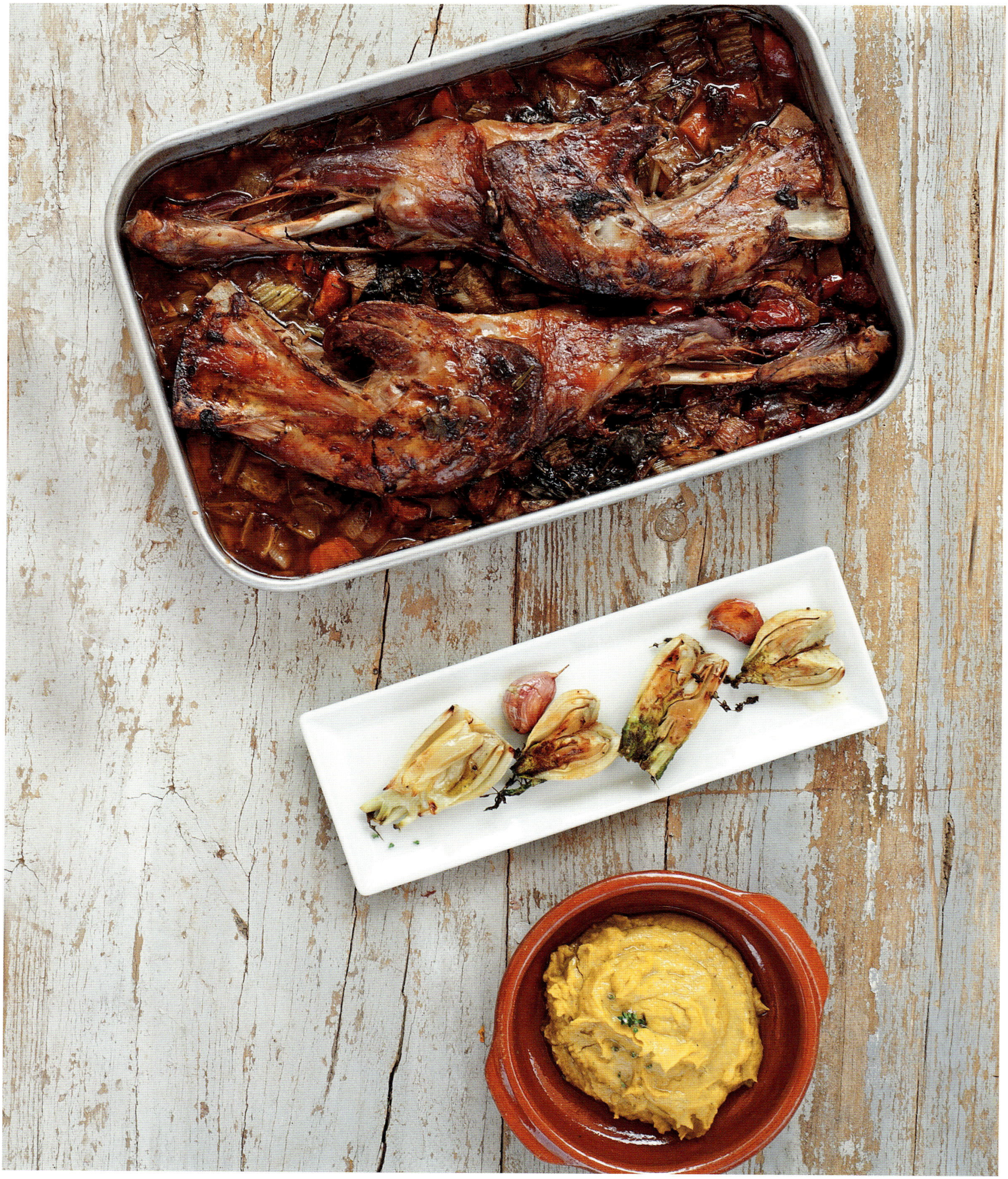

Geschmorte Lammschulter
mit Fenchel und Polenta

Für 4 Personen | Zubereitungszeit: etwa 20 Minuten plus 3 Stunden Koch-, Brat- und Backzeit

Für die Lammschulter
2 Knoblauchzehen
1 Zwiebel
1 Knolle Fenchel
1 Karotte
1 kleines Stück Knollensellerie
2 Tomaten
1 Zweig Rosmarin
1 Zweig Thymian
1 Zweig Bohnenkraut
Salz
frisch gemahlener schwarzer Pfeffer
Olivenöl zum Beträufeln und Braten
1 Lammschulter (1,8 kg, mit Knochen)
200 ml Lammjus (siehe Seite 46)

Für den Fenchel
2 junge Fenchelknollen
Fleur de Sel
frisch gemahlener schwarzer Pfeffer
3 Knoblauchzehen
1 Zweig Thymian
30 g Butter
100 ml Weißwein
10 ml Pastis
100 ml Geflügelfond (siehe Seite 44)

Für den Polenta-Fond
3 Schalotten
1 Knoblauchzehe
1 Zweig Thymian
1 Zweig Rosmarin
200 ml Milch
100 ml Kokosmilch
200 ml Geflügelfond (siehe Seite 44)
1 TL gemahlene Kurkuma
1 g Safran

Für die Polenta
2 EL Polenta-Grieß
100 ml Fond (siehe links und oben)
10 g Parmesan
10 g kalte Butter
Salz

❈ Für die Lammschulter und das Gemüse den Backofen auf 110 °C (Ober-/Unterhitze) vorheizen. Knoblauch und Zwiebel abziehen, die Zwiebel grob würfeln. Den Fenchel putzen und ebenfalls grob würfeln, Karotte und Sellerie putzen und würfeln. Die Tomaten waschen, vierteln und von den Stielansätzen befreien. Die Kräuter waschen, trocken schütteln und hacken.

❈ Das Gemüse auf ein Backblech mit hohem Rand oder in eine große Form legen, dann salzen, pfeffern und mit Olivenöl beträufeln. Die Lammschulter waschen und trocken tupfen, dann mit Knoblauch einreiben, würzen und in einer Pfanne bei mittlerer bis hoher Temperatur in Olivenöl rundum anbraten, anschließend mit etwas von den gehackten Kräutern einreiben. Das Fleisch und die übrigen Kräuter auf das Gemüse geben und im vorgeheizten Backofen auf der mittleren Schiene etwa 1 Stunde schmoren. Lammjus angießen und alles bei 90 °C (Ober-/Unterhitze) weitere 2 Stunden gar ziehen lassen.

❈ Für den Fenchel die Knollen waschen, trocken tupfen, den Wurzelansatz und die äußeren Blätter entfernen. Die Knollen halbieren und den harten Kern so herausschneiden, dass sich die Blätter nicht ablösen, dann mit Fleur de Sel und Pfeffer würzen. Den Knoblauch abziehen und andrücken, den Thymian waschen und trocken schütteln.

❈ In einer Pfanne die Butter bei geringer Temperatur zerlassen und den Fenchel darin mit der glatten Seite nach unten bei mittlerer bis hoher Temperatur anbraten. Knoblauch und Thymian zugeben, mit Weißwein und Pastis ablöschen und die Flüssigkeit bei aufgesetztem Deckel auf die Hälfte einkochen. Den Geflügelfond angießen und alles etwa 5 Minuten schmoren, anschließend die Flüssigkeit ohne Deckel nahezu verkochen lassen.

❈ Für den Polenta-Fond die Schalotten abziehen und würfeln, den Knoblauch abziehen und andrücken. Die Kräuter waschen und trocken schütteln. Alle Zutaten in einem Topf miteinander aufkochen. Kurz ziehen lassen und dann durch ein Tuch passieren.

❈ Für die Polenta den Grieß mit dem Fond aufkochen und 10 Minuten ziehen lassen. Parmesan und Butter unterrühren und nach Belieben mit Salz abschmecken.

❈ Zum Anrichten vom Gemüse und Jus in tiefe Teller geben, die Lammschulter zerteilen und auflegen. Die Polenta und den Fenchel separat dazureichen.

Getrüffelte Kalbsbäckchen,
Kohlrabi und Sellerie-Variationen

Für 4 Personen | Zubereitungszeit: etwa 1 Stunde plus 2 Stunden 40 Minuten Koch-, Schmor- und Grillzeit

Für die Kalbsbäckchen
4 Kalbsbäckchen
2 kleine bis mittelgroße schwarze Wintertrüffel
Salz
frisch gemahlener schwarzer Pfeffer
20 g Butterschmalz
50 g Butter (davon etwa 40 g in Scheiben geschnitten und im Gefrierfach gekühlt)
150 ml Merlot | 150 ml Portwein
50 ml Sherry | 20 ml Cognac
500 ml Kalbsjus (siehe Seite 45)
80 ml Trüffelsaft (Rezept Eingelegte Trüffel, siehe Seite 49)

Für das Selleriepüree
½ Knolle Sellerie | Saft von ½ Zitrone
40 g Butter | Salz
frisch gemahlener schwarzer Pfeffer

Für den Kohlrabi
1 kleiner Kohlrabi (250 g)
20 g Butter | Salz
frisch gemahlener schwarzer Pfeffer
frisch geriebene Muskatnuss

Für das Selleriestroh
⅛ Knolle Sellerie | 500 ml Olivenöl | Salz
frisch gemahlener schwarzer Pfeffer

Für den gratinierten Stangensellerie mit Markkruste
1 Schalotte
50 g Butter
1 TL Thymianblätter
1 TL gehackte glatte Petersilie
½ TL Estragonblätter
200 g Brioche-Brösel
80 g Rindermark
Salz
frisch gemahlener schwarzer Pfeffer
1 Stange Sellerie
20 ml Geflügelfond (siehe Seite 44)

❀ Die Kalbsbäckchen parieren und in jedes eine Tasche schneiden. Einen Trüffel putzen und in acht Scheiben (etwa 2 mm dick) schneiden. Jeweils zwei Trüffelscheiben in ein Bäckchen schieben und mit Salz sowie Pfeffer würzen. In einem Bräter Butterschmalz zerlassen und die Bäckchen darin bei mittlerer bis hoher Temperatur rundum anbraten. Das Fleisch aus dem Bräter nehmen, den Bratensatz mit 100 ml Wasser ablöschen und beiseitestellen.

❀ Den Backofen auf 120 °C (Ober-/Unterhitze) vorheizen. Den zweiten Trüffel putzen, hacken und in etwas Butter bei geringer Temperatur anschwitzen, bis sich der Trüffelduft voll entfaltet hat. Merlot, Portwein, Sherry und Cognac angießen, alles aufkochen und bei geringer Temperatur auf die Hälfte einkochen. Kalbsjus, Trüffelsaft und gelösten Bratensatz angießen, erneut aufkochen, die Kalbsbäckchen einlegen und mit geschlossenem Deckel 2–2 Stunden 30 Minuten im vorgeheizten Backofen schmoren. Das Fleisch herausnehmen und warm stellen. Die Trüffeljus aufkochen, vom Herd nehmen und die eiskalte Butter stückchenweise einschwenken, mit Salz und Pfeffer abschmecken.

❀ Für das Püree den Sellerie schälen und in kleine Stücke schneiden, mit Zitronensaft beträufeln. In einem Sieb über heißem Wasser weich dünsten, dann im Mixer mit Butter und Gewürzen pürieren. In einen Spritzbeutel füllen und warm halten.

❀ Den Kohlrabi putzen und würfeln. Bei geringer Temperatur in einer Schwenkpfanne in Butter bissfest garen und mit Salz, Pfeffer und Muskat würzen.

❀ Für das Selleriestroh die Knolle putzen und in streichholzdünne Stifte schneiden. Anschließend im erhitzten Olivenöl ausbacken und mit Salz und Pfeffer würzen.

❀ Für den Stangensellerie die Schalotte abziehen und fein würfeln, dann in etwa 20 g Butter glasig dünsten. In einer Schüssel zunächst mit den Kräutern, dann mit den Bröseln mischen. Ein Viertel des Rindermarks in einer kleinen Pfanne bei geringer bis mittlerer Temperatur auslassen, das übrige Mark fein hacken. Beides unter die Bröselmischung arbeiten und diese mit Salz und Pfeffer würzen. Die Masse zwischen zwei Lagen Backpapier etwa 2 mm dick ausrollen und im Kühlschrank gut durchkühlen lassen.

❀ Den Ofengrill auf hoher Temperatur vorheizen. Den Stangensellerie gründlich putzen und in vier Stücke von etwa 10 cm Länge schneiden. In der übrigen Butter sowie dem Geflügelfond bei niedriger bis mittlerer Temperatur bissfest garen. Mit Salz und Pfeffer würzen und auf ein Blech setzen. Aus dem Rindermark-Brösel-Teig vier Streifen von etwa 10 cm Länge und der Breite des Stangenselleries ausschneiden und die Selleriestücke damit belegen. Unter dem Grill etwa 1 Minute goldbraun backen.

❀ Zum Anrichten Spiegel aus Trüffeljus auf Teller geben, die Kalbsbäckchen senkrecht halbieren und mittig daraufsetzen, mit Trüffeljus überziehen. Vom Selleriestroh daraufsetzen, Tupfen vom Selleriepüree daneben spritzen und das Gemüse rundherum arrangieren.

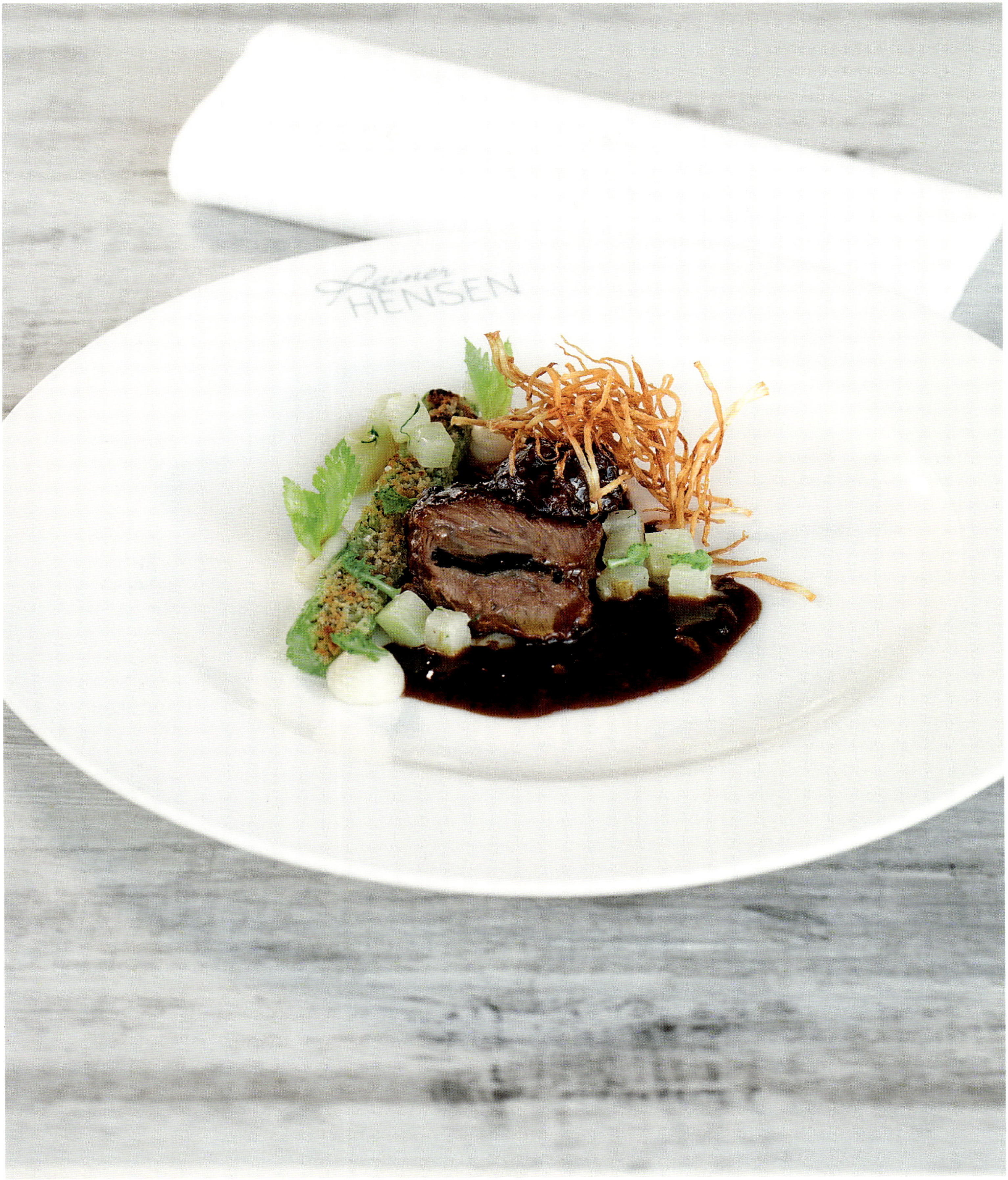
HENSEN

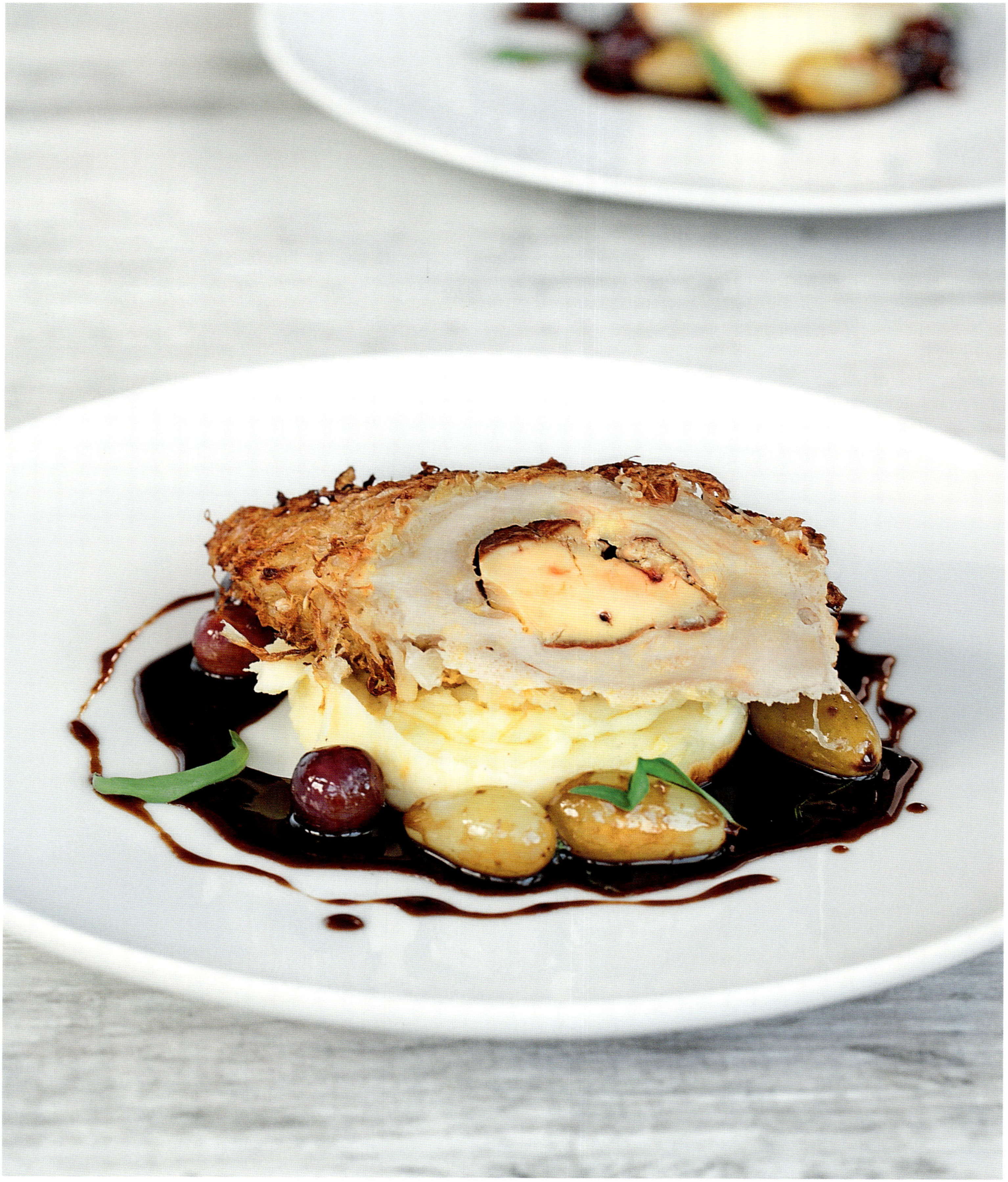

Perlhuhnbrust mit Entenleber
im Krautmantel, Pommes mousselines und Traubenjus

Für 4 Personen | Zubereitungszeit: etwa 35 Minuten plus 2 Stunden 15 Minuten Koch-, Brat- und Backzeit

Für das Perlhuhn
1 großes Perlhuhn
Olivenöl zum Braten
4 Stücke Entenleber (à 10 g)
Fleur de Sel
frisch gemahlener schwarzer Pfeffer
1 Eiweiß
25 g Sahne
frisch geriebene Muskatnuss
100 g Sauerkraut
20 g Butter

Für die Traubenjus
1 große Zwiebel
100 g kernlose Trauben
1 Zweig Rosmarin plus Rosmarinnadeln zum Dekorieren
1 Zweig Thymian
Perlhuhnkarkassen (siehe links)
Olivenöl zum Braten
1 EL Zucker
100 ml Weißwein
250 ml Geflügelfond

Für die Pommes mousselines
300 g Kartoffeln
Salz
1 Zweig Rosmarin
1 Zweig Thymian
60 ml Milch
100 g Butter
frisch gemahlener schwarzer Pfeffer
frisch geriebene Muskatnuss
4 EL Olivenöl

❋ Für die Traubenjus die Zwiebel abziehen und in Stücke schneiden, die Trauben waschen. Die Kräuter waschen, trocken schütteln und hacken.

❋ Die Perlhuhnbrüste und -keulen lösen, die Keulen beiseitelegen und anderweitig verwenden.

❋ Die Perlhuhnkarkassen fein hacken und in einem Bräter bei hoher Temperatur in Olivenöl rundum anrösten. Die Zwiebel ebenfalls anrösten. Die Hälfte der Trauben und die Kräuter zugeben, mit Zucker bestreuen, mit Weißwein ablöschen und den Geflügelfond angießen. Bei reduzierter Temperatur etwa 2 Stunden köcheln, dann durch ein feines Sieb passieren und auf etwa 200 ml reduzieren. Die übrigen Trauben kurz in Olivenöl anschwitzen, mit der Sauce auffüllen und abschmecken, bis zum Servieren warm halten.

❋ Für das Perlhuhn die Entenleber mit Fleur de Sel und Pfeffer würzen und in einer Pfanne ohne Fett auf beiden Seiten kurz anbraten. Auf Küchenpapier abkühlen lassen. Den Backofen auf 200 °C (Ober-/Unterhitze) vorheizen. Die Perlhuhnbrüste häuten, die Filets ablösen und die Brüste teilen. Die Filets im Mixer mit Eiweiß, Sahne, Fleur de Sel, Pfeffer und Muskat zu einer feinen Farce pürieren. In die Brüste mit einem spitzen Messer Taschen schneiden und mit Entenleber füllen. Das Perlhuhn mit Salz und Pfeffer würzen, auf einer Seite mit Farce bestreichen, darauf Sauerkraut dünn verteilen und andrücken; dann mit der anderen Seite genauso verfahren. Die Perlhuhnbrust bei mittlerer Temperatur in Olivenöl auf beiden Seiten goldgelb anbraten. Die Butter in dünne Scheibchen schneiden, auf die Brüste legen und diese im vorgeheizten Ofen 10 Minuten fertiggaren.

❋ Für die Pommes mousselines die Kartoffeln schälen und in Salzwasser garen. Die Kräuter waschen und trocken schütteln. Die Milch mit dem Rosmarin aufkochen, die Temperatur reduzieren und die Butter dazugeben. Die Kartoffeln abgießen, pressen und die Milch-Butter-Mischung durch ein Sieb zugießen, dann alles glatt rühren. Mit Salz, Pfeffer und Muskat abschmecken und das Olivenöl unterheben.

❋ Zum Anrichten einen Spiegel aus Traubenjus auf Teller geben. Mittig von den Pommes mousselines platzieren, Perlhuhnbrust auf- und Trauben anlegen. Mit etwas Rosmarin dekorieren.

Schneckenragout
mit Trüffeljus und schwarzem Risotto

Für 4 Personen | Zubereitungszeit: etwa 30 Minuten plus 50 Minuten Kochzeit

Für den Risotto
1 Knoblauchzehe
5 Schalotten
20 g Ingwer
1 Peperoni
Olivenöl zum Anschwitzen
Salz
frisch gemahlener schwarzer Pfeffer
Currypulver
100 ml Weißwein
50 ml Noilly Prat
120 g schwarzer Reis
500 ml Geflügelfond (siehe Seite 44)
100 g Butter
50 g Parmesan

Für das Schneckenragout
½ Pastinake
½ Karotte
¼ kleine Knolle Sellerie
½ Stange Sellerie
60 g Champignons
1 daumenlanges Stück Lauch (nur das Weiße)
2 Knoblauchzehen
2 Schalotten
40 g Butter
Salz
frisch gemahlener schwarzer Pfeffer
frisch geriebene Muskatnuss
50 ml Madeira
50 ml Schneckenfond
200 g Sahne
je 1 TL gehackte Kerbel- und Estragonblätter
1 EL Schnittlauchröllchen
24 küchenfertige Weinbergschnecken, gegart

Für die Trüffeljus
50 ml Portwein
20 ml Noilly Prat
20 ml Sherry cream
30 ml Madeira
100 ml Geflügelfond (siehe Seite 44)
10 ml Trüffelsaft (Rezept Eingelegte Trüffel, siehe Seite 49)
80 g Butter
Salz
frisch gemahlener schwarzer Pfeffer
1–2 Périgord-Trüffel (etwa 60 g)

Für die Dekoration
glatte Petersilienblätter

❧ Für den Risotto Knoblauch und Schalotten abziehen, Ingwer und Peperoni putzen. Die Peperoni in feine Streifen schneiden, Knoblauch, Schalotten und Ingwer hacken. In einem Topf Olivenöl bei geringer Temperatur erhitzen und die Zutaten darin anschwitzen, ohne dass sie Farbe nehmen. Mit Salz, Pfeffer und Currypulver würzen, dann mit Weißwein sowie Noilly Prat ablöschen. Den Reis einschwenken und nach und nach unter Rühren den Geflügelfond angießen. Bis zur gewünschten Konsistenz köcheln, bis der Reis bissfest gar ist, dauert es etwa 18 Minuten. Zuletzt Butter und Parmesan einrühren.

❧ Für das Schneckenragout die Gemüse putzen und fein würfeln. Den Knoblauch ungeschält andrücken, die Schalotten abziehen und fein würfeln. Die Hälfte der Butter in einem Bräter bei geringer Temperatur zerlassen. Knoblauch, Pastinake, Karotte und Sellerie darin 5 Minuten anschwitzen. Die Champignons zufügen und nach weiteren 3 Minuten die Lauchwürfel dazugeben. Alles etwa 2 Minuten weitergaren und mit Salz, Pfeffer und Muskatnuss abschmecken.

❧ Die Schalotten in der übrigen Butter separat anschwitzen, ohne dass sie Farbe nehmen. Mit dem Madeira ablöschen und die Flüssigkeit verkochen lassen. Schneckenfond und Sahne angießen und die Flüssigkeit langsam auf die Hälfte einkochen. Die Knoblauchzehen aus dem Gemüse nehmen, abziehen und wieder zugeben. Mit dem Stabmixer pürieren und mit Salz und Pfeffer würzen. Gemüse, Kräuter und Schnecken unterheben und abschmecken.

❧ Für die Trüffeljus Portwein, Noilly Prat, Sherry und Madeira fast gänzlich reduzieren. Geflügelfond und Trüffelsaft angießen und alles auf die Hälfte einkochen. Die Butter einmontieren und abschmecken. Die Trüffel putzen, würfeln und einschwenken.

❧ Zum Anrichten das Schneckenragout auf vorgewärmte Teller geben, jeweils eine Nocke Risotto ansetzen und alles mit Trüffeljus beträufeln. Mit glatter Petersilie bestreut servieren.

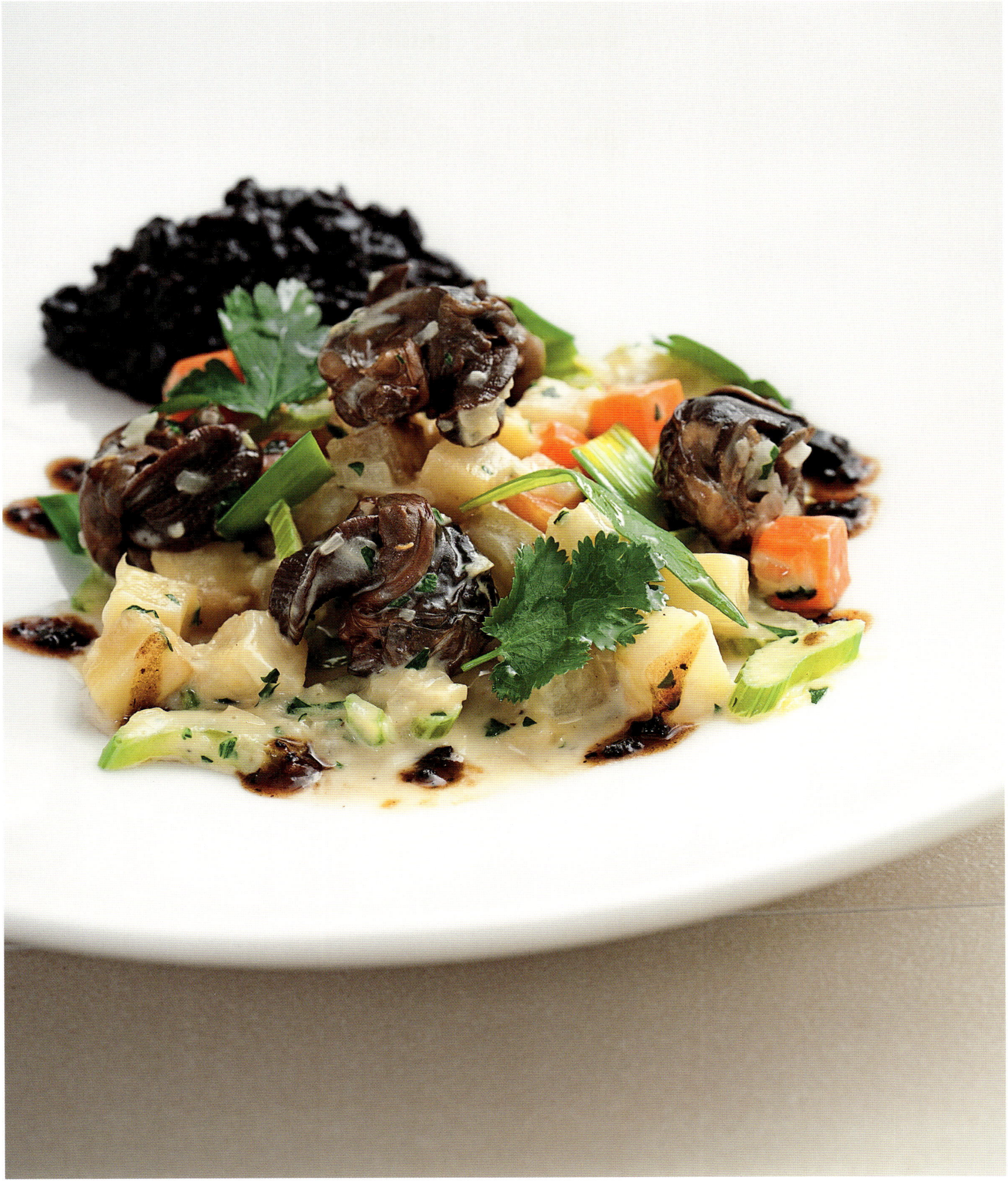

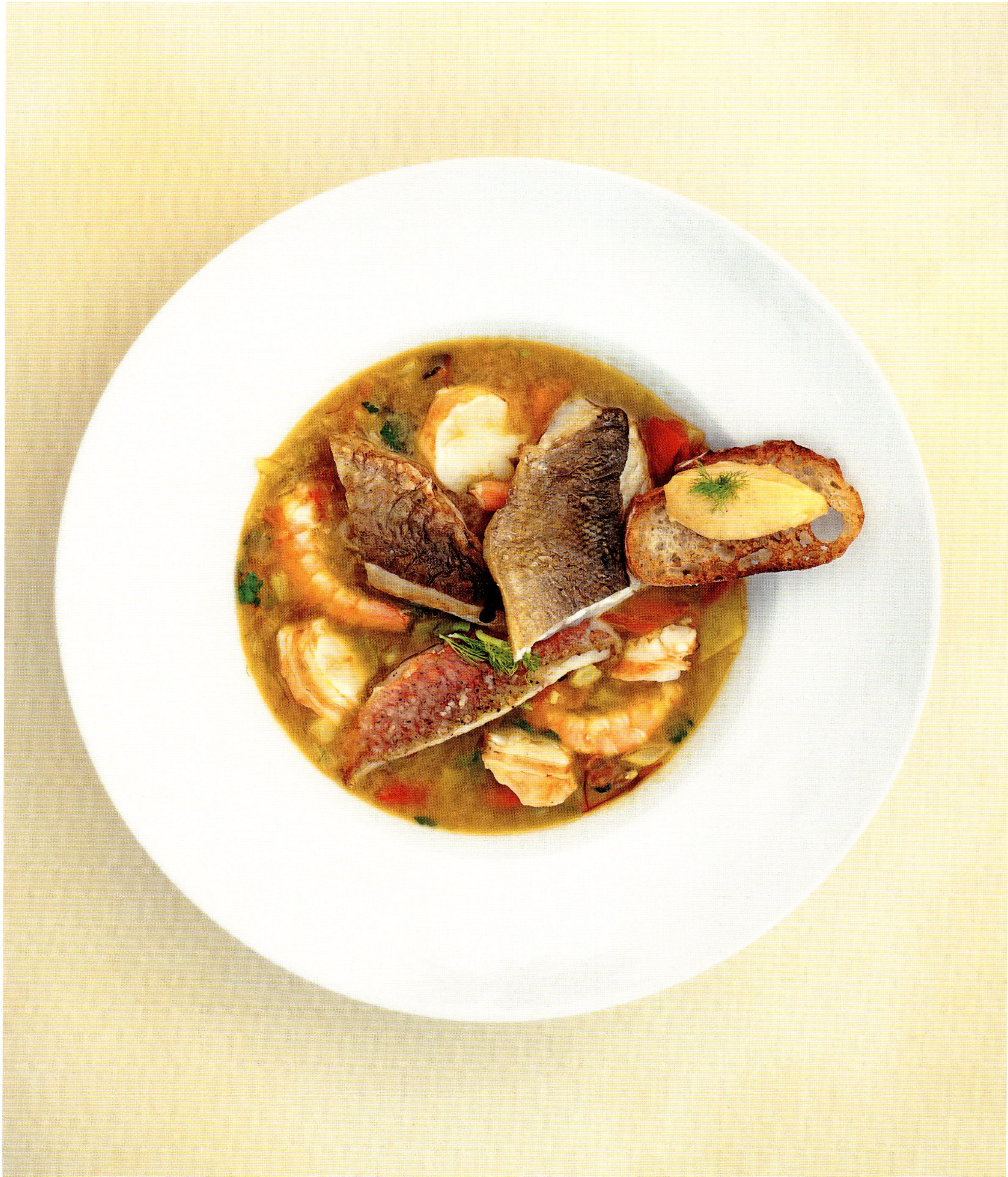

Bouillabaisse mit Rouille

Für 8–10 Personen | Zubereitungszeit: etwa 55 Minuten plus 1 Stunde 20 Minuten Kochzeit
(Die Rouille kann am Vortag zubereitet werden)

Für die Rouille
1 kleine rote Paprikaschote
6 Knoblauchzehen
2 kleine rote Pfefferschoten
1 große gekochte mehlige Kartoffel
6 Safranfäden | ½ TL Fleur de Sel
1 Eigelb | 150 ml Olivenöl

Für den Fond
Fisch- und Krustentierkarkassen
   (siehe rechts)
1 Knoblauchzehe | 1 Zwiebel
1 kleine Stange Sellerie
1 große Karotte
1 große Knolle Fenchel
Olivenöl zum Anschwitzen

500 g Tomatenkonfit
   (siehe Seite 48)
100 ml Noilly Prat | 100 ml Pastis
1,4 l Fischfond (siehe Seite 45)
500 ml Krustentierfond (siehe Seite 47)
300 ml Bouchot-Muschelfond (Bouchot-
   Muschelsuppe, siehe Seite 143)
300 ml Venusmuschelfond (Gedämpfte
   Venusmuscheln, siehe Seite 49)

Für die Einlage
2 Rotbarben (à 300 g)
1 kleiner Wolfsbarsch (600 g)
1 Knurrhahn (800 g)
1 Roter Drachenkopf (800 g)
12 Garnelen

3 kleine Zwiebeln | 3 Knoblauchzehen
1 kleine Kartoffel | ⅛ Knolle Sellerie
½ Stange Sellerie | 1 große Karotte
¼ Knolle Fenchel
Olivenöl zum Anschwitzen und Braten
2 g Safranfäden | Fleur de Sel
frisch gemahlener schwarzer Pfeffer
50 g Bouchot-Muscheln
50 g Venusmuscheln
50 g Tomatenkonfit (siehe Seite 48)
50 g glatte Petersilienblätter,
   grob gehackt
etwas Mehl für die Fischfilets

Außerdem
4 Scheiben Baguette
Fenchelgrün zum Dekorieren

❋ Für die Rouille den Backofengrill auf höchster Stufe vorheizen. Die Paprikaschote putzen, vierteln und von Samen sowie weißen Innenwänden befreien. Mit der Hautseite nach oben auf ein Backblech legen und grillen, bis die Haut dunkel wird und aufplatzt. In einem Gefrierbeutel abkühlen lassen und die Haut abziehen. Den Knoblauch abziehen, halbieren und den Kern entfernen. Die Pfefferschoten putzen, von den Kernen befreien und fein schneiden, die Kartoffel pellen.

❋ Paprika mit Knoblauch, Pfefferschoten, Safranfäden und Salz im Mörser zu einer feinen Paste reiben. Die Kartoffel unterarbeiten. Die Paste mit dem Eigelb in einer Schüssel verrühren, dann das Olivenöl langsam zufließen lassen und einrühren.

❋ Für den Fond die Fische für die Einlage waschen, trocken tupfen und sorgfältig filetieren. Die Garnelen auslösen und entdarmen. Filets und Garnelen beiseitelegen. Die Fischkarkassen zerkleinern, mit den Garnelenschalen sorgfältig waschen und in einem Sieb gut abtropfen lassen. Den Knoblauch abziehen und halbieren. Zwiebel, Sellerie, Karotte und Fenchel abziehen beziehungsweise putzen und alles in feine Scheiben schneiden.

❋ In einem Topf etwas Olivenöl bei geringer Temperatur erhitzen und das Gemüse darin etwa 10 Minuten anschwitzen. Karkassen und Garnelenschalen dazugeben und weitere 5–10 Minuten anschwitzen. Das Tomatenkonfit dazugeben und 5 Minuten mitgaren. Mit Noilly Prat und Pastis ablöschen und etwas einkochen lassen. Mit den verschiedenen Fonds auffüllen, alles aufkochen und abschäumen. Etwa 20 Minuten köcheln, den Fond anschließend durch ein feines Sieb passieren.

❋ Für die Einlage Zwiebeln und Knoblauch abziehen und fein würfeln. Kartoffel, Sellerie, Karotte und Fenchel schälen beziehungsweise putzen und in Rauten schneiden.

❋ In einem Topf das Olivenöl bei geringer Temperatur erhitzen, dann Zwiebeln und Knoblauch darin anschwitzen, ohne dass sie Farbe nehmen. Das Gemüse und den Safran etwa 5 Minuten mitschwitzen. Mit dem Fond auffüllen und aufkochen, gegebenenfalls nochmals abschäumen und köcheln, bis das Gemüse bissfest gar ist (das dauert 10–15 Minuten). Mit Salz und Pfeffer abschmecken. Den Topf vom Herd nehmen und die Garnelen einlegen, Muscheln, Tomatenkonfit und Petersilie dazugeben.

❋ Die Fischfilets mit Salz und Pfeffer würzen, auf der Hautseite mit Mehl bestäuben und in einer Pfanne in etwas Olivenöl kurz auf der Hautseite anbraten. Auf vier vorgewärmte große Suppenteller verteilen, mit erhitzter Suppe übergießen und kurz gar ziehen lassen.

❋ Zum Anrichten die Brotscheiben in einer Pfanne in Olivenöl auf beiden Seiten anrösten, jeweils eine Nocke Rouille daraufsetzen und zur Suppe servieren. Mit Fenchelgrün dekorieren.

Getrüffelte Entenconsommé mit Enten-Ravioli, Rillettes und Topinambur-Püree

Für 4 Personen | Zubereitungszeit: etwa 40 Minuten plus 4 Stunden Koch- und Backzeit

Für die Consommé
3 Enten (weiblich)
2 Gemüsezwiebeln | 1 EL Butter
2 l Geflügelfond (siehe Seite 44)
2 Stangen Sellerie | 2 große Karotten
½ Stange Lauch | 200 g Champignons
2 Eiweiß
100 ml Trüffelsaft (Rezept Eingelegte Trüffel, siehe Seite 49)
20 ml Madeira | Salz
frisch gemahlener schwarzer Pfeffer
1 kleiner schwarzer Trüffel (20 g)

Für die Gewürzmischung
2 schwarze Pfefferkörner
1 Msp. gemahlener Koriander
2 Pimentkörner | 1 Kardamomkapsel
1 Msp. gemahlener Zimt
20 g Fleur de Sel

Für die Ravioli
100 g Weizenmehl (Type 00)
1 Ei

Für die Füllung
übrige Entenkeulen und -flügel (siehe links)
20 g Entenleber
Gewürzmischung (siehe links)
½ Zwiebel
1 EL Butter
50 ml Geflügeljus (siehe Seite 46)
1 EL Apfelmus (Rezept Kaninchenkeule, siehe Seite 56)
1 EL Mie de Pain (ohne Kruste fein geriebenes Weißbrot)
1 TL gehackter frischer Majoran | Salz
frisch gemahlener schwarzer Pfeffer

Für die Entenbrust
2 Entenbrüste (siehe links)
1 Zweig Rosmarin

Für den Topinambur
300 g Topinambur | Salz
frisch gemahlener schwarzer Pfeffer
1 EL Crème fraîche | 1 EL Butter
1 TL Sahne
frisch geriebene Muskatnuss

Für die Rillettes
1 Scheibe Brioche (alternativ Toast)
40 g feines Geflügelragout (siehe Seite 49)

Für die Dekoration
Feldsalatblättchen
80 g Blumenkohlröschen, blanchiert

🍀 Für die Gewürzmischung die Zutaten im Mörser fein miteinander verreiben. Den Backofen auf 200 °C Ober-/Unterhitze) vorheizen.

🍀 Für die Consommé Brust und Keulen von den Enten lösen. Das Fleisch von vier Keulen ablösen und wolfen, dann kühl stellen. Die Karkassen gründlich säubern und grob zerteilen.

🍀 Die verbleibenden zwei Keulen und die Flügel mit der Gewürzmischung einreiben und mit den Karkassen auf einem Backblech im vorgeheizten Backofen auf der mittleren Schiene goldbraun backen. Vom Blech nehmen, das Fett abgießen (es kann zum Beispiel für Rotkohl verwendet werden) und den Bratensatz mit kaltem Wasser vom Blech lösen.

🍀 Die Zwiebeln abziehen und fein würfeln. In einem großen Topf in der Butter bei geringer Temperatur glasig dünsten. Den Geflügelfond angießen, Karkassen, Keulen und Flügel einlegen und den gelösten Bratensatz dazugeben. Alles aufkochen, abschäumen und bei geringer Temperatur 30 Minuten köcheln. Flügel und Keulen herausnehmen und abkühlen lassen.

🍀 Sellerie, Karotten, Lauch (nur das Weiße) und Champignons putzen und fein schneiden. Die Champignons und jeweils die Hälfte von Sellerie, Karotten und Lauch in den Topf geben und alles etwa 1 Stunde 30 Minuten weiterköcheln, zwischendurch abschäumen. Alles durch ein Passiertuch seihen und abkühlen lassen, anschließend entfetten.

🍀 Das gewolfte Entenfleisch mit dem übrigen Gemüse und dem Eiweiß gründlich mischen und in einen Suppentopf geben. Den abgekühlten Entenfond kräftig unterrühren und alles langsam aufkochen – dabei immer wieder vorsichtig über den Topfboden rühren, damit nichts ansetzt. Sobald die Brühe kocht, die Temperatur reduzieren und ohne Rühren noch 1 Stunde köcheln. Das Ganze durch ein Tuch passieren, erneut abkühlen lassen und entfetten. Die nun geklärte Brühe mit Trüffelsaft und Madeira aufkochen, mit Salz und Pfeffer abschmecken. Den Trüffel putzen und hineinhobeln – warm halten.

🍀 Für die Ravioli Mehl und Ei zu einem glatten Teig verkneten (wird der Teig zu trocken, einige Tropfen Wasser zugeben) und abgedeckt mindestens 1 Stunde ruhen lassen.

🍀 Für die Füllung das Fleisch von den Entenkeulen und -flügeln lösen und sehr fein würfeln. Die Leber mit der Gewürzmischung einreiben und in einer Pfanne ohne Fett auf beiden Seiten kurz anbraten, abkühlen lassen und ebenfalls sehr fein würfeln. Die

Zwiebel abziehen und fein würfeln, dann in der Butter glasig dünsten. Die Geflügeljus angießen, Entenfleisch und -leberwürfel zugeben und alles etwas reduzieren. Apfelmus, Mie de Pain und Majoran unterheben, alles auf ein Blech zum Abkühlen geben, abschmecken und in einen Spritzbeutel füllen.

❋ Den Ravioli-Teig halbieren und jede Hälfte mit der Nudelmaschine stufenweise bis auf Stufe zwei (alternativ mit dem Nudelholz so dünn wie möglich) ausrollen. Auf die Hälfte des Teigs mit etwas Abstand acht Tupfer der Füllung spritzen, den Teig darum mit Wasser befeuchten. Die andere Teighälfte darüberlegen und andrücken. Mit einem Metallring Ravioli ausstechen, die Ränder nochmals andrücken und die Ravioli in kochendem Salzwasser etwa 3 Minuten garen.

❋ Den Backofen auf 90 °C (Ober-/Unterhitze) vorheizen. Zwei der Entenbrüste mit der Gewürzmischung einreiben und die Haut leicht kreuzweise einschneiden. Eine schwere Pfanne (am besten aus Gusseisen) leicht erhitzen und die Brüste mit der Hautseite nach unten ohne Fett in die Pfanne geben und zum gleichmäßigen Bräunen beschweren (zum Beispiel mit einer Burger-Presse). Den Rosmarin waschen, trocken schütteln und in die Pfanne legen. Das Fleisch so lange bei geringer bis mittlerer Temperatur braten, bis das Fett fast vollständig ausgebraten und die Haut knusprig braun ist, anschließend wenden, die Pfanne vom Herd nehmen und das Fleisch noch 1 Minute in der heißen Pfanne belassen. Dann für 15 Minuten auf einem vorgewärmten Blech auf die mittlere Schiene des vorgeheizten Backofens schieben. Die übrigen Brüste für andere Zubereitungen einfrieren.

❋ Für die Topinambur-Chips den Backofen auf 125 °C (Ober-/Unterhitze) vorheizen. Vom Topinambur etwa 100 g schälen und in dünne Scheiben hobeln. Ein Backblech mit Backpapier belegen und die Hobel darauf verteilen. Im vorgeheizten Backofen bei leicht geöffneter Tür etwa 40 Minuten trocknen, bis die Chips schön knusprig sind. Mit Salz und Pfeffer würzen.

❋ Für das Püree den übrigen Topinambur schälen und im Dampfgarer garen. Mit den restlichen Zutaten im Mixer fein pürieren, abschmecken und in einen Spritzbeutel füllen, warm halten.

❋ Zum Anrichten die Brioche-Scheibe goldgelb toasten, vierteln und mit dem feinen Ragout bestreichen. Die Entenbrüste in Tranchen schneiden und auf tiefe Teller verteilen, je zwei Ravioli und etwas Blumenkohl dazugeben. Dann die heiße Suppe einfüllen. Auf den Tellerrand zwei Tupfen Topinambur-Püree setzen, mit Chips garnieren und die Ragout-Schnitte anlegen. Mit Feldsalat dekoriert servieren.

Essen wie früher

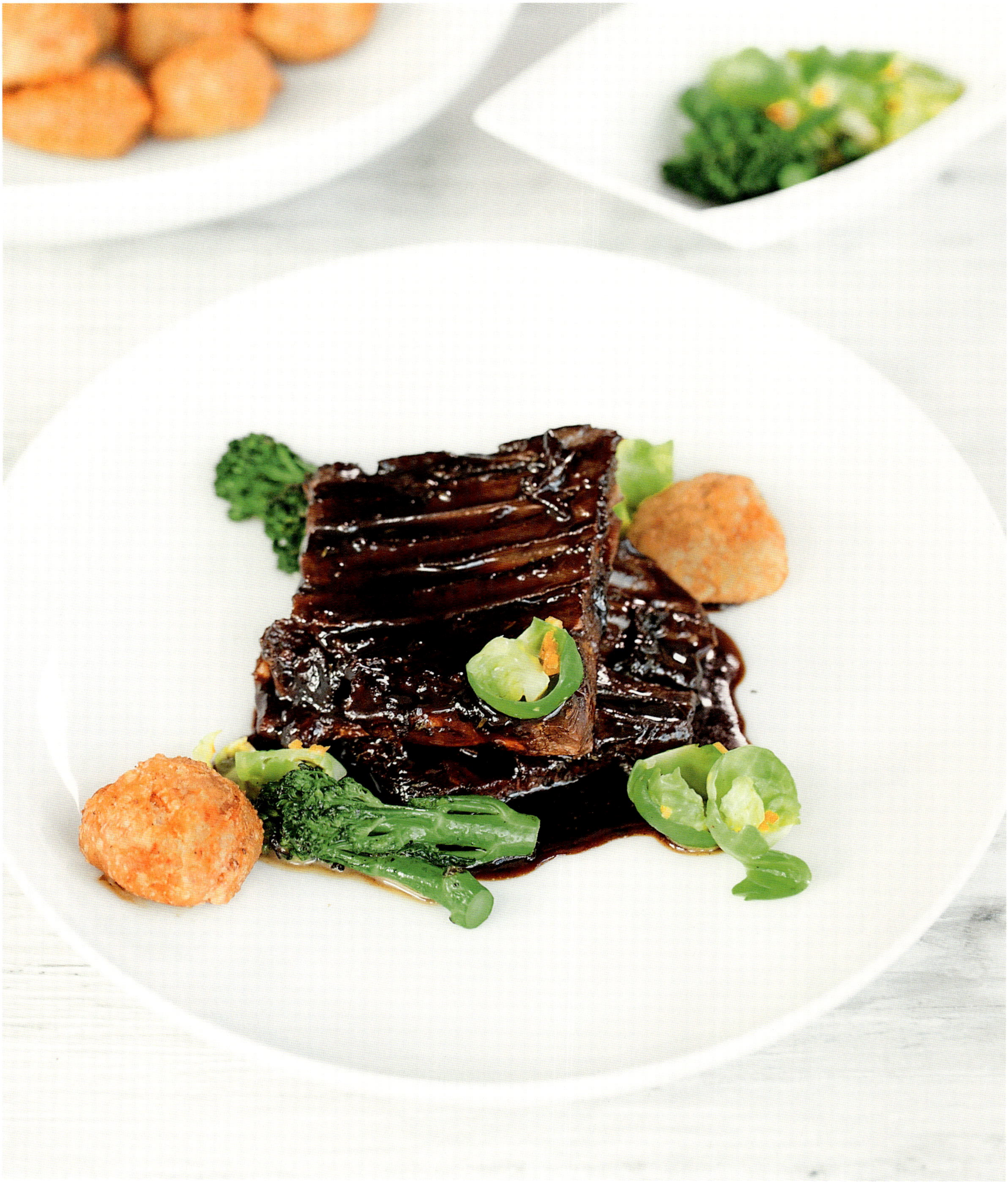

Rehrippchen, Walnusskrusteln, Rosenkohl und wilder Brokkoli

Für 4 Personen | Zubereitungszeit: etwa 30 Minuten plus 1 Stunde 20 Minuten Koch- und Backzeit

Für die Rippchen
8 Portionen Rehrippchen mit Knochen (je etwa 10 x 10 cm)
Räuchersalz (Hickory Smoked Sea Salt)
frisch gemahlener schwarzer Pfeffer
20 g Butterschmalz
1 TL Honig
1 TL Sojasauce
1 TL Thymianblätter
1 TL Rosmarinnadeln, fein gehackt
2 kleine Schalotten
2 EL Butter
100 ml Portwein | 100 ml Rotwein
50 ml Malzbier
500 ml Rehjus (siehe Seite 46)
80 g Preiselbeerkonfitüre | Salz

Für die Walnusskrusteln
250 g Kartoffeln | Salz
50 g Walnusskerne
40 g Butter | 60 g Mehl | 1 Ei
Pflanzenöl zum Frittieren

Für die Rosenkohlblätter
80 g Rosenkohlblätter | Salz
1 kleines Stück Karotte (etwa 10 g)
1 kleines Stück Sellerieknolle (etwa 10 g)
1 EL Butter
20 ml Geflügelfond (siehe Seite 44)
Salz
frisch gemahlener schwarzer Pfeffer
frisch geriebene Muskatnuss

Für den Brokkoli
2 EL Butter
16 Röschen wilder Brokkoli
80 ml Geflügelfond
Salz
frisch gemahlener schwarzer Pfeffer
frisch geriebene Muskatnuss

❊ Für die Rehrippchen den Backofen auf 200 °C (Ober-/Unterhitze) vorheizen. Die Rippchen mit Räuchersalz und Pfeffer würzen. Nacheinander in einem Bräter (möglichst aus Gusseisen) im Butterschmalz bei mittlerer bis hoher Temperatur auf beiden Seiten kurz anbraten und beiseitelegen. Der Bräter samt Bratensatz wird später weiterverwendet. Honig, Sojasauce und Kräuter verrühren, die Rippchen damit einpinseln und auf ein Backblech legen. Im vorgeheizten Backofen auf der mittleren Schiene 10 Minuten backen, herausnehmen und den Backofen auf 120 °C (Ober-/Unterhitze) einstellen.

❊ Die Schalotten abziehen und fein schneiden. Die Butter bei geringer Temperatur im Bräter zerlassen und die Schalotten darin glasig dünsten. Mit Portwein, Rotwein und Malzbier ablöschen, kurz aufkochen. Jus und Preiselbeerkonfitüre dazugeben und nochmals aufkochen. Die Rippchen darin mit aufgesetztem Deckel etwa 50 Minuten im Backofen garen. Die Rippchen sind gar, wenn sich die Knochen ganz leicht herausziehen lassen.

❊ Die Knochen ziehen, das Fleisch warm stellen und die Sauce auf dem Ofen sämig einkochen, mit Salz und Pfeffer abschmecken.

❊ Für die Walnusskrusteln die Kartoffeln in der Schale in Salzwasser garen und noch warm pellen. Durch eine Kartoffelpresse in eine Schüssel drücken. Die Walnusskerne in einer Pfanne ohne Fett leicht anrösten und hacken. Die Butter mit 50 ml Wasser in einem Topf aufkochen, das Mehl hineinsieben und kräftig einrühren, bis sich eine helle Schicht am Boden bildet. Die Masse etwas abkühlen lassen, dann zunächst das Ei, anschließend die Kartoffeln und Walnusskerne kräftig unterrühren. Mit zwei Löffeln walnussgroße Nocken formen und in 170 °C heißem Öl goldbraun frittieren.

❊ Die Rosenkohlblätter in kochendem Salzwasser kurz blanchieren und in ein Sieb abgießen. Karotte und Sellerie putzen und sehr fein (1–2 mm) würfeln. Bei geringer Temperatur in Butter dünsten, den Geflügelfond angießen und die Rosenkohlblätter einschwenken. Mit Salz, Pfeffer und Muskat würzen.

❊ Für den wilden Brokkoli die Butter in einer Pfanne bei mittlerer Temperatur zerlassen und die Brokkoliröschen darin anbraten. Mit dem Geflügelfond ablöschen und diesen so weit verkochen lassen, bis der Brokkoli davon gleichmäßig überzogen ist. Mit Salz, Pfeffer und Muskat würzen.

❊ Zum Anrichten je zwei Fleischstücke mittig auf Tellern platzieren, üppig mit Sauce überziehen, Krusteln und Gemüse daneben arrangieren.

Essen wie früher

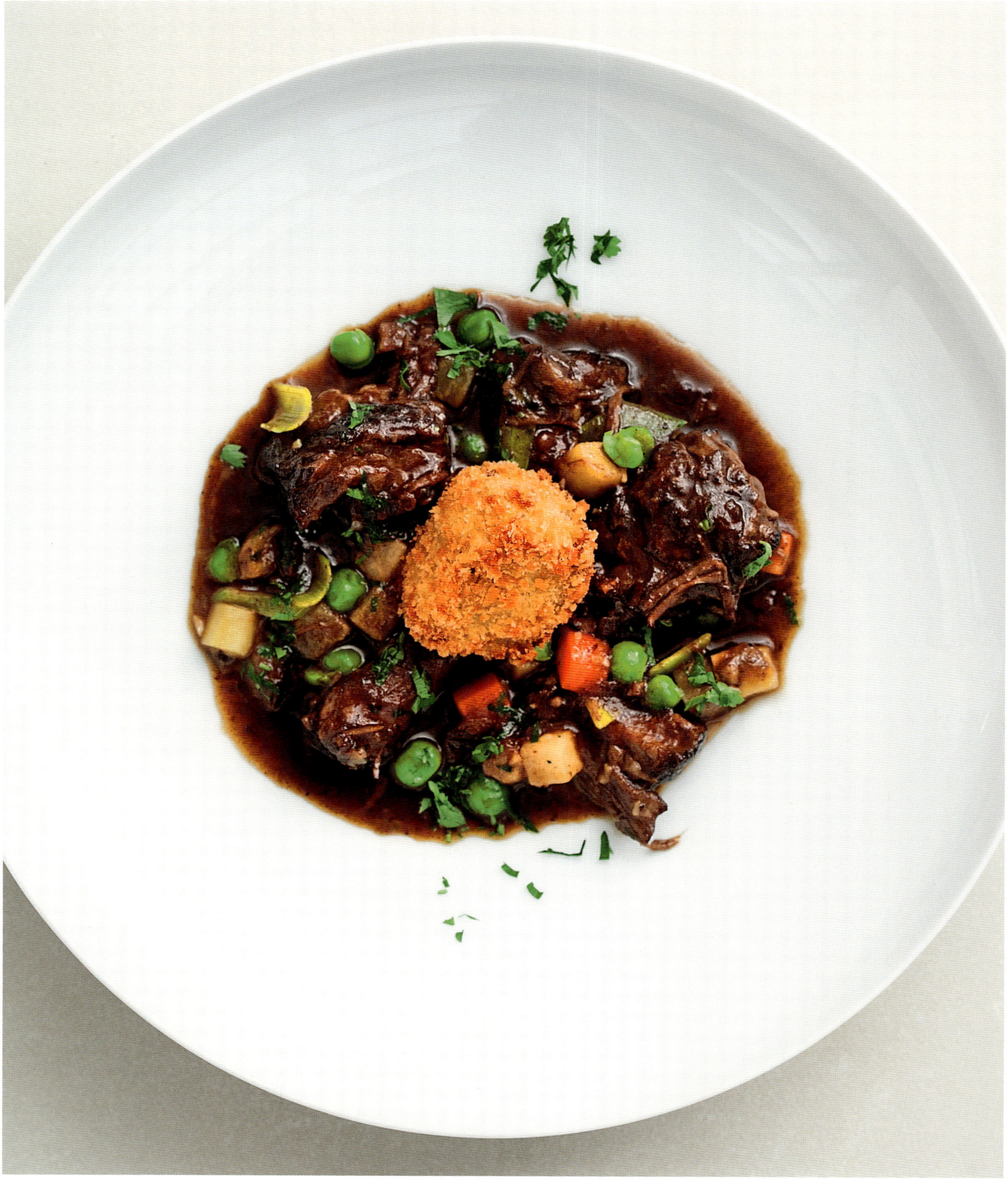

Gebackene Kalbspraline
und Ochsenschwanzragout mit Gemüse

Für 4 Personen | Zubereitungszeit: etwa 40 Minuten plus 3 Stunden 30 Minuten Kochzeit plus 12 Stunden Kühlzeit

Für den gebackenen Kalbskopf
100 g Kalbsschwanz, gegart
100 g Kalbskopf (Maske), gegart
50 g Kalbsfußfleisch, gegart
50 g Kalbszunge, gegart
200 ml stark gelierender Kalbsfond
20 ml weißer Aceto balsamico
Salz
frisch gemahlener schwarzer Pfeffer
2 Eiweiß
Weizenmehl zum Panieren
Panko-Paniermehl zum Panieren
Pflanzenöl zum Ausbacken

Für das Ochsenschwanzragout
100 g fetter geräucherter Speck
1,5 kg Ochsenschwanz
2 Zwiebeln
3 Karotten
1/3 Knolle Sellerie
1 kleine Stange Sellerie
100 g Champignons
1 EL schwarze Pfefferkörner
1 EL Pimentkörner
1 TL Korianderkörner
500 g geschälte pürierte Tomaten
375 ml Rotwein
375 ml Portwein
2,5 l Rinderfond
200 ml Madeira

Für das Gemüse
1 kleines Stück Knollensellerie (etwa 50 g)
1 kleines Stück Stangensellerie (etwa 50 g)
1 kleine Karotte
1 kleine Kartoffel
2 EL Butter
50 g Erbsen (frisch oder TK)
Salz
1 Bund glatte Petersilie
Fleur de Sel
frisch gemahlener schwarzer Pfeffer
frisch geriebene Muskatnuss

❋ Für den gebackenen Kalbskopf das gesamte Fleisch in 1 x 1 cm große Würfel schneiden. Mit dem Fond und dem Aceto balsamico kochen, bis die Flüssigkeit etwa auf die Hälfte reduziert ist. Mit Salz und Pfeffer abschmecken. Alles etwa 3 cm hoch in eine mit Frischhaltefolie ausgekleidete Schale füllen. Mit Frischhaltefolie abdecken und über Nacht in den Kühlschrank stellen.

❋ Am nächsten Tag die Sülze in 3 cm große Würfel schneiden. Das Eiweiß mit etwas Wasser verquirlen. Mehl, Ei und Paniermehl separat auf Teller geben. Die Sülzewürfel erst im Mehl, dann im Ei und zum Schluss in Paniermehl wenden. Die panierten Würfel in 180 °C heißem Öl knusprig ausbacken.

❋ Für das Ochsenschwanzragout den Speck grob würfeln und den Ochsenschwanz in seine Segmente teilen. Die Zwiebeln abziehen und das Gemüse putzen, alles grob würfeln. Die Champignons putzen und vierteln, Pfeffer, Piment und Koriander grob schroten.

❋ Den Speck in einem Bräter auslassen und die Ochsenschwanzstücke darin bei hoher Temperatur rundum anbraten. Das Gemüse zugeben und mitrösten. Tomaten sowie Gewürze zufügen und kurz weiterrösten, dann mit Rot- und Portwein ablöschen. Mit dem Fond auffüllen und bei geringer Temperatur 3 Stunden köcheln. Wenn der Ochsenschwanz weich ist, die Stücke herausnehmen und abkühlen lassen.

❋ Die Sauce durch ein Sieb passieren, entfetten und bis zur gewünschten Konsistenz einkochen, mit Madeira abschmecken. Das Fleisch von den Ochsenschwanzstücken lösen, grob zerteilen und wieder in die Sauce legen.

❋ Für das Gemüse Sellerie, Karotte und Kartoffel putzen und in 0,5 cm große Würfel schneiden. Die Butter in einem Topf bei geringer Temperatur zerlassen und die Gemüse darin langsam gar ziehen lassen – den Stangensellerie erst nach etwa 5 Minuten zugeben. Das Gemüse bissfest garen. Währenddessen die Erbsen in kochendem Salzwasser kurz blanchieren, die Petersilie waschen, trocken schütteln und die Blätter fein schneiden. Alles unter das Ragout heben.

❋ Zum Anrichten das Ochsenschwanzragout auf vorgewärmte Teller geben und gebackene Sülze mittig darauf setzen.

Schweinebauch mit Äpfeln, Erbsen- und Pastinakenpüree

Für 4 Personen | Zubereitungszeit: etwa 40 Minuten plus 2 Stunden 10 Minuten Kochzeit plus 12 Stunden Zeit zum Marinieren und 24 Stunden zum Sous-vide-Garen

Für die Schweinejus
500 g Zwiebeln | 2 große Karotten
10 Tomaten | 2 Knoblauchzehen
1 kg Schälrippchen
250 ml Weißwein
1,5 l Geflügelfond (siehe Seite 44)
2 Lorbeerblätter | 5 Pimentkörner
10 schwarze Pfefferkörner

Für den Schweinebauch
1 daumengroßes Stück Ingwer (etwa 10 g)
2 Schalotten | 1 Chilischote
1 TL Koriandersamen
1 EL Sesamöl | 1 EL Olivenöl
1 TL Madras-Currypulver
2 EL Akazienhonig
80 ml Schweinejus (siehe oben)
50 ml Sojasauce | 50 ml Malzbier
2 Kaffir-Limettenblätter
1 Zweig Currykraut
20 g frische Korianderblätter, fein gehackt | Salz
frisch gemahlener schwarzer Pfeffer
320 g Schweinebauch ohne Schwarte

Für das Pastinakenpüree
150 g Pastinaken
200 g Sahne | 2 EL Butter | Salz
frisch gemahlener schwarzer Pfeffer

Für Pastinakenhobel und -sand
1 Pastinake
Pflanzenöl zum Frittieren | Salz
frisch gemahlener schwarzer Pfeffer

Für die Äpfel
50 g Zucker | 100 ml Sauternes
1 Zweig Rosmarin | ½ Vanilleschote
1 Lorbeerblatt | 1 Ecke Sternanis
12 gleichmäßige Apfelspalten

Für das Apfelmus
½ Äpfel | 30 g Zucker
50 ml Apfelsaft

Für das Erbsenpüree
300 g Zuckererbsen, frisch gepalt
Salz | 60 g Butter
1 EL Crème fraîche | Salz
frisch gemahlener schwarzer Pfeffer
frisch geriebene Muskatnuss

Für die Dekoration
Kräuter nach Belieben

❀ Für die Schweinejus Zwiebeln und Karotten putzen und grob würfeln. Die Tomaten über Kreuz einschneiden, mit heißem Wasser übergießen, häuten, von den Stielansätzen befreien und ebenfalls grob würfeln. Den Knoblauch abziehen und andrücken.

❀ In einem großen gusseisernen Bräter die Rippchen ohne Fett rundum anbraten. Zwiebeln und Karotten zugeben und ebenfalls anrösten, anschließend mit den Tomaten und dem Knoblauch ebenso verfahren. Zwischendurch immer wieder mit Wein ablöschen. Haben sich genügend Röststoffe gebildet, den Geflügelfond angießen, alles aufkochen und abschäumen. Die Gewürze zugeben und alles etwa 1 Stunde 30 Minuten köcheln.

❀ Die Rippchen entnehmen, das Fleisch von den Knochen lösen und für eine andere Zubereitung aufheben. Die Flüssigkeit durch ein feines Sieb passieren und entfetten. Die Jus auf die Hälfte einkochen und beiseitestellen.

❀ Für den Schweinebauch den Ingwer schälen, die Schalotten abziehen und die Chilischote putzen sowie von den Samen befreien, alles fein hacken. Die Koriandersamen ohne Fett anrösten. Öle, Ingwer, Schalotten und Chili zugeben und alles glasig andünsten, ohne dass es Farbe nimmt. Curry und Honig dazugeben, kurz mit anrösten, dann mit Jus, Sojasauce und Malzbier auffüllen. Kurz aufkochen, den Topf vom Herd nehmen, leicht abkühlen lassen. Die Kräuter waschen, trocken schütteln und dazugeben, würzen.

❀ Den Schweinebauch in einen großen Vakuumbeutel geben, die Flüssigkeit zugießen und vakuumieren. Im Kühlschrank 12 Stunden marinieren lassen. Anschließend im 65 °C heißen Wasserbad 24 Stunden garen. Den Schweinebauch aus dem Beutel nehmen, die Marinade durch ein feines Sieb passieren und sämig einkochen. Den Schweinebauch vierteln, die Fettseite vorsichtig im Schachbrettmuster einschneiden und mit Salz und Pfeffer würzen.

❀ Mit der Speckseite nach unten in eine schwere Pfanne legen. Bei geringer Temperatur langsam backen, so tritt Fett aus und das Fleisch bekommt eine schöne Kruste. Ist die Fettseite gebräunt, das Fleisch wenden und etwa 1 Minute braten – das Fleisch anschließend mit der Speckseite nach oben warm stellen.

Essen wie früher

✳ Für das Pastinakenpüree die Wurzeln putzen und in Scheiben schneiden. In der Sahne bei geringer Temperatur weich garen. Mit der Butter fein pürieren – ist das Püree zu fest, etwas von der Kochsahne dazugeben. Mit Salz und Pfeffer abschmecken, in einen Spritzbeutel füllen und warm stellen.

✳ Für Hobel und Sand die Pastinake mit dem Sparschäler in lange dünne Streifen schneiden. In 170 °C heißem Öl goldgelb frittieren und auf Küchenpapier abtropfen lassen. Mit Salz und Pfeffer würzen, acht schöne Streifen beiseitelegen und die restlichen Stücke grob zerkleinern.

✳ Für die Äpfel den Zucker in einer Pfanne bei geringer Temperatur farblos schmelzen und mit dem Sauternes auffüllen. Den Rosmarin waschen und trocken schütteln, die Vanilleschote aufschneiden. Alle Gewürze zur Zucker-Wein-Mischung geben und die Apfelspalten darin glasig dünsten.

✳ Für das Apfelmus den Apfel schälen, vom Kerngehäuse befreien und fein würfeln. Den Zucker farblos schmelzen, die Apfelwürfel dazugeben, mit Apfelsaft ablöschen und alles etwas einkochen lassen.

✳ Für das Erbsenpüree die Erbsen in kochendem Salzwasser garen und durch ein Sieb abgießen. Mit den übrigen Zutaten fein pürieren und zeitnah anrichten, damit das Püree nicht die leuchtend grüne Farbe verliert.

✳ Zum Anrichten jeweils eine Nocke Erbsenpüree mittig auf Teller verstreichen, dorthinein einen Streifen Jus ziehen und den Schweinebauch daraufsetzen. Tupfer vom Pastinakenpüree und Apfelmus auf die Teller geben. Mit Apfelspalten, Pastinakenhobeln und -sand sowie Kräutern garnieren.

Kaninchenfrikadelle,
Champagnerkraut mit Spitzkohl und Rösti

Für 4 Personen | Zubereitungszeit: etwa 45 Minuten plus 2 Stunden Kochzeit

Für die Kaninchenjus
1 kg Kaninchenkarkassen (vom Metzger)
30 g Kaninchenfett
5 Zwiebeln
1 große Karotte
2 Knoblauchzehen
200 g Tomaten
500 ml Weißwein
1,5 l Geflügelfond (siehe Seite 44)
1 TL schwarze Pfefferkörner
1 Zweig Thymian
4 Salbeiblätter
3 Estragonblätter
2 Lorbeerblätter

Für die Kaninchenfrikadellen
2 Knoblauchzehen
1 Gemüsezwiebel
2 altbackene Brötchen
1 Kräuterstrauß
(Thymian, Rosmarin, Salbei, Majoran
  oder Oregano, Basilikum, Estragon)
500 g schieres Kaninchenfleisch
  (Keule und Bauchlappen)
100 g Kaninchenleber, gut gewässert
4 Kaninchennieren, gut gewässert
Salz
frisch gemahlener schwarzer Pfeffer
frisch geriebene Muskatnuss
2 Eier
Olivenöl zum Braten
100 ml Kaninchenjus zum Beträufeln
  (siehe links)

Für das Champagnerkraut mit Spitzkohl
1 Kartoffel
1 große Zwiebel
40 g Kasselerschmalz
200 g Bio-Sauerkraut
75 ml Geflügelfond (siehe Seite 44)
3 Wacholderbeeren
2 Lorbeerblätter
2 Gewürznelken
1 Msp. Kümmel
75 ml Champagner
Salz
frisch gemahlener schwarzer Pfeffer
Zucker
200 g Spitzkohl
3 EL Butter

Für die Rösti
400 g Kartoffeln
Salz
frisch gemahlener schwarzer Pfeffer
frisch geriebene Muskatnuss
2 EL Olivenöl

Für die sautierten Pfifferlinge
250 g Pfifferlinge
Olivenöl zum Braten
Salz
frisch gemahlener schwarzer Pfeffer

Für die Dekoration
Kräuter nach Belieben

❀ Für die Kaninchenjus die Karkassen möglichst klein hacken, das Kaninchenfett ebenfalls fein hacken. Die Zwiebeln abziehen und fein würfeln, die Karotte putzen und grob schneiden sowie die Knoblauchzehe abziehen und andrücken. Die Tomaten über Kreuz einschneiden, mit heißem Wasser übergießen und häuten, von den Stielansätzen befreien und grob schneiden.

❀ Das Fett in einem Bräter auslassen und die Karkassen darin bei hoher Temperatur anrösten. Zunächst Zwiebeln, Karotte und Knoblauch zugeben und mitrösten, dann die Tomaten darin ebenfalls gut anrösten. Immer wieder mit dem Weißwein ablöschen. Sind genügend Röststoffe entstanden, mit dem Geflügelfond auffüllen, alles aufkochen und abschäumen. Die Pfefferkörner andrücken, die Kräuter waschen, trocken schütteln und alles zugeben. Etwa 1 Stunde 30 Minuten köcheln, durch ein feines Sieb passieren und entfetten. Wieder erhitzen und auf die Hälfte einkochen. Die Kaninchenjus später zum Servieren wieder erwärmen.

❀ Für die Frikadellen den Knoblauch und die Zwiebel abziehen, die Zwiebel grob zerteilen. Die Brötchen grob würfeln und in Wasser einweichen. Die Kräuter waschen, trocken schütteln, Blätter und Nadeln abzupfen und fein hacken. Das gut gekühlte Kaninchenfleisch waschen und trocken tupfen, mit den Innereien würfeln. Mit Knoblauch, Zwiebel und Kräutern in eine Schüssel geben. Die eingeweichten Brötchen gut ausdrücken und ebenfalls dazugeben. Kräftig mit Salz, Pfeffer und Muskatnuss würzen, anschließend durch die mittlere Lochscheibe des Fleischwolfs drehen. Die Eier unterarbeiten, eine kleine Probe braten und eventuell nachwürzen. Vier Frikadellen formen und in einer Pfanne bei mittlerer Temperatur im Olivenöl auf jeder Seite etwa 3 Minuten braten.

❀ Für das Champagnerkraut die Kartoffel schälen und reiben. Die Zwiebel abziehen und in sehr feine Streifen schneiden. Das Kasselerschmalz in einem Topf bei geringer bis mittlerer Temperatur auslassen und die Zwiebel darin glasig dünsten, sie sollte keine Farbe nehmen. Das Sauerkraut zugeben und den Geflügelfond einfüllen. Die Wacholderbeeren andrücken und mit den anderen Gewürzen in einem Tee-Ei ins Sauerkraut legen. Etwa 30 Minuten köcheln. Die Hälfte des Champagners dazugeben und mit Salz, Pfeffer und Zucker abschmecken. Mit der geriebenen Kartoffel binden und weitere 30 Minuten garen. Abschließend den übrigen Champagner zugeben und nochmals abschmecken.

✿ Während das Kraut gart, den Spitzkohl putzen und fein schneiden. Die Butter in einer Pfanne aufschäumen, den Spitzkohl zugeben und zusammenfallen lassen. Mit Salz, Pfeffer und Zucker abschmecken und unter das Champagnerkraut heben, warm halten.

✿ Für die Rösti die Kartoffeln schälen und grob reiben. Mit Salz, Pfeffer und Muskatnuss würzen und aus dem Teig acht Rösti formen. In einer Pfanne das Olivenöl erhitzen und bei mittlerer Temperatur die Rösti darin goldbraun backen, dann auf Küchenpapier abtropfen lassen.

✿ Die Pfifferlinge putzen und in einer Pfanne bei mittlerer Temperatur in Olivenöl braten, mit Salz und Pfeffer würzen.

✿ Zum Anrichten jeweils zwei Rösti mittig auf Tellern platzieren, etwas vom Champagnerkraut seitlich anlegen und die Kaninchenfrikadelle aufsetzen. Mit Kaninchenjus beträufeln und die Pfifferlinge ringsum verteilen, mit Kräutern dekoriert servieren.

Essen wie früher

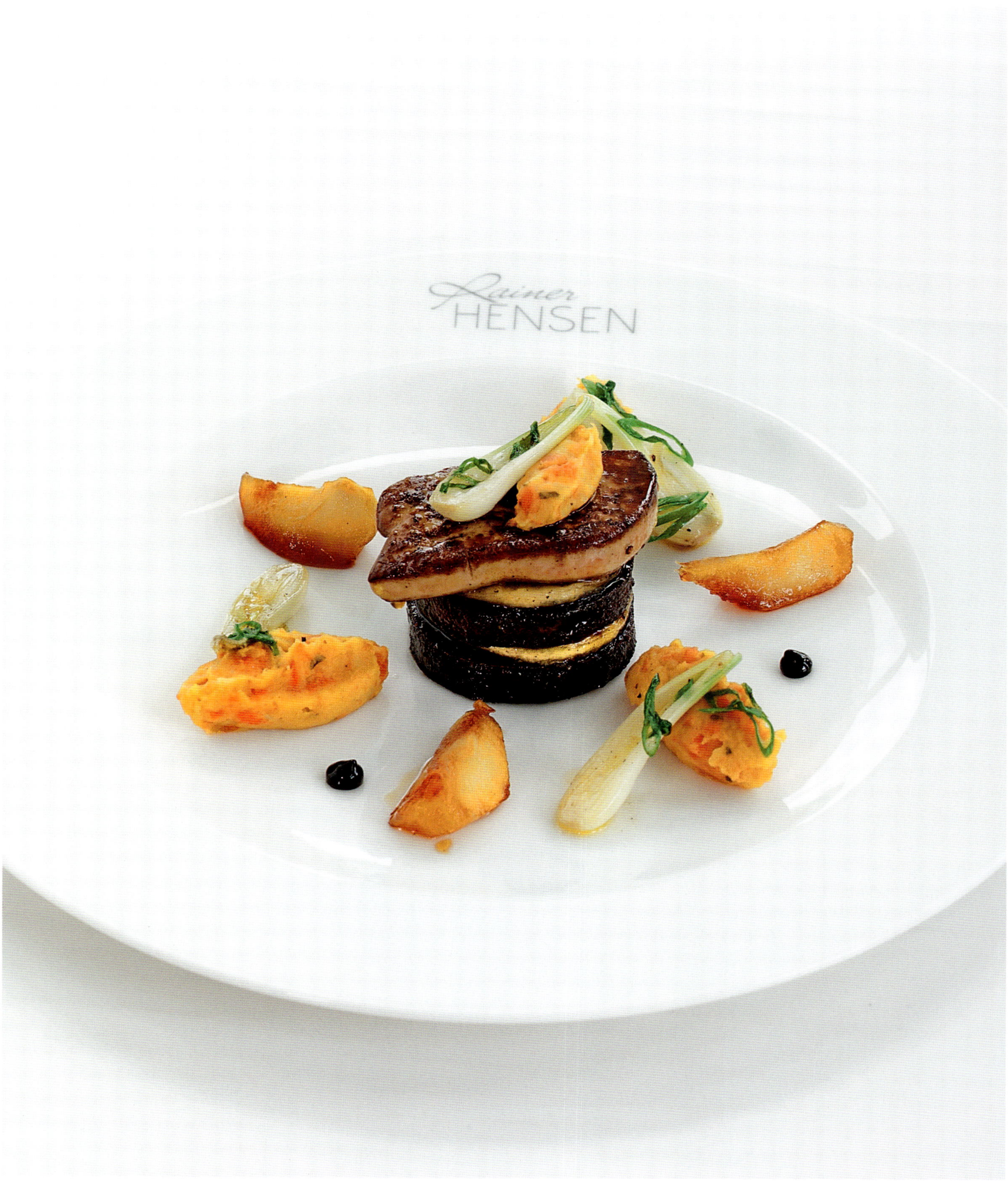
Rainer
HENSEN

»Muhre Jubbel«
mit Gänseleber, Panhas und Apfel

Für 4 Personen | Zubereitungszeit: etwa 25 Minuten plus 50 Minuten Koch- und Bratzeit

Für den »Muhre Jubbel«
1 kleine Zwiebel | 80 g Butter
20 g geräucherter Bauchspeck
500 ml Geflügelfond (siehe Seite 44)
1 große Karotte | 2 Kartoffeln
1 Zweig Liebstöckel | Salz
frisch gemahlener schwarzer Pfeffer
Zucker | frisch geriebene Muskatnuss

Für die Apfelbeilage
4 Äpfel (Jonagold, Elstar
 oder Cox Orange)
30 g brauner Zucker
100 ml Sauternes
1 Lorbeerblatt | 1 Sternanis
1 Gewürznelke | 2 Kardamomkapseln

Für den Panhas
8 runde Scheiben Panhas
 (etwa 1 cm dick, 7 cm Ø)
Weizenmehl zum Bestauben
2 EL Butterschmalz

Für die Gänseleber
4 Scheiben Gänseleber (à 30 g) | Salz
frisch gemahlener schwarzer Pfeffer

Für die Karottensauce
1 Karotte | 1 Apfel | ½ Schalotte
1 kleines Stück Ingwer (etwa 1,5 cm)
50 ml Olivenöl
3 Estragonblätter | Salz
frisch gemahlener schwarzer Pfeffer

Außerdem
8 Frühlingszwiebeln
1 EL Butter
Salz
frisch gemahlener schwarzer Pfeffer
Zucker
Zuckerrübenkraut zum Dekorieren

🍀 Für die »Muhre Jubbel« die Zwiebel abziehen und würfeln. In einer Schwenkpfanne 2 EL Butter zerlassen und die Zwiebel darin bei geringer Temperatur glasig dünsten. Den Bauchspeck zugeben und den Geflügelfond angießen, aufkochen. Karotte und Kartoffeln schälen und in 1,5 cm große Würfel schneiden, den Liebstöckel waschen und trocken schütteln. Gemüse und Kräuter in den Topf geben und mit Salz, Pfeffer, einer Prise Zucker und Muskat würzen. Alles einige Minuten köcheln, bis das Gemüse bissfest ist. Zum Schluss den Liebstöckel und den Speck entfernen. Die Flüssigkeit fast vollständig verkochen lassen und mit einem Kartoffelstampfer die übrige Butter einarbeiten, nochmals abschmecken und warm halten.

🍀 Für die Beilage die Äpfel schälen. Zwei Äpfel von den Kerngehäusen befreien und in je sechs Spalten schneiden. Bei den übrigen beiden das Kerngehäuse ausstechen und die Äpfel quer in jeweils vier Scheiben (etwa 6 mm dick) schneiden. Den Zucker in einer beschichteten Pfanne bei geringer Temperatur farblos schmelzen, dann die Apfelspalten und -scheiben einlegen. Mit Wein ablöschen und die Gewürze dazugeben. Wenn der Wein halb verkocht ist, die Apfelspalten und -scheiben wenden. Sobald der Wein komplett verkocht ist, die Äpfel aus der Pfanne nehmen und warm stellen.

🍀 Den Panhas mehlieren und in einer Pfanne bei mittlerer bis hoher Temperatur in Butterschmalz auf beiden Seiten knusprig braten.

🍀 Die Gänseleber salzen und pfeffern, in einer Pfanne ohne Fett auf beiden Seiten goldbraun anbraten. Die Pfanne vom Herd nehmen und die Leber noch 2 Minuten nachziehen lassen.

🍀 Für die Sauce die Karotte und den Apfel schälen und entsaften. Die Schalotte abziehen und fein würfeln, den Ingwer schälen und fein würfeln. Beides in etwas Olivenöl anschwitzen. Die Säfte und den Estragon zugeben, die Flüssigkeit auf ein Drittel reduzieren. Durch ein feines Sieb passieren und mit dem Olivenöl verrühren. Mit Salz und Pfeffer abschmecken.

🍀 Zum Anrichten die Frühlingszwiebeln putzen, den oberen grünen Teil in feine Ringe schneiden und den unteren Teil der Länge nach halbieren. Die Butter zerlassen und die Frühlingszwiebeln darin bei geringer Temperatur anschwitzen. Mit Salz, Pfeffer und etwas Zucker würzen.

🍀 Zum Anrichten eine Scheibe Panhas in die Mitte der Teller setzen, eine Apfelscheibe auflegen, mit Panhas bedecken, wieder eine Apfelscheibe auflegen. Darauf die Gänseleber anrichten. Vom »Muhre Jubbel« je eine Nocke auf die Leber und drei Nocken sternförmig um das »Türmchen« anordnen. An jede Nocke ein Stück Frühlingszwiebel, zwischen die Nocken Apfelspalten legen. Mit Rübenkraut Tupfen setzen und die Äpfel mit Karottensauce beträufeln.

Apfelgratin mit Bratapfeleis

Für 4 Personen | Zubereitungszeit: etwa 40 Minuten plus 1 Stunde Koch- und Backzeit plus Zeit zum Gefrieren

Für das Bratapfeleis
100 g Marzipanrohmasse
4 EL gehackte Haselnusskerne
1 gestr. TL gemahlener Zimt
20 ml brauner Rum
6 Äpfel (Elstar)
Butter für die Form und die Äpfel
1 Vanilleschote
500 g Sahne
5 Eigelb
100 g Zucker

Für das Apfelgratin
100 g Spekulatius
100 g Zucker
100 g Weizenmehl
100 g Butter
4 mittelgroße Äpfel
50 g Walnusskerne
20 g Pistazienkerne
4 EL Orangensaft
2 EL Zitronensaft
2–3 EL Honig
abgeriebene Schale von 1 unbehandelten Orange
Butter für die Teller

Für die Dekoration
Minzespitzen

❊ Für das Bratapfeleis den Backofen auf 210 °C (Ober-/Unterhitze) vorheizen. Marzipan, Haselnusskerne, Zimt und Rum zu einer glatten Masse verkneten. Die Äpfel waschen und die Kerngehäuse ausstechen. Die Marzipanmischung in die Äpfel füllen und diese in eine gebutterte Auflaufform setzen. Eine Butterflocke auf jeden Apfel geben und die Äpfel im vorgeheizten Ofen 15–20 Minuten backen, bis sie weich sind. Die Äpfel auskühlen lassen, schälen und mitsamt der Füllung im Mixer fein pürieren.

❊ Das Mark aus der Vanilleschote kratzen, Mark und Schote mit Sahne aufkochen. In einer separaten Schüssel das Eigelb mit dem Zucker schaumig rühren. Die heiße Sahne durch ein Sieb abgießen, kurz abkühlen lassen und dann vorsichtig unter die Eier rühren. Die Mischung über einem Wasserbad schlagen, bis sie dickflüssig ist – sie sollte an einem Holzlöffel haften bleiben. Sofort auf Eiswasser weiterrühren, bis die Mischung abgekühlt ist. Das Bratapfelpüree unterheben und die Creme in der Eismaschine nicht zu fest gefrieren lassen.

❊ Für das Apfelgratin den Spekulatius in einem Gefrierbeutel zu groben Stückchen zerdrücken und mit Zucker, Mehl und Butter zu Streuseln verkneten. Die Streusel kalt stellen. Die Äpfel schälen und in nicht zu dünne Spalten schneiden, die Walnuss- und Pistazienkerne hacken. Den Zitronen- und Orangensaft mit dem Honig vermischen.

❊ Den Backofen auf 170 °C (Ober-/Unterhitze) vorheizen. Vier tiefe, feuerfeste Teller (alternativ eine ofenfeste Pfanne) mit Butter ausstreichen und die Apfelspalten fächerförmig darauf verteilen. Die Orangenschale und die Honig-Saft-Mischung darübergeben. Mit Walnuss- und Pistazienkernen sowie den Streuseln bedecken. Das Gratin im vorgeheizten Backofen 30–35 Minuten backen. Die Äpfel sollten dann weich und die Streusel knusprig sein.

❊ Zum Anrichten das ofenwarme Gratin mit jeweils einer Eisnocke und mit Minze dekoriert servieren.

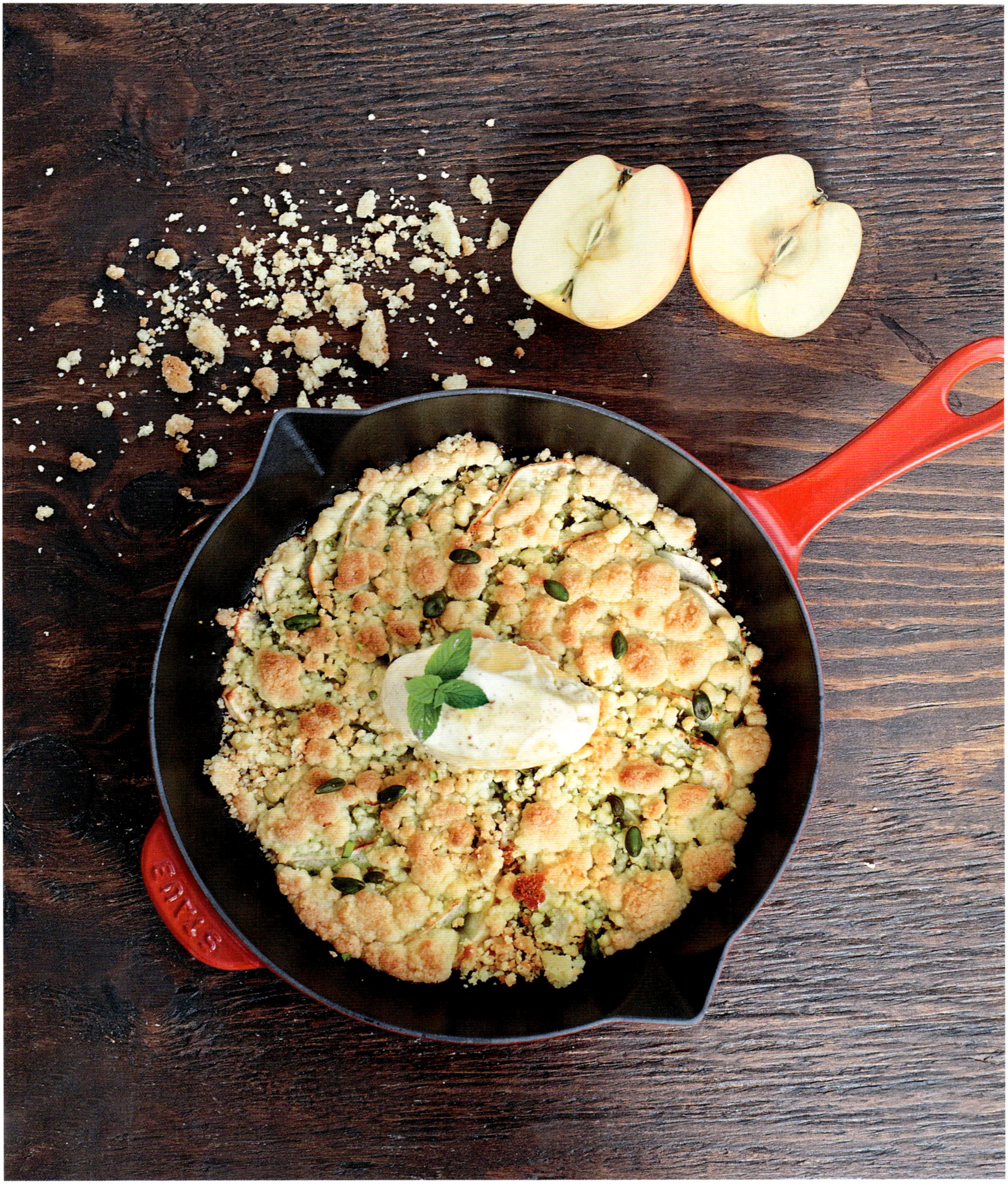

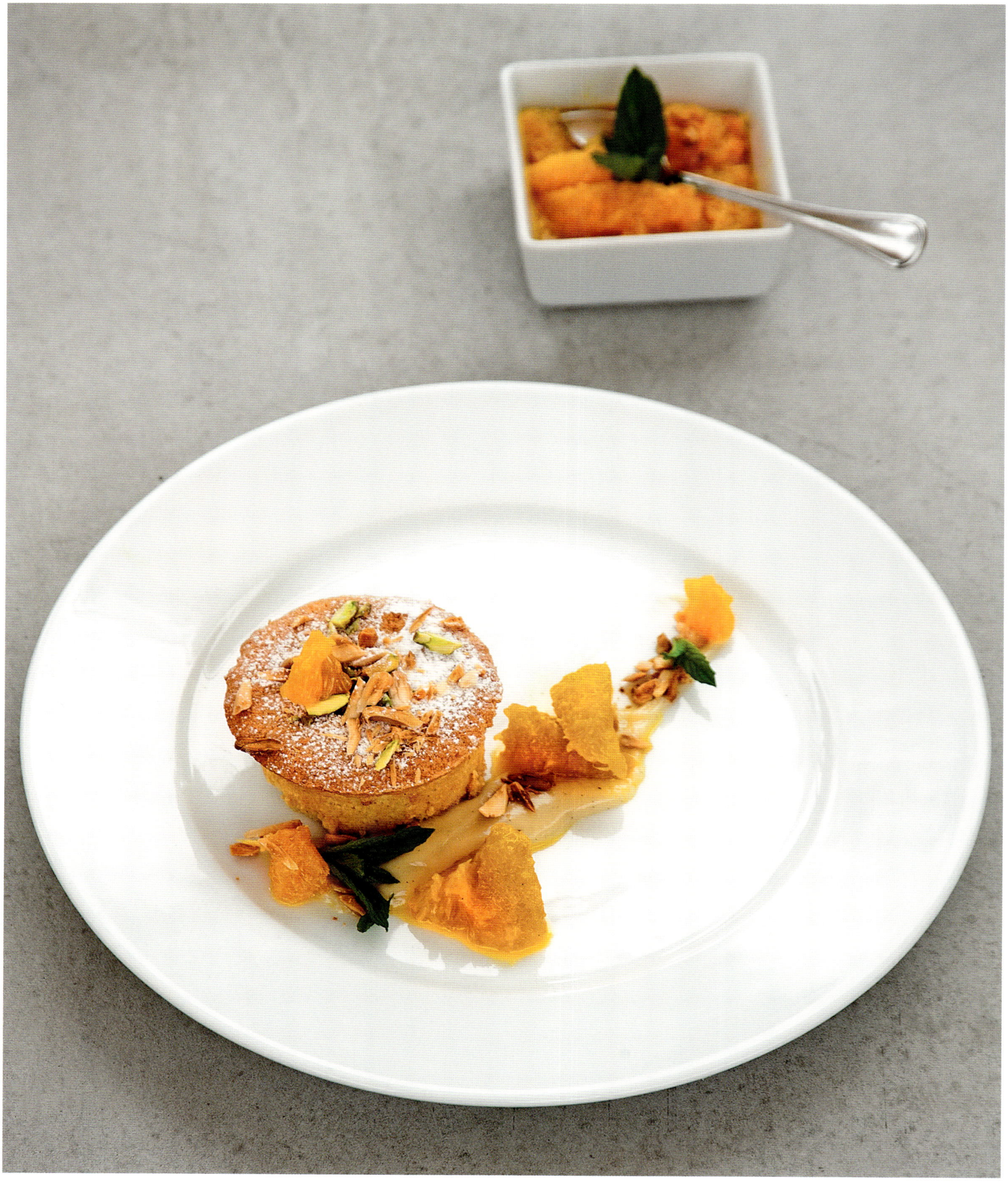

Mallorquinischer Mandelkuchen, Mandelcreme, karamellisierte Mandeln und Orangen

Für 4 Personen | Zubereitungszeit: etwa 45 Minuten plus 35 Minuten Koch- und Backzeit plus Zeit zum Abkühlen

Für den Mandelkuchen
Butter für die Formen
165 g geschälte, gemahlene Mandeln plus Mandeln für die Form
4 große Eier
1 Prise Salz
130 g Puderzucker plus Puderzucker zum Bestauben
½ TL abgeriebene Schale von 1 unbehandelten Zitrone
1 Msp. abgeriebene Schale von 1 unbehandelten Orange
1 Prise gemahlener Zimt
ausgekratztes Mark von 1 Vanilleschote

Für die karamellisierte Mandelcreme
1 Ei
2 Eigelb
110 g Zucker
30 g Speisestärke
250 ml Mandelmilch
250 g Sahne
ausgekratztes Mark von 1 Vanilleschote

Für die Mandeln
3 EL Zucker
150 g ganze Mandeln
10 g Butter
1 Msp. Kakaopulver
Fleur de Sel

Für die Orangen
4 Orangen
75 g Zucker
120 ml Weißwein
¼ Stange Ceylon-Zimt
¼ Vanilleschote
2 Kardamomkapseln
1 kleines Stück Ingwer, geschält
1 Stängel Zitronengras
1 TL Speisestärke

Zum Dekorieren
frische Minze

Außerdem
6 Soufflé-Formen

❊ Für die Mandelküchlein den Backofen auf 175 °C (Ober-/Unterhitze) vorheizen. Die Formen mit Butter ausstreichen und mit gemahlenen Mandeln bestreuen. Die Eier trennen und das Eiweiß mit dem Salz zu Schnee schlagen. Eigelb mit Puderzucker, Zitronen- und Orangenschale, Zimt und Vanille schaumig schlagen. Nacheinander den Eischnee und die Mandeln unter die Eigelbmasse heben. Den Teig in die Formen füllen und im vorgeheizten Ofen auf der mittleren Schiene etwa 15 Minuten backen. Nach dem Backen stürzen, etwas abkühlen lassen.

❊ Für die Mandelcreme Eier, Zucker und Speisestärke in einer Schüssel verrühren. Mandelmilch und Sahne mit Vanillemark in einem kleinen Topf aufkochen. Unter ständigem Rühren langsam in die Eimischung gießen. Anschließend im Topf noch einmal aufkochen, damit die Creme andickt. Unter Rühren abkühlen lassen und in einen Spritzbeutel füllen.

❊ Für die Mandeln den Zucker in 3 EL heißem Wasser auflösen. Die Mandeln dazugeben und bei geringer Temperatur das Wasser verdampfen lassen, bis die Mandeln von einer weißen Zuckerschicht umhüllt sind. Anschließend die Mandeln in einem weiteren Topf erhitzen und unter Rühren goldbraun karamellisieren lassen. Butter, Kakao und Salz hinzufügen und verrühren. Die Mandeln sofort zum Abkühlen auf Backpapier geben.

❊ Die Orangen filetieren. Den Zucker in einer Pfanne karamellisieren lassen und mit Weißwein ablöschen. Die Gewürze zugeben und alles aufkochen. Den Sud durch ein Sieb geben und mit kalt angerührter Speisestärke etwas binden, er sollte ein wenig dickflüssiger werden. Über die Orangenfilets geben und abkühlen lassen.

❊ Zum Anrichten mit einem Löffel jeweils einen Streifen Mandelcreme auf flache Teller spritzen. Darauf die Orangenfilets und die zerstoßenen Mandeln verteilen. Ein frisch gebackenes Mandelküchlein danebensetzen, mit Puderzucker bestauben und das Ganze mit ein wenig Minze dekorieren.

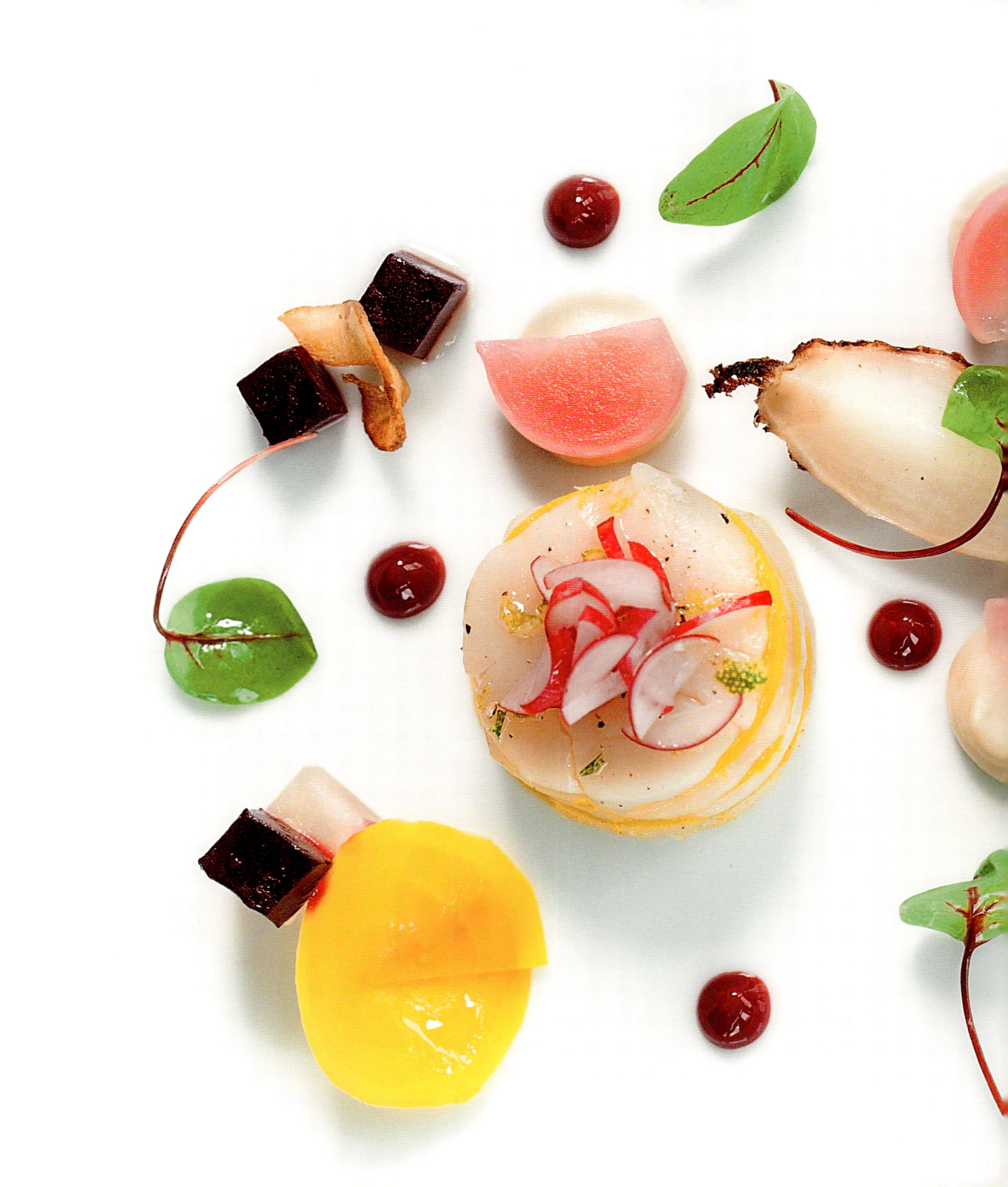

Kochen für und mit Freunde(n)

Kochen für Freunde – gemeinsamer Genuss

Einen innigen Kontakt zu Südfrankreich haben Rosi und ich bekommen, nachdem wir einen ehemaligen Kellner von mir dort besuchten. Sein Name ist Walter und das muss Anfang der 1990er-Jahre gewesen sein. Er lebte in einer bescheidenen Bleibe in Gigan in der Nähe von Montpellier mit seiner Frau und ihren beiden Kindern.

Damals, so habe ich es zumindest in Erinnerung, war man als Koch in Deutschland nicht besonders viel wert. Kochshows, in den Medien dauerpräsente Kochprofis und Kochen als Lifestyle waren Anfang der 1990er-Jahre noch in weiter Ferne. Diese Entwicklungen haben heute die Sicht vieler Menschen auf das Kochen sehr verändert – zum Guten wie zum Schlechten. Warst du damals Koch, dachten die meisten Menschen eher an Sättigung als an Genuss. Anfang der 1990er-Jahre war ich noch jung, hatte – auch dank meiner unspektakulären Vita – wenig Selbstvertrauen. Mit dieser Einstellung bin ich nach Südfrankreich gefahren.

Die schmale Straße, die zu Walters Haus führte, war gesäumt von weiteren Häusern. Alle klein und mit noch kleineren Gärten. Offensichtlich hatten die Menschen, die hier lebten, vom großen Kuchen ein eher kleines Stück abbekommen. Als Walter seinen Nachbarn sagte, ich sei sein ehemaliger Chef und Koch, war es mit jeder Art von Zurückhaltung vorbei. Dass da ein deutscher Koch zu Besuch sei, verbreitete sich wie ein Lauffeuer. Alle wollten Rosi und mich kennenlernen. Alle bestanden fast schon darauf, dass ich einmal für sie kochte. Also stellten wir am Abend einfach einen Tisch für uns sieben nach draußen in den offenen Vorgarten. Wenig später brachten die Nachbarn einen weiteren und noch einen. Am Ende der Woche kochte ich fast für die gesamte Straße. Jeder brachte etwas mit, alle saßen zusammen und unterhielten sich. Auf mich wirkte das fast wie eine große Familie, zumindest aber wie eine verschworene Gemeinschaft von Freunden, vereint durch das große Glück, das man beim Essen empfinden kann.

Dieses Erlebnis hat sich ganz tief in den jungen Koch Rainer Hensen eingebrannt. Es war nicht nur Neugier, die die Menschen zu uns Urlaubern getrieben hatte. Was ich von der Nachbarschaft wiederbekam, war echte Wertschätzung für meinen Beruf. Die Herzlichkeit, mit der die Menschen uns dort damals begegneten, riss mich förmlich von den Füßen.

Ich habe nie mehr in meinem Leben so anschaulich vor Augen geführt bekommen, wie unterschiedlich der Stellenwert von Essen und Genießen in zwei Ländern sein kann. Das lag auch an Jean-Luc. Jean-Luc war Kfz-Mechaniker, wohnte unweit von meinem ehemaligen Kellner und fuhr eine Rostlaube von Auto. Vor seinem Haus stand der kleine Grünstreifen im Wildwuchs. Innen kam die Tapete von den Wänden und da, wo sie das nicht tat, war einfach keine aufgeklebt. Ich hielt Jean-Luc für einen armen Schlucker, bis ich in seinen Kühlschrank sah. Der war voll mit Ziegenkäse aus den Pyrenäen, Gänseleber und Champagner. Außerdem war seine Küche top eingerichtet und hatte quasi jedes Utensil, das man zum guten Kochen braucht. Verwirrt fragte ich Jean-Luc, ob ihn der ranzige Zustand seines Hauses nicht beim Kochen und Essen störe. Er antwortete nur trocken: »Es schmeckt nicht besser, wenn die Tapete schön verklebt ist.«

Erst da begriff ich, in den falschen, vielleicht typisch deutschen, Kategorien gedacht zu haben. Bei einem Kfz-Mechaniker hatte ich zumindest Schnickschnack am Auto erwartet, für Jean-Luc war der Beruf aber nur ein Mittel, um seine wahre Leidenschaft zu finanzieren. Für ihn war es wichtig, richtig gute Lebensmittel griffbereit zu haben und jederzeit damit in der Küche zu experimentieren. Das war sein Luxus. Weiter weg von einem armen Schlucker hätte Jean-Luc gar nicht sein können.

Wir sind von da an immer wieder im Sommer zu Walter gefahren und haben gemeinsam mit den Leuten auf der Straße gekocht. Ich empfand mich sogar soweit im Einklang mit den Menschen in Gigan, dass ich überlegte, dorthin umzusiedeln. Rosi sagte damals zu mir: »Wenn du dorthin ziehst, weil du in Randerath unglücklich bist, wirst du die Unzufriedenheit dorthin mitnehmen. Erst wenn du in Randerath glücklich bist, kannst du auch in Frankreich glücklich werden.« Das hatte für mich etwas von Yoda in besserer Grammatik, aber wir haben dann an unserem Glück in Randerath gearbeitet. Und als ich mich dort glücklich fühlte, brauchte ich nicht mehr nach Südfrankreich. Das war sehr schlau von meiner Frau.

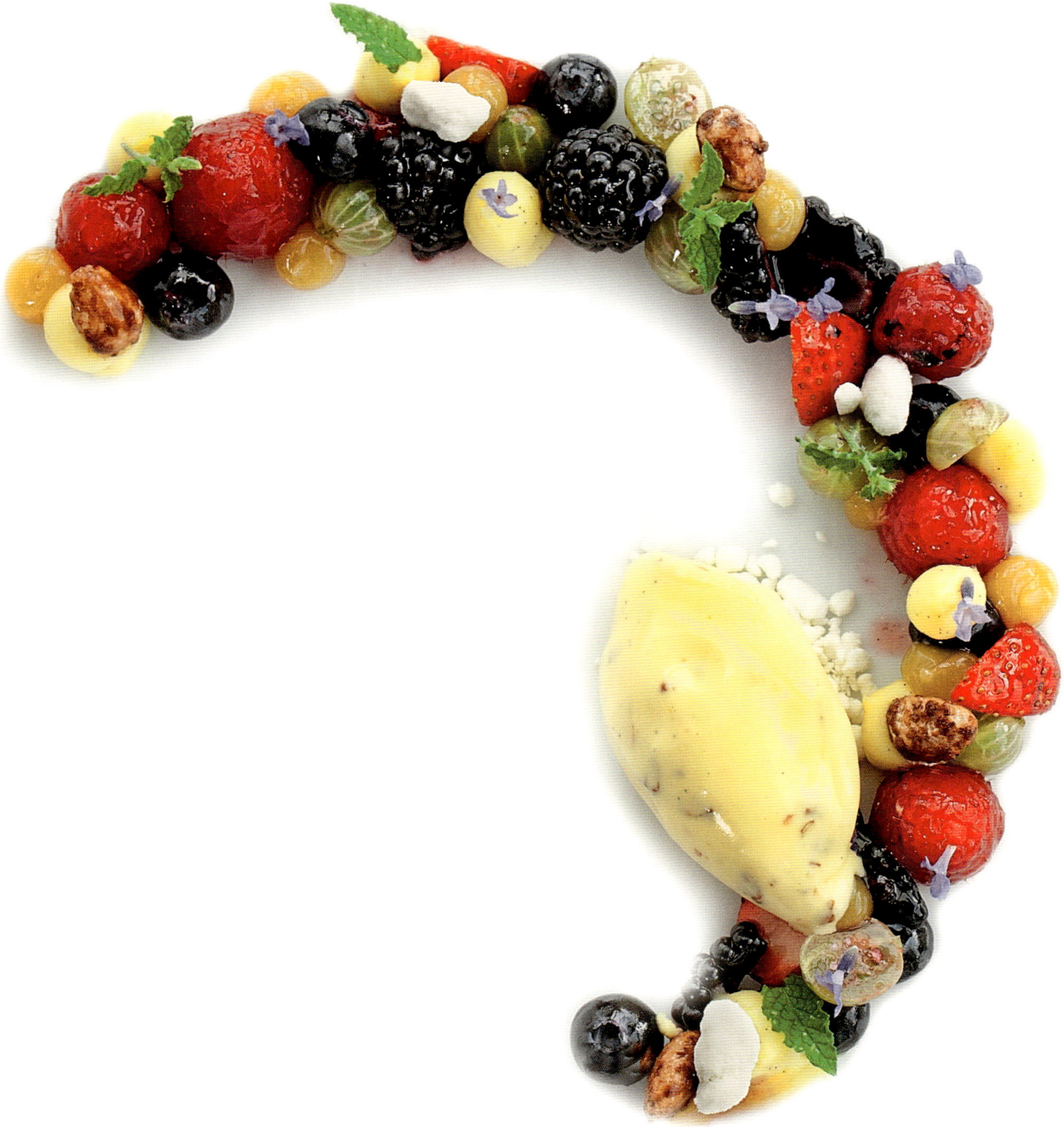

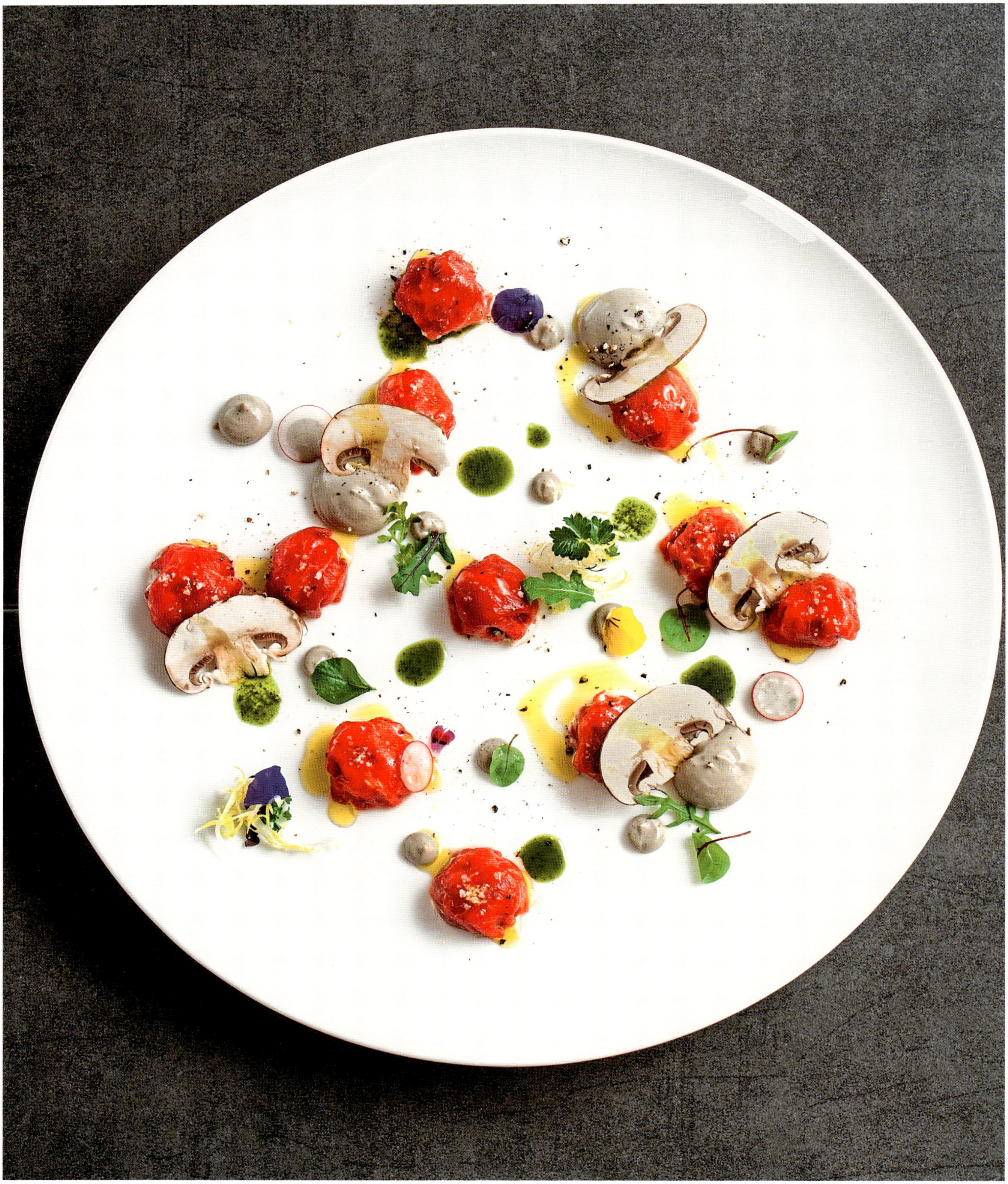

Carpaccio mit Champignoncreme und Trüffelmayonnaise

Für 4 Personen | Zubereitungszeit: etwa 25 Minuten

220 g Kalbsfilet
Saft von ½ Zitrone
Fleur de Sel
frisch gemahlener schwarzer Pfeffer
100 g Sahne
10 mittelgroße braune Champignons
6 Stängel glatte Petersilie

3 Radieschen
Olivenöl zum Beträufeln
60 g Trüffelmayonnaise (siehe Seite 47)
Salsa verde (siehe Seite 47)
diverse Sorten Kresse oder Wildkräuter zum Dekorieren

❀ Für das Carpaccio das Kalbsfilet waschen, trocken tupfen und in mundgerechte Würfel schneiden. Die Würfel zwischen zwei Stücken Frischhaltefolie zu gleichmäßig hauchdünnen Scheiben plattieren. Zitronensaft, etwas Fleur de Sel und Pfeffer mit der Sahne mischen. Die Champignons putzen und in dünne Scheiben hobeln, die 20 schönsten Scheiben zum Garnieren beiseitelegen. Die Petersilie waschen, trocken schütteln und hacken, die Radieschen putzen und in feine Scheiben hobeln.

❀ Die übrigen Champignonscheiben und die Petersilie vorsichtig unter die Sahne heben. Je einen kleinen Teelöffel der Pilzsahne mittig auf eine Carpaccio-Scheibe setzen und eine kleine Kugel oder Tasche daraus formen.

❀ Zum Anrichten die Kugeln auf Teller verteilen, mit Fleur de Sel sowie Pfeffer würzen und mit Olivenöl beträufeln. Die Trüffelmayonnaise in einen Spritzbeutel füllen und unterschiedlich große Tupfen auf die Teller setzen. Salsa verde auf die Teller träufeln. Kresse oder Wildkräuter waschen und trocken schütteln. Alles mit Kresse, Champignon- und Radieschenscheiben garnieren.

Wildgarnelen
auf Mango-Gurken-Chutney mit Miso-Schaum

Für 4 Personen | Zubereitungszeit: etwa 30 Minuten plus 15 Minuten Kochzeit

Für die Wildgarnelen
12 Wildgarnelen (geschält und entdarmt)
4 Stängel Zitronengras | Salz
frisch gemahlener schwarzer Pfeffer
Olivenöl zum Braten

Für das Mango-Gurken-Chutney
1 kleines Stück Ingwer (etwa 2,5 cm)
1 Knoblauchzehe
1 Schalotte | ½ Chilischote
1 EL Olivenöl plus Olivenöl zum Anschwitzen
Zucker | Salz
frisch gemahlener schwarzer Pfeffer
1 EL Apfel-Balsam-Essig
1 EL weißer Aceto balsamico
1 Salatgurke
1 Pattaya-Mango
4 EL Olivenöl

Für den Miso-Schaum
3 Limetten
1 Knoblauchzehe
2 Stängel Zitronengras
50 g Ingwer (etwa 15 cm)
400 ml Kokosmilch
30 g Misopaste (aus dem Asia-Handel)
80 ml Sojasauce
5 frische Limettenblätter
1 TL abgeriebene Schale von 1 unbehandelten Limette

Für die Dekoration
Mango- und Gurkenstreifen, gerollt
Sauerrahm
Wildkräuter
essbare Blüten

❧ Die Garnelen und Zitronengrasstängel waschen und trocken tupfen. Jeweils drei Garnelen auf einen Zitronengrasstängel spießen und mit Salz und Pfeffer würzen. In einer Pfanne in etwas Olivenöl bei mittlerer bis hoher Temperatur kurz auf beiden Seiten anbraten.

❧ Für das Mango-Gurken-Chutney Ingwer, Knoblauch und Schalotte schälen beziehungsweise abziehen und fein hacken. Die Chilischote putzen, von den Samen befreien und in feine Streifen schneiden. Ingwer, Knoblauch, Schalotte und Chilischote in etwas Olivenöl bei geringer Temperatur glasig anschwitzen und mit Zucker, Salz und Pfeffer würzen. Die Essige zugeben und alles aufkochen. Den Topf vom Herd nehmen und den Inhalt abkühlen lassen. Währenddessen die Gurke und die Mango schälen und fein würfeln. Das Olivenöl unter den Topfinhalt rühren, dann Gurke und Mango unter die Vinaigrette mischen.

❧ Für den Miso-Schaum die Limetten schälen und filetieren, den Knoblauch abziehen. Das Zitronengras putzen und hacken, den Ingwer schälen und in Scheiben schneiden. Alle Zutaten für den Miso-Schaum miteinander aufkochen, dann mit dem Stabmixer pürieren und anschließend passieren. Vor dem Servieren nochmals mit dem Stabmixer aufschäumen.

❧ Zum Anrichten vom Chutney auf die Teller geben und die Garnelenspieße diagonal darauflegen, vom Miso-Schaum dicke Tupfen danebensetzen. Mit Mango- und Gurkenstreifen, Sauerrahm, Wildkräutern und Blüten dekorieren – nach Belieben die Mango- und Gurkenstreifen dabei mit Sauerrahm füllen.

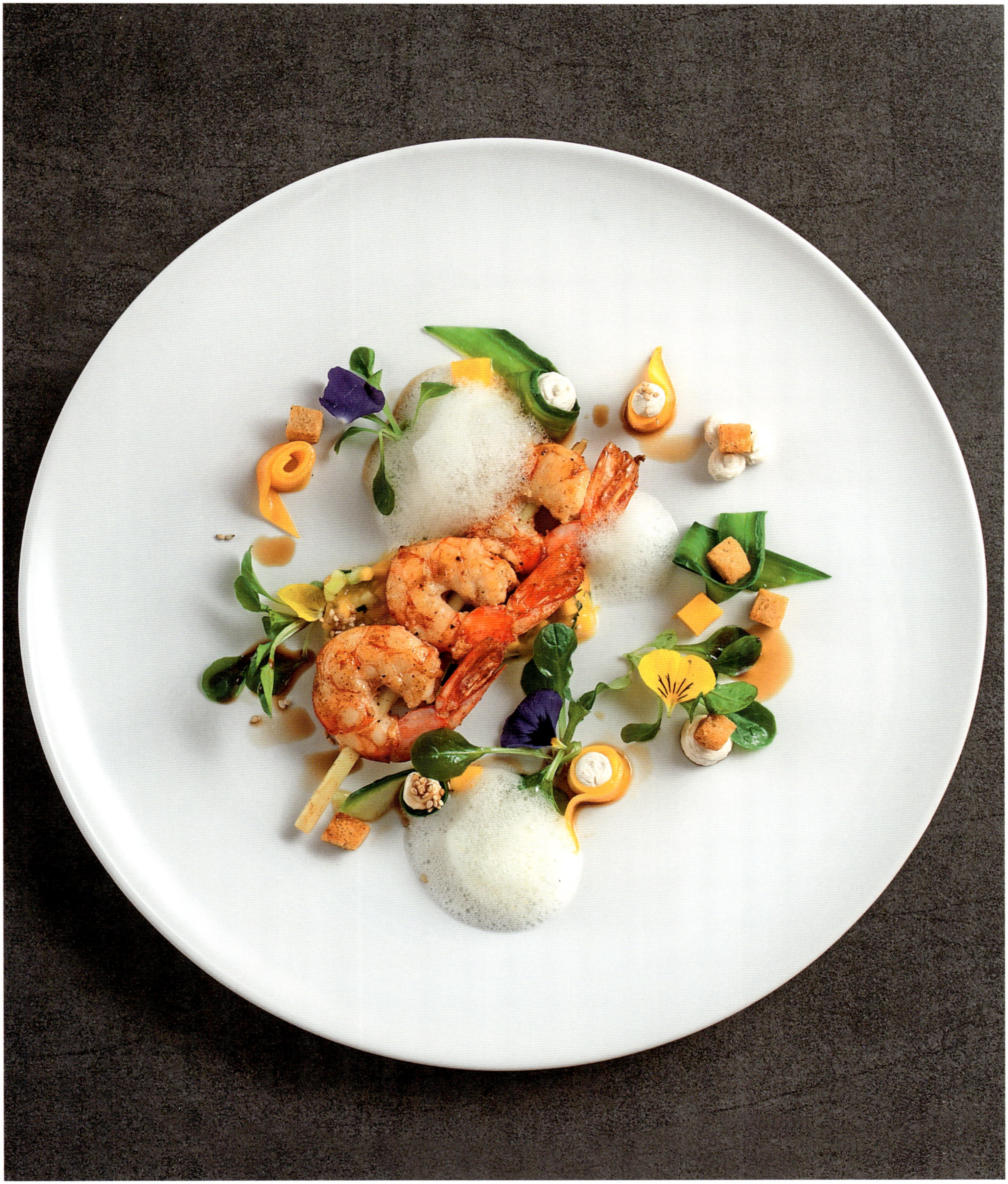

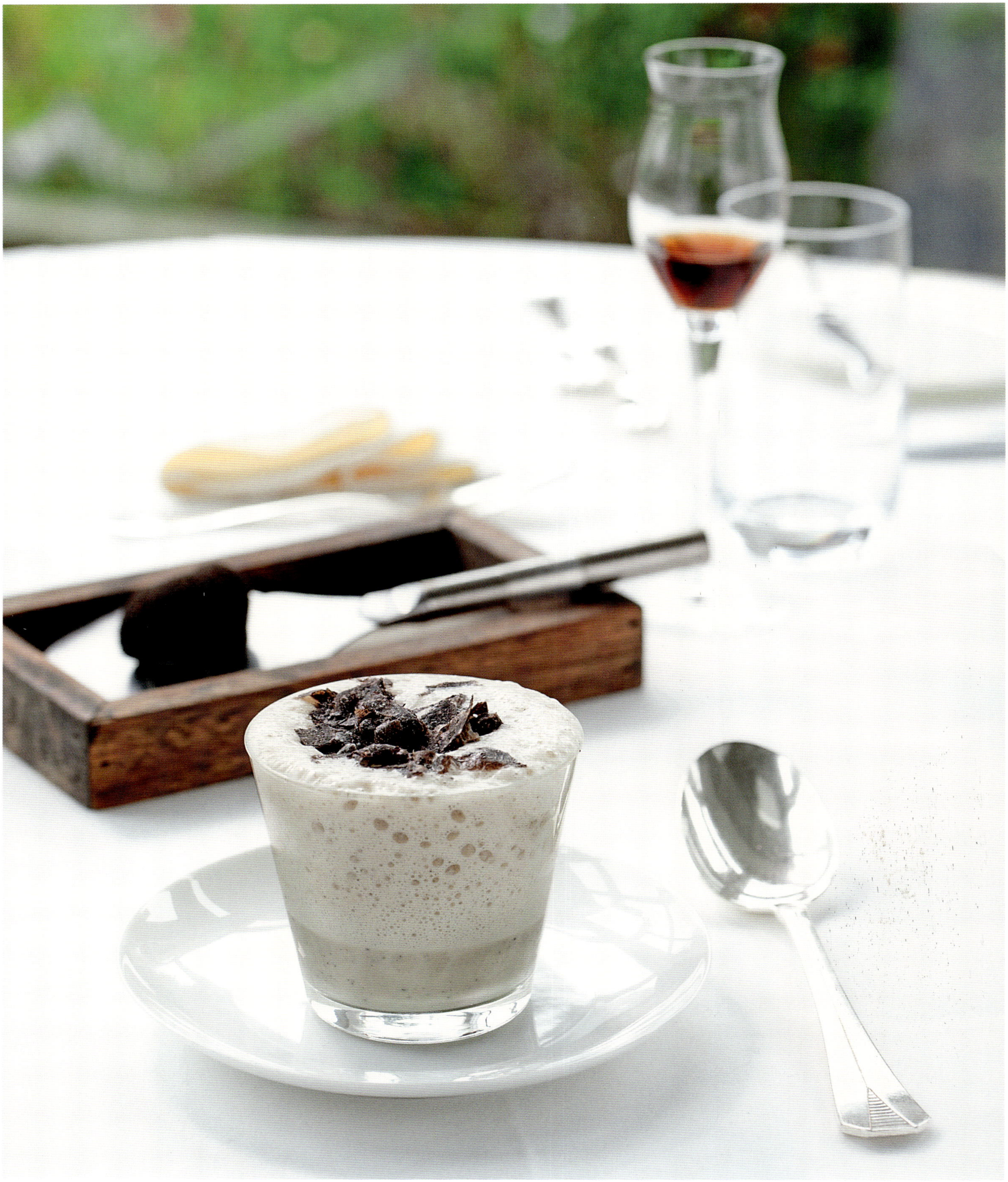

Cappuccino von Sellerie und Périgord-Trüffel

Für 4 Personen | Zubereitungszeit: etwa 10 Minuten plus 15 Minuten Kochzeit

Für das Selleriepüree
½ Knolle Sellerie
Saft von ½ Zitrone
40 g Butter
Salz
frisch gemahlener schwarzer Pfeffer

Für den Cappuccino
25 g frischer Périgord-Trüffel bester Qualität
1 EL Butter
4 EL Trüffelsaft (Rezept Eingelegte Trüffel, siehe Seite 49)
150 ml Geflügelfond (siehe Seite 44)
8 EL Selleriepüree (siehe links)
150 g Sahne | Salz
frisch gemahlener schwarzer Pfeffer

🍀 Für das Püree den Sellerie schälen und in Stücke schneiden, diese mit Zitronensaft beträufeln. In einem Sieb über kochendem Wasser weich dünsten. Im Mixer mit der Butter und den Gewürzen pürieren.

🍀 Für den Cappuccino etwa 10 g Trüffel würfeln und in Butter bei geringer Temperatur anschwitzen. Mit Trüffelsaft, Geflügelfond, Selleriepüree und Sahne aufkochen. Mit Salz und Pfeffer würzen und mit dem Pürierstab aufschäumen. In vorgewärmten Tassen anrichten und den übrigen frischen Trüffel darüberhobeln.

Kirsch-Gazpacho mit Languste

Für 4 Personen | Zubereitungszeit: etwa 40 Minuten plus 25 Minuten Koch- und Bratzeit plus 3–4 Stunden Zeit zum Durchziehen

Für die Gazpacho
800 g Tomaten
1 Salatgurke
1 mittelgroße rote Paprikaschote
1 kleine gelbe Paprikaschote
½ kleine grüne Paprikaschote
2 Gemüsezwiebeln
½ gegarte kleine Rote Bete
350 g Süßkirschen
1 Knoblauchzehe
4 Scheiben Weißbrot
Salz
100 ml Olivenöl plus Olivenöl zum Marinieren
frisch gemahlener weißer Pfeffer
1 Spritzer Tabasco
1 EL Aceto balsamico

Für die Langusten
Salz
4 lebende Langusten (à 400 g)
100 g Zitronengras
1 Zweig Zitronenverbene
1 kleines Stück Ingwer (etwa 3 cm)
40 g Kokosöl
10 g Fenchelsamen
4 Knoblauchzehen
16 Basilikumblätter

♣ Für die Gazpacho die Tomaten waschen, vierteln, von den Stielansätzen sowie Samen befreien und fein würfeln. Die Salatgurke schälen, halbieren, von den Kernen befreien und fein würfeln. Die Paprikaschoten putzen, von den Samen befreien und ebenfalls fein würfeln. Die Zwiebeln abziehen und wie auch die Rote Bete fein würfeln, die Kirschen halbieren und entsteinen, acht Kirschen beiseitelegen. Den Knoblauch abziehen, das Weißbrot entrinden und würfeln.

♣ Das Gemüse und die Kirschen in eine Schüssel geben, leicht salzen und 3–4 Stunden Saft ziehen lassen. Das gesalzene Gemüse mit dem eigenen Saft, den Zwiebeln und dem Knoblauch im Mixer pürieren. Das Weißbrot zugeben und alles nochmals zu einer homogenen Creme pürieren. Die Creme durch ein feines Sieb passieren und mit einem Stabmixer aufschäumen, dabei das Olivenöl nach und nach einlaufen lassen. Die Gazpacho mit Pfeffer, Tabasco und Aceto balsamico abschmecken. Die übrigen Kirschen mit Salz, Pfeffer und etwas Olivenöl marinieren.

♣ Für die Langusten in einem großen Topf Salzwasser sprudelnd zum Kochen bringen. Zwei Langusten darin 2 Minuten kochen und sofort in Eiswasser abkühlen. Mit den anderen beiden Langusten genauso verfahren. Die Langusten aus dem Eiswasser nehmen, die Schwänze abtrennen und aus der Schale brechen. Die Langustenschwänze in einen Vakuumbeutel füllen.

♣ Das Zitronengras putzen und fein schneiden, die Zitronenverbene waschen, trocken schütteln und zerzupfen, den Ingwer schälen und in Scheiben schneiden. Die Zutaten mit 20 g Kokosöl und den Fenchelsamen zu den Langusten geben und vakuumieren. Bei 68 °C im Wasserbad 8 Minuten garen.

♣ Den Knoblauch abziehen und fein schneiden, das Basilikum waschen und trocken schütteln. Zunächst die Basilikumblätter, dann den Knoblauch im übrigen Kokosöl anrösten und auf Küchenpapier abtropfen lassen. Das Öl in der Pfanne lassen.

♣ Die Langustenschwänze aus dem Beutel nehmen und trocken tupfen. Kurz im Knoblauch-Kokos-Öl bei mittlerer Temperatur rundum anbraten.

♣ Zum Anrichten die Gazpacho in tiefe Teller füllen, je einen Langustenschwanz in die Tellermitte geben und mit marinierten Kirschen, Knoblauch und Basilikumblättern dekorieren.

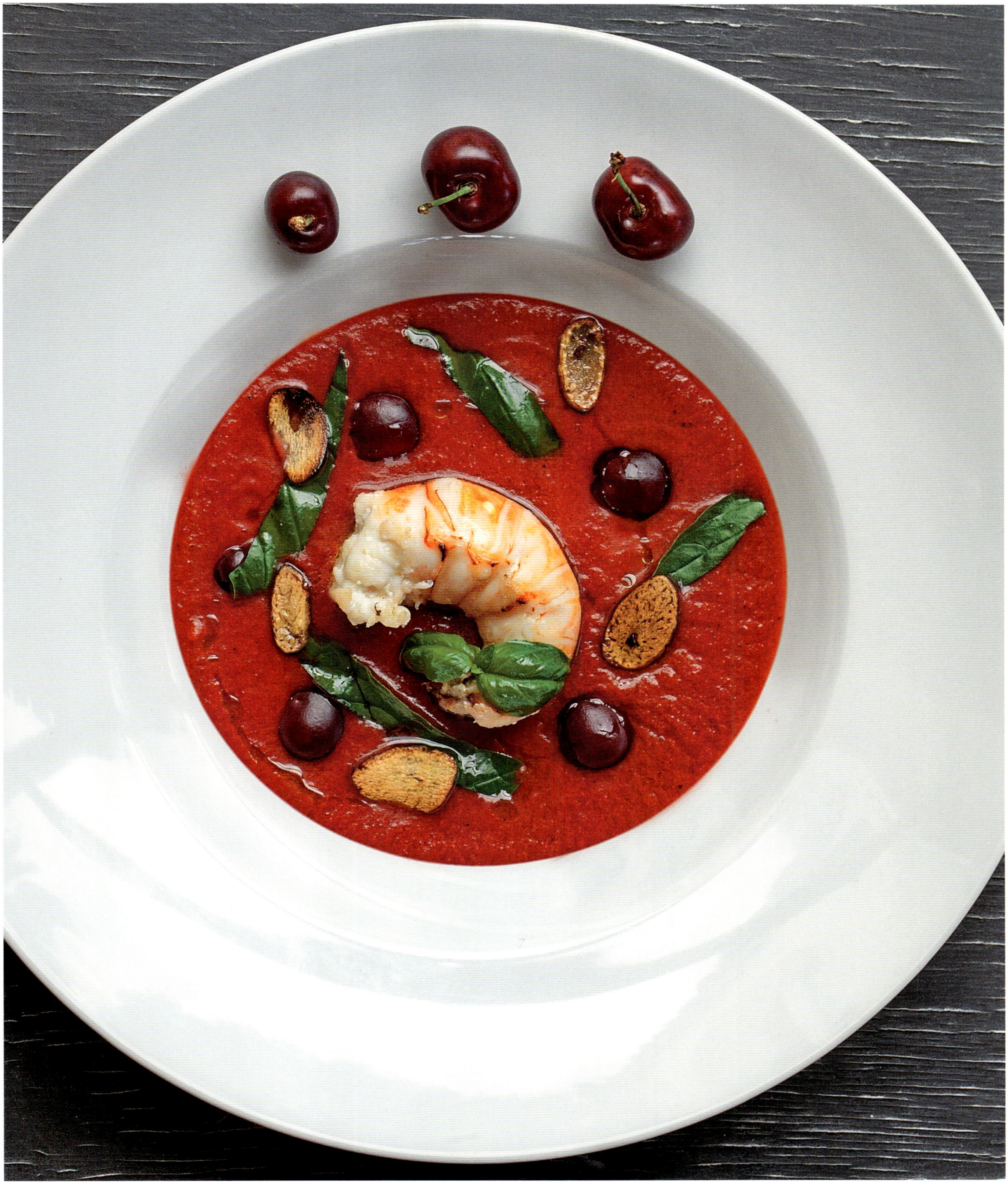

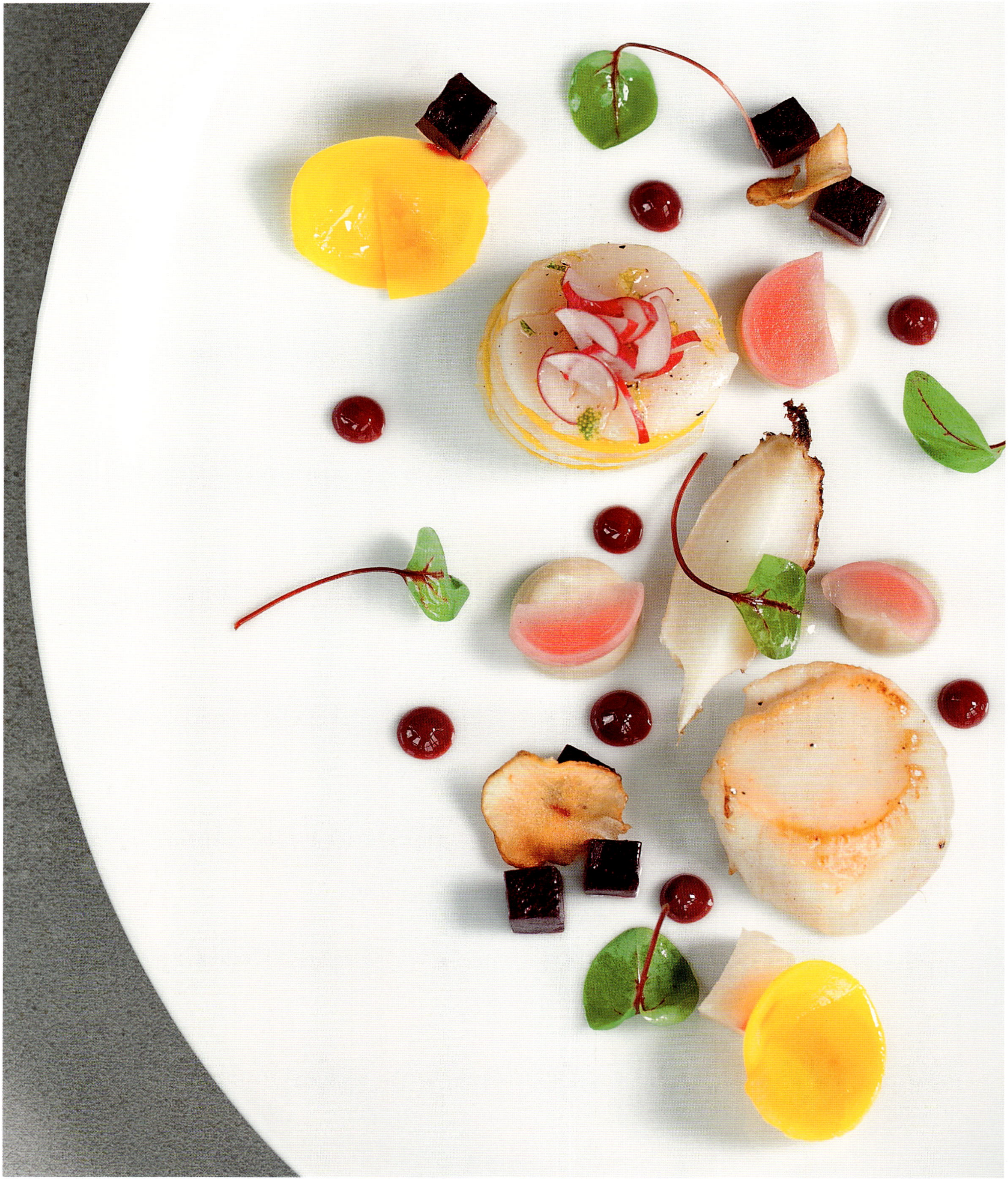

Millefeuille von Jakobsmuscheln und Gelber Bete, gebratene Jakobsmuscheln und Topinambur

Für 4 Personen | Zubereitungszeit: etwa 35 Minuten plus 1 Stunde Koch- und Backzeit plus 24 Stunden Zeit zum Durchziehen

Für die Gelbe Bete
2 Gelbe Beten
200 ml süßsaure Marinade für Gemüse (siehe Seite 48)

Für das Topinambur-Püree und die Chips
5 mittelgroße Topinamburen (etwa 300 g)
Salz
frisch gemahlener schwarzer Pfeffer
2 TL Crème fraîche
1 EL Butter
1 EL Sahne
frisch geriebene Muskatnuss

Für die geschmorten Topinamburen
2 Topinamburen
4 EL Nussbutter (gebräunte Butter)
100 ml Geflügelfond (siehe Seite 44)
Salz
frisch gemahlener schwarzer Pfeffer
frisch geriebene Muskatnuss

Für die Rote Bete
1 große gegarte Rote Bete
2 EL alter Apfel-Balsam-Essig
4 EL Olivenöl
1 EL Akazienhonig
Salz
frisch gemahlener schwarzer Pfeffer

Für die Jakobsmuscheln
12 Jakobsmuscheln
2 Radieschen
Salz
frisch gemahlener schwarzer Pfeffer
Olivenöl zum Braten und Beträufeln

Für die Dekoration
4 in süß-saurer Marinade eingelegte Radieschen (siehe Seite 48)
50 g kleine Rote-Bete-Blätter

🍀 Für die Gelbe Bete am Vortag die Beten schälen und in 2 mm dicke Scheiben schneiden. Die Marinade aufkochen und die Betescheiben darin 1 Minute kochen. In ein Einmachglas füllen, das Glas verschließen und die Bete 24 Stunden ziehen lassen.

🍀 Für die Topinambur-Chips den Backofen auf 125 °C (Ober-/Unterhitze) vorheizen. Etwa ein Drittel der Topinamburen schälen und in dünne Scheiben hobeln. Ein Backblech mit Backpapier belegen und die Scheiben darauf verteilen. Im vorgeheizten Backofen auf der mittleren Schiene bei leicht geöffneter Tür etwa 40 Minuten trocknen. Die Chips zwischendurch wenden. Sind die Chips schön knusprig, aus dem Ofen nehmen und mit Salz und Pfeffer würzen.

🍀 Für das Topinambur-Püree etwa zwei Drittel der Topinamburen schälen und im Dampfgarer garen. Mit Crème fraîche, Butter, Sahne, Salz, Pfeffer und Muskat im Mixer fein pürieren und in einen Spritzbeutel füllen.

🍀 Für die geschmorten Topinamburen das Gemüse schälen und in schöne Stücke schneiden. In Nussbutter bei mittlerer Temperatur anbraten und mit dem Geflügelfond ablöschen. Mit Salz, Pfeffer sowie Muskat würzen, dann bei geringer Temperatur im offenen Topf garen, bis die Flüssigkeit fast verkocht ist.

🍀 Die Rote Bete schälen und in 1 cm große Würfel schneiden. Aus den übrigen Zutaten eine Vinaigrette herstellen und die Rote Bete damit anmachen. Einige Würfel beiseitelegen.

🍀 Die Jakobsmuscheln waschen und trocken tupfen, vier Muscheln in 2 mm dicke Scheiben schneiden. Die eingelegten Gelbe-Bete-Scheiben in der Größe der Jakobsmuschelscheiben ausstechen oder passend schneiden. Muschel- und Betescheiben abwechselnd zu vier Türmchen schichten. Die Radieschen putzen, in dünne Scheiben schneiden und die Türmchen damit belegen. Die übrigen Jakobsmuscheln mit Salz und Pfeffer würzen. Kurz auf jeder Seite in Olivenöl anbraten.

🍀 Zum Anrichten die Türmchen und die gebratenen Muscheln auf Teller setzen. Dazwischen Tupfen vom Topinambur-Püree spritzen, die marinierten Radieschen darauf anrichten. Mit Rote-Bete-Würfeln und -Blättern sowie mit Gelber Bete und Topinambur-Chips garnieren und zum Schluss mit Olivenöl beträufeln.

Coq au vin rouge mit Couscous

Für 4 Personen | Zubereitungszeit: etwa 30 Minuten plus 1 Stunde 30 Minuten Koch- und Bratzeit plus 2 Stunden zum Marinieren

Für Flügel, Keulen und Marinade
1 Perlhuhn
4 Schalotten
½ Karotte
1 kleine Stange Sellerie
1 Knoblauchzehe
10 Pfefferkörner
1 Zweig Thymian | 1 Zweig Rosmarin
2 Gewürznelken | 1 Lorbeerblatt
1 Flasche Rotwein (z. B. Cabernet Sauvignon) | Salz
frisch gemahlener schwarzer Pfeffer
Mehl zum Bestauben
2 EL Butter zum Braten

Für die Sauce
Gemüse aus der Marinade (siehe links)
50 g Butterschmalz | Weizenmehl zum Bestauben | 1 EL Tomatenmark
500 m Geflügelfond (siehe Seite 44)
100 ml Geflügeljus (siehe Seite 46)
Salz
frisch gemahlener schwarzer Pfeffer
Saft von ½ Zitrone

Für die Perlhuhnbrust
1 Zweig Thymian
Perlhuhnbrüste (siehe links)
1 EL Olivenöl | Salz
frisch gemahlener schwarzer Pfeffer

Für das Gemüse
1 Karotte | 2 Stangen Sellerie
1 großes Bund glatte Petersilie
2 EL Butter | Salz
frisch gemahlener schwarzer Pfeffer

Für den Couscous
100 g Couscous | Salz | 3 EL Olivenöl
1 kleines Bund Koriander

Für die Dekoration
Petersilienblätter

🍀 Das Perlhuhn waschen, trocken tupfen und zerteilen, die Brüste beiseitelegen. Die Flügel und Keulen halbieren und in eine Schüssel legen.

🍀 Für die Marinade die Schalotten abziehen und würfeln, die Karotte putzen und ebenfalls würfeln. Den Sellerie putzen und in Scheiben schneiden, den Knoblauch abziehen und andrücken. Die Pfefferkörner ebenfalls andrücken, die Kräuter waschen und trocken schütteln. Alle Zutaten bis auf Salz, Pfeffer, Mehl und Butter zum Geflügel in die Schüssel geben. Die Schüssel abdecken, Flügel und Keulen darin etwa 2 Stunden im Kühlschrank marinieren.

🍀 Flügel und Keulen aus der Marinade nehmen und mit Küchenpapier abtupfen. Salzen, pfeffern und mit Mehl bestauben. Die Butter in einem Bräter bei mittlerer Temperatur erhitzen und das Fleisch darin rundum goldbraun anbraten, herausnehmen.

🍀 Für die Sauce das Gemüse aus der Marinade in einem feinen Sieb abtropfen lassen, die Kräuter entnehmen und die Marinade dabei auffangen. Das Gemüse im Bräter im Butterschmalz anschwitzen, dann mit Mehl bestauben und anrösten. Das Tomatenmark zugeben und mitrösten. Die Marinade separat aufkochen, abschäumen und das Gemüse damit ablöschen. Mit Geflügelfond und Jus auffüllen und aufkochen, dann 30 Minuten köcheln lassen. Flügel und Keulen einlegen und gar köcheln – das dauert etwa 15 Minuten. Das Fleisch aus dem Topf nehmen und die Sauce durch ein Sieb passieren, dabei alles fest ausdrücken. Die Sauce bis zur gewünschten Konsistenz einkochen, dann mit Salz, Pfeffer und Zitronensaft abschmecken.

🍀 Für die Perlhuhnbrust den Thymian waschen und trocken schütteln. Die Brüste mit Öl und Thymian in einem Beutel vakuumieren und bei 56 °C im Wasserbad 50 Minuten (alternativ im Dampfgarer) garen. Das Fleisch aus dem Beutel nehmen. Mit Salz und Pfeffer würzen, auf der Hautseite in eine Pfanne legen und die Haut bei mittlerer Temperatur knusprig anbraten. Das Fleisch wenden und die Pfanne vom Herd nehmen.

🍀 Für das Gemüse die Karotte und den Sellerie putzen, die Karotte vierteln und in Scheiben schneiden, den Sellerie in Scheiben schneiden. Die Petersilie waschen, trocken schütteln und hacken. Die Butter in einem Bräter bei geringer Temperatur zerlassen und das Gemüse darin etwa 5 Minuten bissfest garen, mit Salz und Pfeffer würzen. Mit der Petersilie unter die Sauce heben, Flügel und Keulen einschwenken. Zum Servieren wieder kurz erwärmen.

🍀 Den Couscous mit 1 TL Salz und Olivenöl etwa 5 Minuten verrühren, etwas kaltes Wasser dazugeben und alles zwischen den Händen gut reiben. In einer Couscoussière (alternativ in einem Sieb in einem Topf) über Dampf nicht abgedeckt etwa 20 Minuten ziehen lassen. Vom Dampf nehmen und nochmals mit kaltem Wasser gründlich zwischen den Händen reiben. Wieder auf den Dampf setzen und in etwa 10 Minuten fertig garen. Den Koriander waschen, trocken schütteln, hacken und unterheben. Nach Belieben mit Salz nachwürzen.

🍀 Zum Anrichten den Coq au vin in eine Kokotte (oder eine andere hübsche Tonform) füllen und die Perlhuhnbrust auflegen. Den Couscous ebenfalls in eine Kokotte geben und mit Petersilie garniert zum Coq au vin servieren.

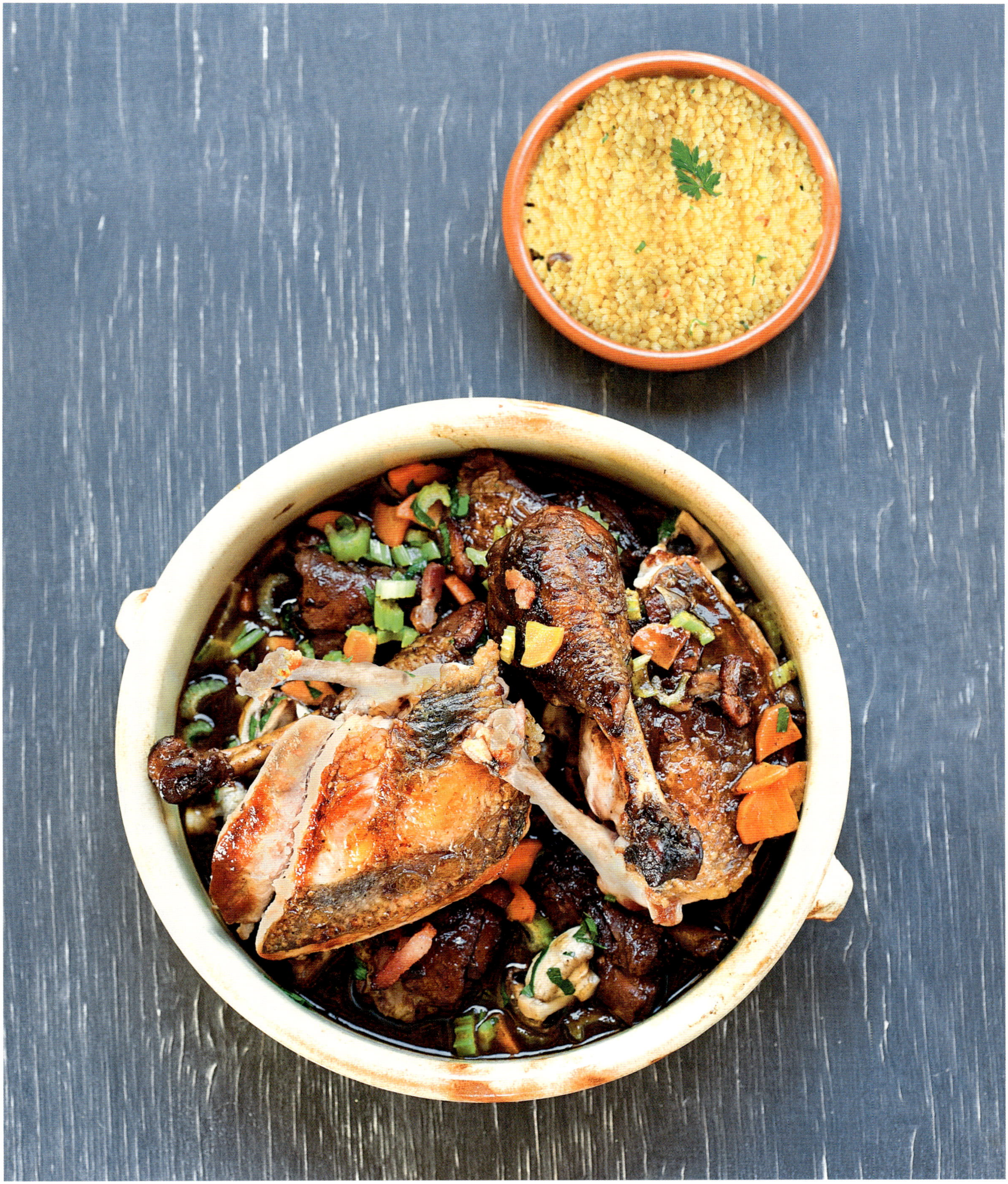

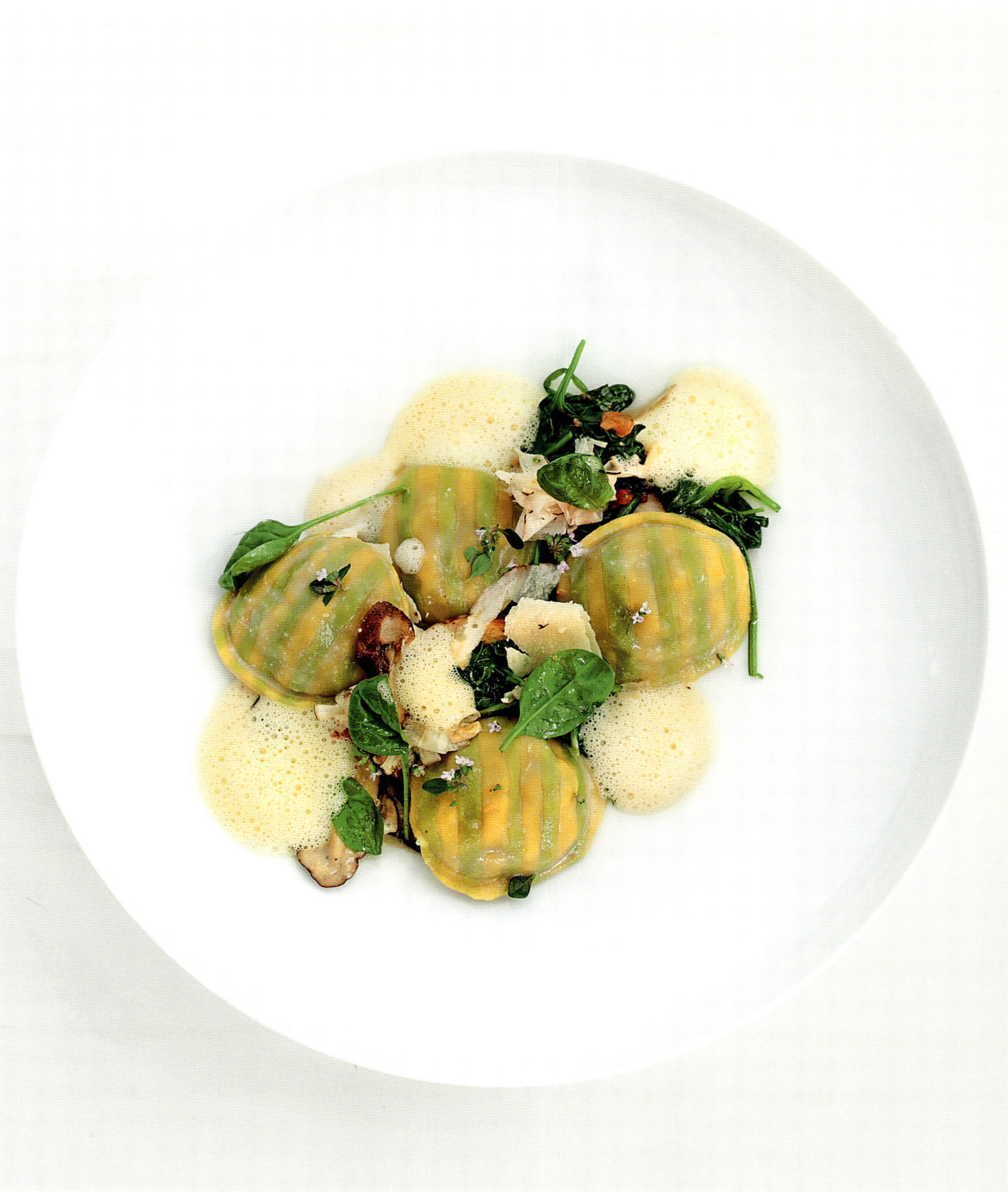

Steinpilz-Ravioli
mit Schinkenschaum

Für 4 Personen | Zubereitungszeit: etwa 30 Minuten plus 3 Stunden Kochzeit plus 1 Stunde Ruhezeit

Für den Schinkenschaum
150 g Bacon | 1 Zwiebel
1 Knoblauchzehe | 1 Zweig Thymian
750 ml Geflügelfond (siehe Seite 44)
150 g Knochen und Parüren von einem
 Ibérico-Schinken | 250 g Crème fraîche

Für den Spinat-Nudelteig
150 g Spinat | 7 Eigelb
200 g Weizenmehl (Type 00)

Für den hellen Nudelteig
200 g Weizenmehl (Type 00) | 2 Eier

Für die Füllung
300 g Steinpilze
1 Schalotte | 1 Knoblauchzehe
100 g Babyspinat
30 g Butter plus 30 g Butter
 zum Einschwenken
Salz
frisch gemahlener schwarzer Pfeffer

1 Prise Steinpilzpulver
20 g Mie de pain (feines weißes
 Paniermehl)
30 g frisch geriebener Parmesan
 1 EL gehackte glatte Petersilie

Zum Anrichten
80 g Parmesan am Stück
4 kleinere, sehr feste Steinpilze
Spinatblättchen und/oder frittierter
 Spinat zum Dekorieren

☘ Für den Schinkenschaum den Bacon fein wolfen (alternativ sehr fein hacken). Die Zwiebel und den Knoblauch abziehen und grob hacken, den Thymian waschen und trocken schütteln. Alle Zutaten bis auf die Crème fraîche in einem Topf miteinander aufkochen und etwa 3 Stunden köcheln. Zum Servieren durch ein Tuch passieren, mit der Crème fraîche bei mittlerer Temperatur erhitzen und mit dem Pürierstab aufschäumen.

☘ Für den Spinat-Nudelteig den Spinat waschen und trocken schütteln. Das Eigelb mit dem Spinat im Mixer fein pürieren und mit dem Mehl verkneten (bei Bedarf Wasser oder mehr Mehl zugeben). Den Teig zu einer Kugel formen, in Frischhaltefolie wickeln und 1 Stunde ruhen lassen.

☘ Für den hellen Nudelteig das Mehl mit den Eiern verkneten. Den Teig zu einer Kugel formen, in Frischhaltefolie wickeln und ebenfalls 1 Stunde ruhen lassen.

☘ Für die Füllung die Steinpilze putzen und würfeln, Schalotte und Knoblauch abziehen und fein würfeln. Den Spinat waschen und trocken schütteln. Schalotte und Knoblauch bei geringer Temperatur in der Butter anschwitzen, die Steinpilze hinzufügen und bei erhöhter Temperatur kräftig anbraten. Den Spinat zugeben und zusammenfallen lassen. Mit Salz, Pfeffer und Steinpilzpulver würzen. Anschließend alles in eine Schüssel geben, die übrigen Zutaten untermengen und die Paste in einen Spritzbeutel füllen.

☘ Die Nudelteige nicht zu dünn ausrollen. Mit dem Teigrad 1,5 cm breite Streifen schneiden und die Kanten befeuchten. Die Streifen abwechselnd leicht überlappend zusammenlegen und dünn ausrollen.

☘ Den Teig teilen und von der Füllung in Abständen Tupfen auf eine Teighälfte verteilen. Den Teig um die Häufchen herum anfeuchten und die andere Teighälfte darüberlegen. Mit einem Lineal die Zwischenräume gut andrücken, Luftblasen mit einer Nadel aufstechen und die Ravioli mit dem Teigrad ausschneiden. Kurz trocknen lassen, dann in sprudelnd kochendem Wasser in 3 Minuten al dente kochen. Zum Anrichten die Butter in einem Topf zerlassen und die Ravioli darin schwenken.

☘ In tiefe Teller füllen, mit dem Schinkenschaum anrichten, Parmesan und geputzte Steinpilze darüberhobeln. Mit Spinat dekoriert servieren.

Gemüse-Tagliatelle
mit Rahm und Schaum von Wintertrüffeln

Für 4 Personen | Zubereitungszeit: etwa 15 Minuten plus 30 Minuten Kochzeit plus 1 Stunde Ruhezeit

250 g Nudelgrieß
7 Eigelb
1 Ei
Salz
1 große Karotte
1 Wintertrüffel (40 g)
80 g Butter

30 ml Madeira
50 ml Trüffelsaft (Rezept Eingelegte Trüffel, siehe Seite 49)
200 g Sahne
frisch gemahlener schwarzer Pfeffer
1 EL gehackte glatte Petersilie

❀ Den Nudelgrieß mit Eigelb und Ei verkneten – wird der Teig zu fest, noch einen Spritzer Wasser zugeben. In Frischhaltefolie wickeln und mindestens 1 Stunde ruhen lassen. Danach den Teig mit der Nudelmaschine bis zur gewünschten Stärke ausrollen und in 0,5 cm breite Streifen schneiden. In reichlich sprudelnd kochendem Salzwasser al dente garen.

❀ Die Karotte putzen und mit dem Sparschäler in breite Streifen hobeln. Kurz in kochendem Salzwasser blanchieren. Den Trüffel putzen und dünn schälen. Die Schalen in 20 g Butter bei geringer Temperatur anschwitzen, bis sie duften. Mit Madeira ablöschen und diesen gänzlich verkochen lassen. Den Trüffelsaft zugeben und alles um die Hälfte einkochen lassen. Die Sahne angießen und aufkochen, dann im Mixer fein pürieren.

❀ Die übrige Butter in einer Pfanne mit hohem Rand zerlassen, die abgegossenen Nudeln, die Karottenstreifen und die Hälfte der Sauce zufügen und alles durchschwenken. Abschmecken und die Petersilie unterheben.

❀ Zum Anrichten die Tagliatelle auf tiefe Pasta-Teller verteilen. Die übrige Sauce mit dem Stabmixer aufschäumen und über die Pasta geben, dann den Trüffel darüberreiben.

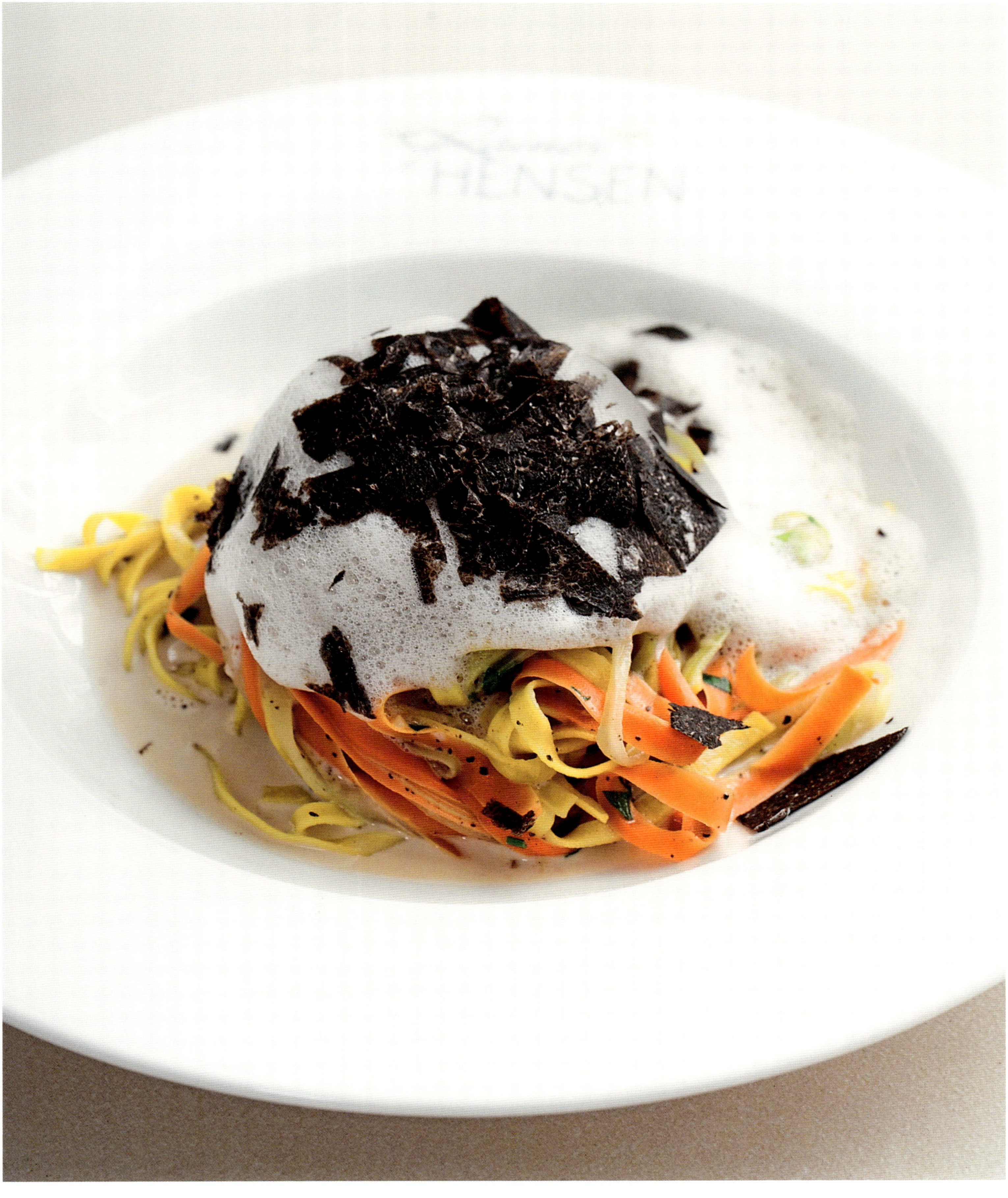
HENSEN

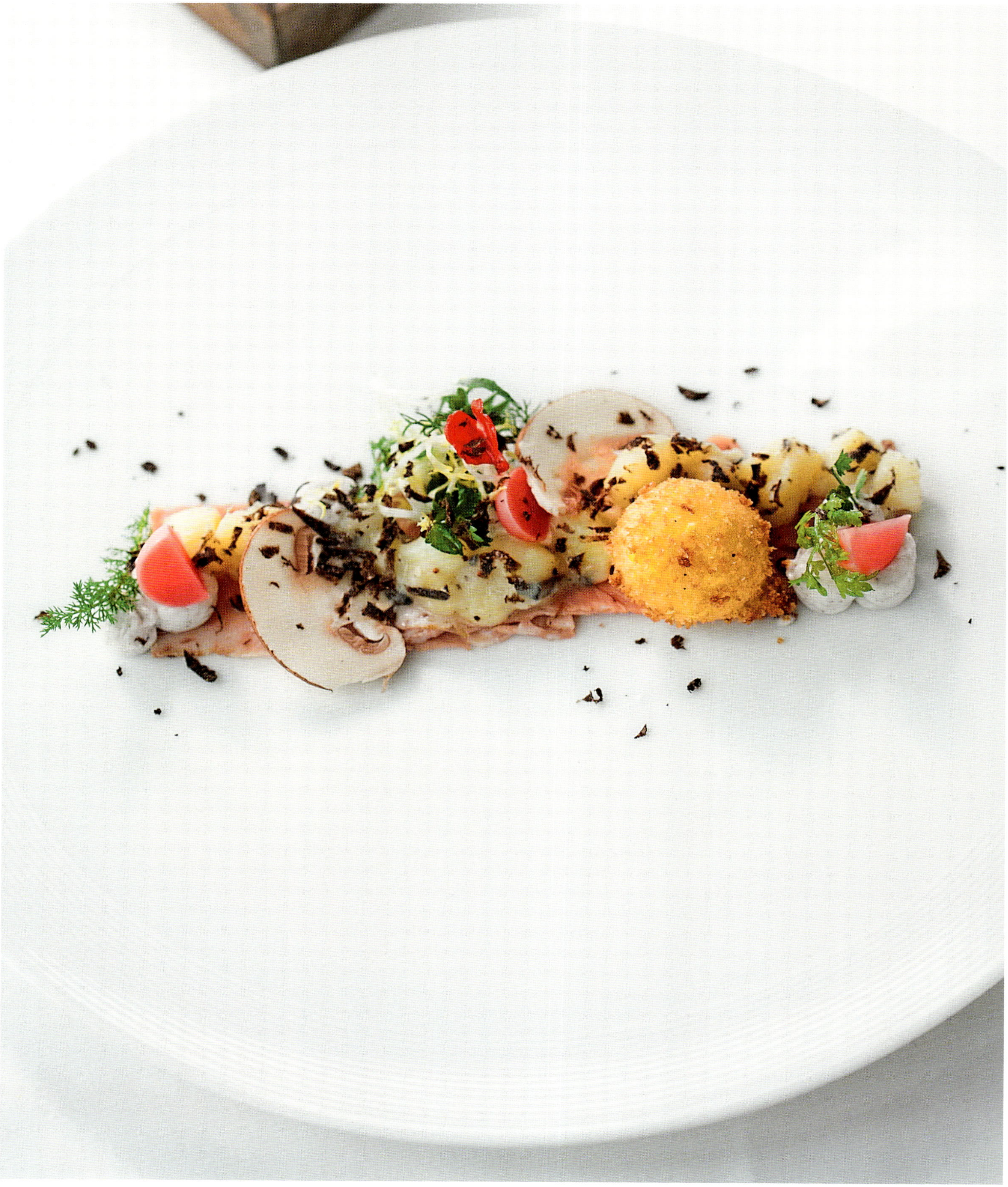

Ibérico-Schweinenacken, getrüffelter Kartoffelsalat, gebackenes Eigelb und Trüffelmayonnaise

Für 4 Personen | Zubereitungszeit: etwa 20 Minuten plus 4 Stunden 30 Minuten Kochzeit plus 24 Stunden Zeit zum Durchziehen

Für den Schweinenacken
1 kleines Stück Wintertrüffel (20 g)
2 EL Olivenöl
50 ml Madeira
100 ml Trüffelsaft (Rezept Eingelegte Trüffel, siehe Seite 49)
500 g Ibérico-Schweinenacken
Fleur de Sel
frisch gemahlener schwarzer Pfeffer
2 EL Schweineschmalz
1 Zweig Thymian

Für den Kartoffelsalat
200 g festkochende Kartoffeln
Salz
1 Wintertrüffel (40 g)
50 ml Trüffelsaft (Rezept Eingelegte Trüffel, siehe Seite 49)
1 EL Senf
3 EL weißer Aceto balsamico
frisch gemahlener schwarzer Pfeffer
Zucker
6 EL Olivenöl
1 EL gehackte Kerbelblätter

Für das gebackene Eigelb
4 Eigelb
100 g Panko-Paniermehl
Pflanzenöl zum Ausbacken

Für die Dekoration
1 kleines Stück Wintertrüffel (10 g)
80 g Trüffelmayonnaise (siehe Seite 47)
4 in süß-saurer Marinade eingelegte Radieschen (siehe Seite 48), geviertelt
16 schöne Champignonscheiben

🍀 Für den Schweinenacken den Trüffel putzen und würfeln. In einer Pfanne in Olivenöl bei geringer bis mittlerer Temperatur anschwitzen. Den Madeira angießen und auf die Hälfte reduzieren, den Trüffelsaft angießen und wieder auf die Hälfte reduzieren, kalt stellen.

🍀 Den Schweinenacken mit Salz und Pfeffer würzen, in einer Pfanne im Schmalz rundum kurz bei mittlerer bis hoher Temperatur anbraten, aus der Pfanne nehmen und abkühlen lassen. Den Thymian waschen, trocken schütteln und mit dem Schweinenacken sowie dem reduzierten Trüffelsaft und den Trüffeln in einen Beutel geben und vakuumieren. Bei 58 °C im Wasserbad 4 Stunden garen. Herausnehmen und sofort in Eiswasser kühlen, anschließend im Kühlschrank noch 24 Stunden durchziehen lassen. Aus dem Beutel nehmen, in 3 mm dicke Scheiben schneiden und Zimmertemperatur annehmen lassen.

🍀 Für den Salat die Kartoffeln in der Schale in Salzwasser kochen und noch warm pellen. Den Trüffel putzen und fein hacken, dann im Trüffelsaft kurz aufkochen. Die Trüffelmischung in einer Schüssel mit Senf und Essig verrühren, mit Salz, Pfeffer und Zucker würzen. Die noch warmen Kartoffeln in 3 mm dicke Scheiben schneiden und unter das Dressing heben, dann 20 Minuten ziehen lassen. Das Olivenöl und den Kerbel vorsichtig unterheben und abschmecken.

🍀 Das Eigelb vorsichtig im Panko-Paniermehl wälzen und 1 Minute im 170 °C heißen Öl ausbacken.

🍀 Zum Anrichten die Schweinefleischscheiben längs auf Teller legen, einen Streifen Kartoffelsalat darüberziehen und den Trüffel darüberreiben. Von der Trüffelmayonnaise Tupfen danebenspritzen, das Eigelb in den Kartoffelsalat setzen und mit Radieschenvierteln und Champignonscheiben garnieren.

Aal auf geräuchertem Kartoffelsalat

Für 4 Personen | Zubereitungszeit: etwa 35 Minuten plus 1 Stunde 10 Minuten Koch-, Brat- und Räucherzeit

Für den Aal und den Kartoffelsalat
2 Aale (à 800 g)
1 Zweig Thymian
2 EL Butter plus 2 EL Butter zum Braten
1 EL Fleur de Sel
400 g Kartoffeln (Drillinge) | Salz
4 Wacholderbeeren
100 g Räuchermehl
1 kleines Stück Fenchelknolle (20 g)
1 kleines Stück Stangensellerie (20 g)
1 kleines Stück Lauch (20 g, nur das Weiße)
1 EL Sojasauce
200 ml Geflügelfond (siehe Seite 44)
frisch gemahlener schwarzer Pfeffer
1 TL Dijon-Senf
30 ml weißer Aceto balsamico
2 Minigurken
1 Schalotte
60 ml Olivenöl
1 kleines Bund Dill
6 Borretschblätter
50 g Tomatenkonfit (siehe Seite 48)

Für die Dekoration
100 g Tomatenkonfit (siehe Seite 48)
4100 g Himbeeren
1 EL Tomatenessig
1 EL Himbeeressig
2 EL Olivenöl
Salz
frisch gemahlener schwarzer Pfeffer
Borretschblüten

Außerdem
Tisch-Räucherofen

Die Aale waschen und trocken tupfen. Von den Aalen die Köpfe und Schwanzstücke abschneiden, die Mittelstücke in je vier Teile schneiden. Den Thymian waschen und trocken schütteln. Die Aalmittelstücke mit Thymian, Butter und Fleur de Sel in einen Beutel füllen und vakuumieren. Bei 58 °C im Wasserbad 25 Minuten garen, anschließend in Eiswasser abkühlen. Den Fisch aus dem Beutel nehmen, die Filets von den Karkassen lösen und die Haut abziehen, beiseitelegen.

Die Kartoffeln in der Schale in Salzwasser garen, anschließend pellen und in eine hitzebeständige Schale füllen. Die Wacholderbeeren andrücken und mit dem Räuchermehl auf die Räucherschale im vorbereiteten Tisch-Räucherofen geben. Kopf und Schwanzstücke sowie Haut und Karkassen vom Aal und die gepellten Kartoffeln auf den Rost des Ofens setzen. Den Räucherofen auf die Flamme setzen und kräftig erhitzen, bis sich starker Rauch bildet. Den Ofen vom Feuer nehmen und alles etwa 10 Minuten ziehen lassen.

Fenchel, Sellerie und Lauch putzen, Fenchel und Sellerie fein würfeln, den Lauch in feine Ringe schneiden. Anschließend die Aalmittelstücke (ohne Filets) mit Gemüse, Sojasauce und Geflügelfond in einem Topf aufkochen und die Flüssigkeit bei geringer Temperatur auf die Hälfte einkochen. Die Flüssigkeit durch ein feines Tuch passieren und für einen Fond nochmals um die Hälfte einkochen lassen. Den Fond in eine Schüssel geben, würzen und mit Senf und Essig glatt rühren. Die Kartoffeln in 3–4 mm dicke Scheiben schneiden, unterheben und 10 Minuten ziehen lassen.

Die Gurken schälen, halbieren, entkernen und in Scheiben schneiden. Die Schalotte abziehen und fein würfeln. Gurkenscheiben und Schalottenwürfel zum Fond geben und das Öl unterrühren. Dill und Borretschblätter waschen und trocken schütteln, einige Dillspitzen für die Dekoration beiseitelegen. Die Kräuter und das Tomatenkonfit unter den Fond heben.

Für die Dekoration Tomatenkonfit und Himbeeren im Mixer mit Tomaten- und Himbeeressig pürieren. Durch ein feines Sieb streichen, das Olivenöl unterrühren und diese rote Vinaigrette mit Salz und Pfeffer abschmecken.

Zum Anrichten die Butter in einer Pfanne aufschäumen und die Aalfilets darin kurz auf beiden Seiten anbraten – die Filets sollen nur warm werden, aber nicht bräunen. Den Kartoffelsalat mittig auf Teller verteilen, Aalfilets daraufsetzen, die Vinaigrette ringförmig um den Kartoffelsalat geben und mit Borretschblüten und Dillspitzen garnieren.

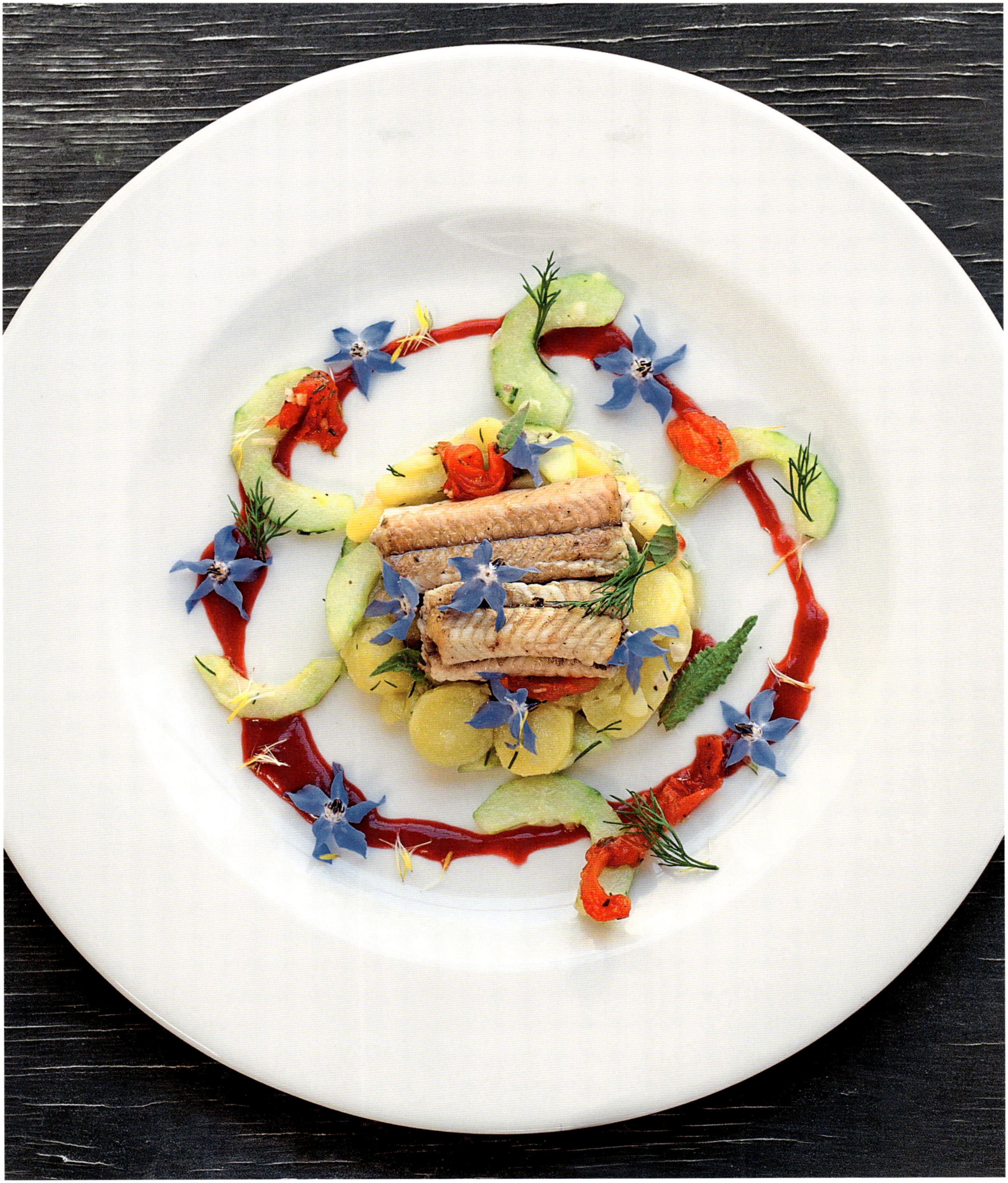

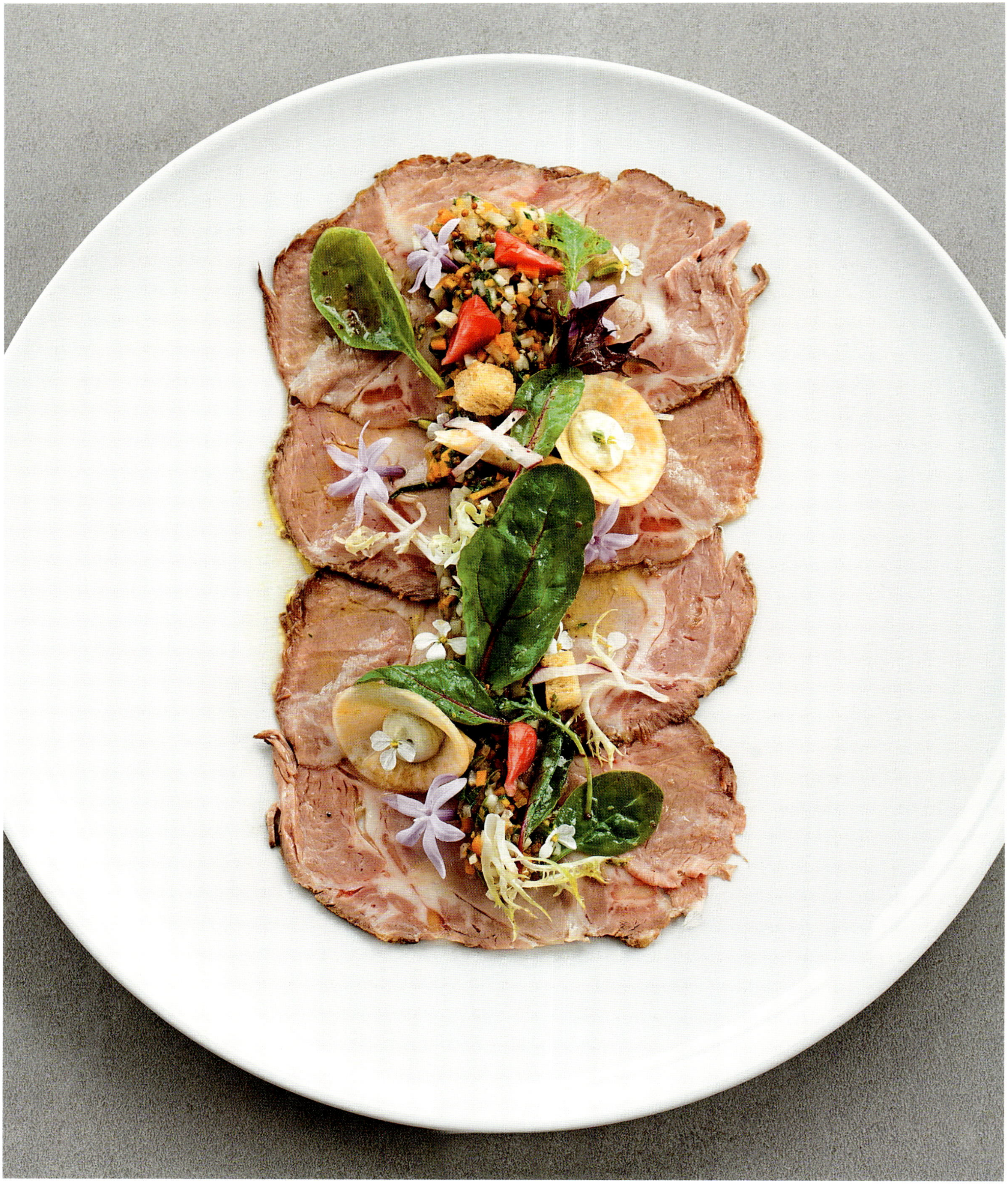

Mangalitza-Schweinenacken
mit Gemüse-Vinaigrette

Für 4 Personen | Zubereitungszeit: etwa 20 Minuten plus 4 Stunden 20 Minuten Kochzeit plus 24 Stunden Zeit zum Durchziehen

Für den Schweinenacken
500 g Mangalitza-Schweinenacken
150 ml Marinade (Rezept Schweinebauch, siehe Seite 74)

Für die Gemüse-Vinaigrette
1 Karotte
1 große Kartoffel
¼ Knolle Sellerie
2 Schalotten | 1 Knoblauchzehe
100 ml Geflügelfond (siehe Seite 44)
200 ml Marinade (Rezept Schweinebauch, siehe Seite 74)
2 EL weißer Aceto balsamico
1 EL Senf
6 EL Olivenöl
1 TL gehackte glatte Petersilie
1 TL gehackte Korianderblätter
Salz
frisch gemahlener schwarzer Pfeffer

Für den Salat
1 EL Honig
3 EL weißer Aceto balsamico | Salz
frisch gemahlener schwarzer Pfeffer
6 EL Olivenöl | 1 EL Sesamöl
20 g Mesclun-Salat (Pflücksalat)

Für die Dekoration
4 Radieschen
Schnittknoblauchblüten

※ Den Schweinenacken waschen, trocken tupfen und mit der Marinade in einem Beutel vakuumieren, bei 58 °C im Wasserbad 4 Stunden garen. Anschließend sofort in Eiswasser kühlen und im Kühlschrank weitere 24 Stunden durchziehen lassen. Den Schweinenacken aus dem Beutel nehmen, die Marinade durch ein feines Sieb passieren und auf 50 ml einkochen.

※ Für die Gemüse-Vinaigrette Karotte, Kartoffel und Sellerie putzen und sehr fein würfeln. Schalotten und Knoblauch abziehen und ebenfalls sehr fein würfeln. Den Geflügelfond aufkochen und das Gemüse darin bei mittlerer Temperatur bissfest garen. Währenddessen die Marinade stark einkochen, es sollten 50 ml entstehen. Essig und Senf unterrühren und alles abkühlen lassen. Das Öl einrühren, die Kräuter unterheben und mit Salz und Pfeffer abschmecken.

※ Für den Salat Honig und Essig verrühren, mit Salz und Pfeffer würzen, die Öle unterrühren und den Mesclun-Salat damit anmachen.

※ Zum Anrichten die Radieschen putzen und in feine Stifte schneiden. Den Schweinenacken in 2 mm dicke Scheiben schneiden und jeweils drei Scheiben nebeneinander auf Teller legen. Mit der Gemüse-Vinaigrette bedecken. Mit Radieschenstiften bestreuen und mit Mesclun-Salat und Schnittknoblauchblüten garnieren.

Im Olivensud pochiertes Ochsenfilet mit Bohnensalat

Für 4 Personen | Zubereitungszeit: etwa 40 Minuten plus 2 Stunden 30 Minuten Kochzeit

Für die Brühe
2 Bund Suppengrün | 4 Zwiebeln
2,5 kg Ochsenbein
1 EL schwarze Pfefferkörner
4 Lorbeerblätter | 16 Tomaten
1 Bund Basilikum | 1 Bund Estragon
1 Zweig Rosmarin | 1 Zweig Thymian
Salz | 500 g entsteinte schwarze Oliven

Für das Fleisch
500 g Ochsenfilet aus der Mitte | Salz
frisch gemahlener schwarzer Pfeffer

Für die Oliven-Vinaigrette
2 Schalotten | 1 Knoblauchzehe | Salz
50 g entsteinte schwarze Oliven
1 Bund Kerbel | 1 Bund Petersilie
1 Bund Basilikum
60 ml Olivenöl | 4 EL Aceto balsamico
frisch gemahlener schwarzer Pfeffer

Für den Bohnensalat
400 g Dicke Bohnen | Salz
100 g Schnittbohnen (grüne Bohnen)
1 Zweig Thymian | 1 Zweig Bohnenkraut
1 Schalotte | 1 Knoblauchzehe
50 g Tomatenkonfit
1 EL weißer Aceto balsamico
1 TL Senf | 2 El Olivenöl
frisch gemahlener schwarzer Pfeffer
Zucker | frischer Parmesan

Für die Poweraden
Saft von 2 Zitronen
2 Poweraden (kleine mediterrane Artischockenart)
2 Zweige Thymian
2 EL Olivenöl | Fleur de Sel
frisch gemahlener schwarzer Pfeffer

Zum Anrichten
Olivenöl | Fleur de Sel
frisch gemahlener schwarzer Pfeffer
6 schwarze Oliven, halbiert
Salsa verde (siehe Seite 47)

🍀 Für die Brühe das Suppengrün putzen, waschen und grob zerteilen. Die Zwiebeln abziehen und halbieren, dann in einer Pfanne ohne Fett bei hoher Temperatur auf den Schnittflächen anrösten. Das Ochsenbein waschen und trocken tupfen. In einem großen Topf mit 4 l kaltem Wasser aufkochen, währenddessen immer wieder sorgfältig abschäumen. Suppengrün, Zwiebeln, Pfeffer und Lorbeerblätter zur Brühe geben und die Brühe bei geringer Temperatur offen 2 Stunden ziehen lassen, währenddessen gelegentlich abschäumen. Den Knochen aus der Brühe nehmen und die Flüssigkeit durch ein Tuch passieren. Die Brühe entfetten und auf 1,5 l einköcheln. Die Brühe wieder aufkochen. Die Tomaten waschen und grob zerteilen. Die Kräuter waschen, trocken schütteln und grob hacken. Die Brühe mit Salz abschmecken, dann Tomaten, Kräuter und Oliven zugeben.

🍀 Das Fleisch waschen und trocken tupfen, von Fett und Sehnen befreien, salzen, pfeffern und in die kochende Brühe geben. Den Topf vom Herd nehmen und das Fleisch in der Brühe abkühlen lassen, dann herausnehmen.

🍀 Für die Oliven-Vinaigrette 200 ml Brühe auf etwa 50 ml einkochen. Schalotten und Knoblauch abziehen, die Schalotte fein würfeln und den Knoblauch mit etwas Salz zerdrücken. Die Oliven hacken. Die Kräuter waschen, trocken schütteln und die Blätter abziehen, vom Basilikum einige schöne Blätter für die Dekoration beiseitelegen. Die Kräuter hacken und mit der Brühe sowie den übrigen Zutaten eine Vinaigrette herstellen.

🍀 Für den Bohnensalat die Dicken Bohnen aus den Schoten palen und die Bohnenkerne in kochendem Salzwasser bissfest blanchieren. In Eiswasser abschrecken und die Bohnenkerne aus den Hüllen drücken. Die Schnittbohnen putzen, schräg in Stücke schneiden und in kochendem Salzwasser blanchieren. Die Kräuter waschen, trocken schütteln, die Blätter abzupfen und hacken. Schalotte und Knoblauch abziehen, die Schalotte fein würfeln und den Knoblauch mit etwas Salz zerdrücken. Die Hälfte des Tomatenkonfits fein hacken. Kräuter, Schalotte, Knoblauch, Essig und Senf in einer Schüssel mit Olivenöl, Salz, Pfeffer und Zucker zu einer Vinaigrette verrühren. Die Dicken Bohnen mit 2 EL Vinaigrette, die Schnittbohnen und das ganze Tomatenkonfit separat mit der übrigen Vinaigrette anmachen.

🍀 Für die Poweraden den Saft von 1½ Zitronen in einer Schüssel mit Wasser mischen. Die Poweraden putzen, sechsteln und in das Zitronenwasser legen. Den Thymian waschen, trocken schütteln und grob hacken. Den übrigen Zitronensaft mit Olivenöl, Fleur de Sel und Pfeffer verrühren, die Poweraden und den Thymian damit mischen. Alles in einem Beutel vakuumieren und bei 80 °C im Wasserbad oder Dampfgarer für 45 Minuten garen.

🍀 Zum Anrichten das Ochsenfilet in vier Scheiben schneiden. Jeweils 1 EL Olivinaigrette auf Teller geben und eine Filetscheibe daraufsetzen. Mit Olivenöl bestreichen und mit Fleur de Sel sowie Pfeffer würzen. Poweraden, halbierte Oliven, Tomatenkonfit und Bohnensalate, Salsa verde und Basilikum dazu anrichten.

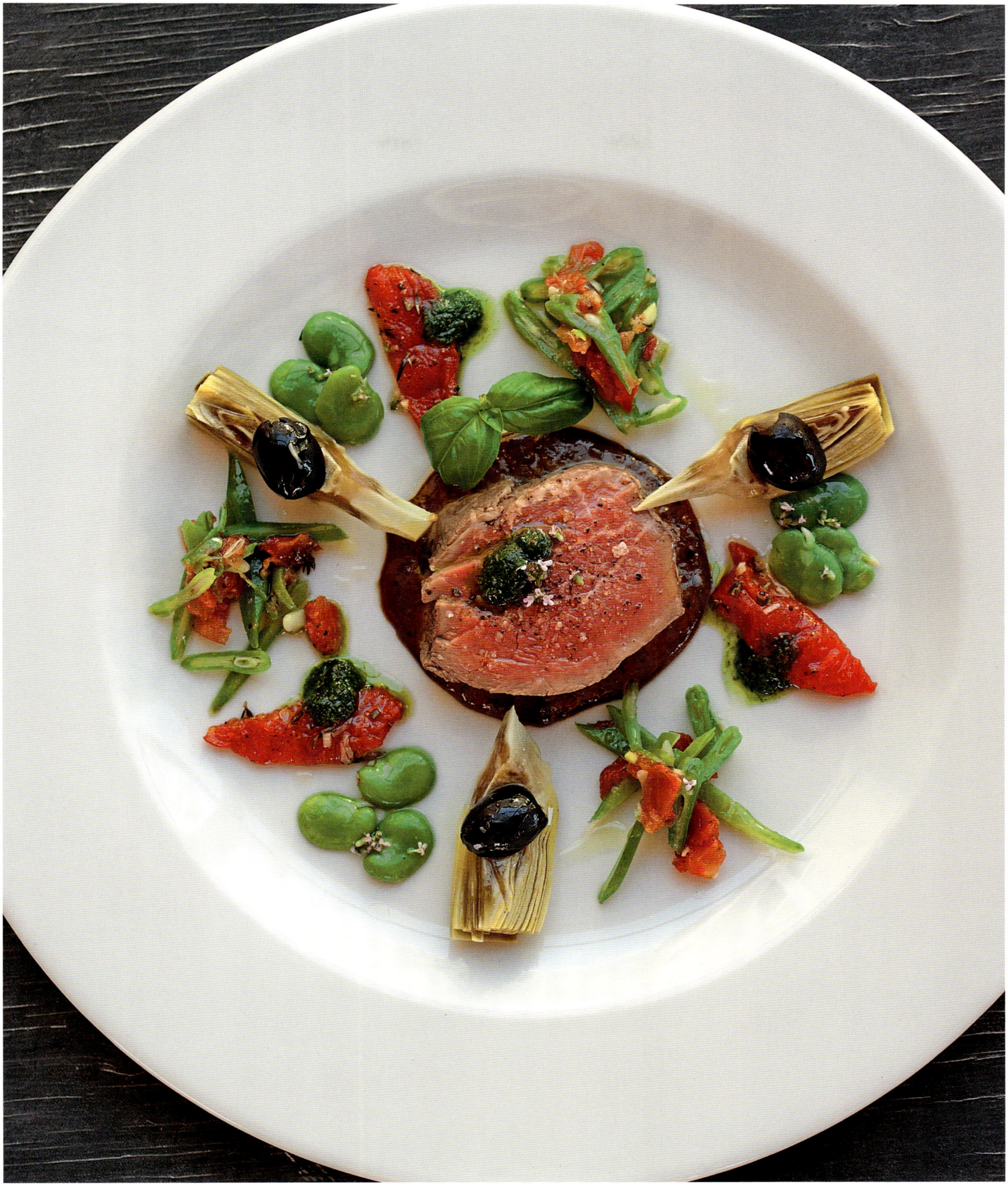

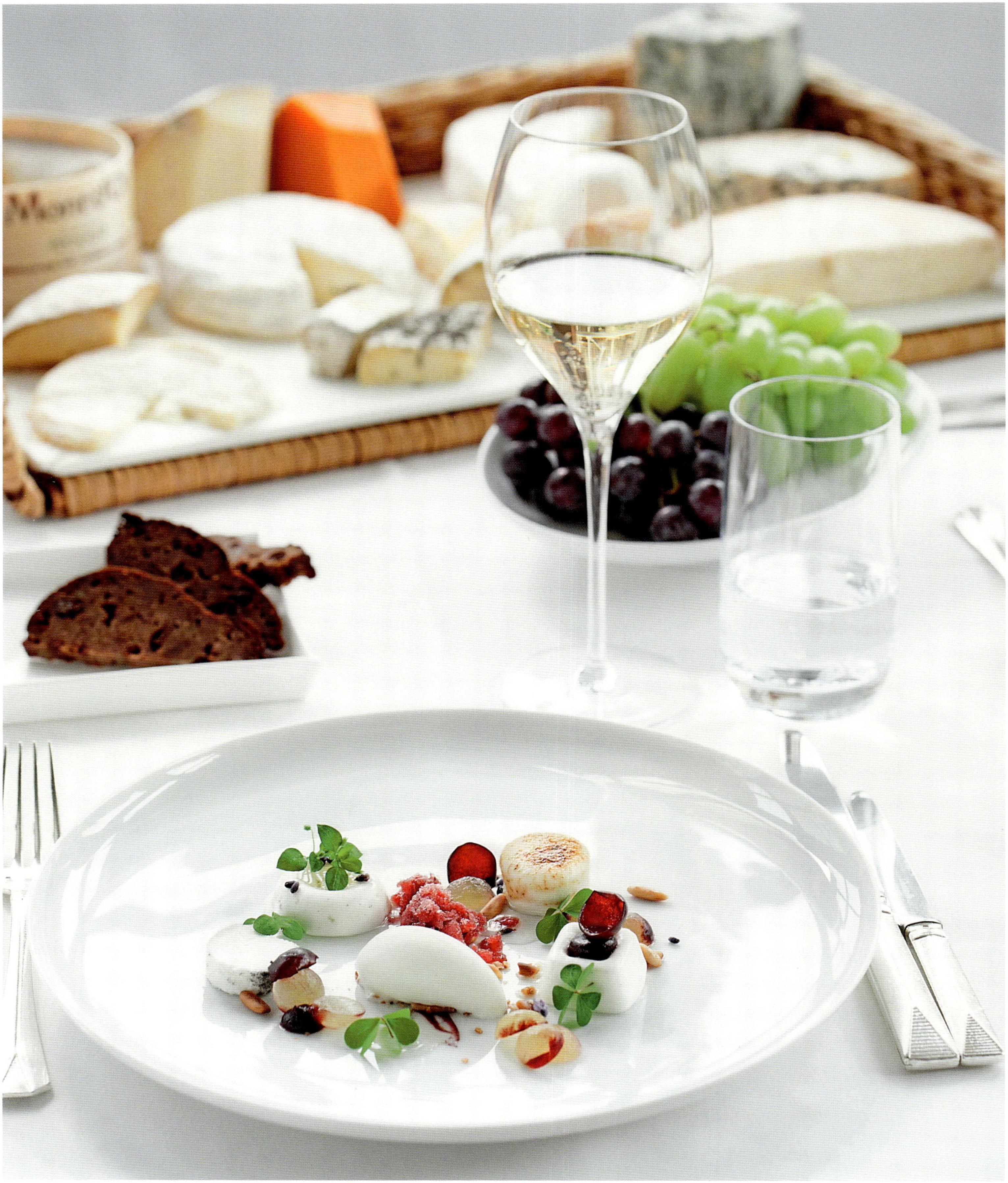

Variationen von Ziegenkäse und Trauben

Für 4 Personen | Zubereitungszeit: etwa 50 Minuten plus 10 Minuten Kochzeit plus 5 Stunden Kühlzeit

Für das Ziegenkäse-Eis
2 Blätter Gelatine | 100 g Sahne
40 g Glukosesirup
180 g Ziegenfrischkäse
180 g Ziegenjoghurt
140 g Puderzucker
40 ml Limettensaft

Für die Ziegenjoghurt-Mousse
2 Blätter Gelatine
Saft von 1 Limette
80 g Akazienhonig
150 g Ziegenjoghurt
150 g geschlagene Sahne

Für die Trauben-Granité
700 g kernlose rote Trauben

Für das Traubengel
300 ml roter Traubensaft
150 ml roter Portwein
½ Vanilleschote
¼ Zimtstange
1 Sternanis
3 Nelken
3 Kardamomkapseln
Saft und abgeriebene Schale von 1 Orange
3,5 g Agar-Agar

Für den Ziegenkäse
4 Scheiben Ziegenfrischkäse in Asche (0,5 cm Ø)
brauner Zucker zum Bestreuen

Zum Anrichten
100 g Pinienkerne
Salz
je 10 rote und grüne Trauben
20 Lavendelblüten
20 Sauerkleeblätter
4 Stängel Vogelmiere

☘ Für das Ziegenkäse-Eis die Gelatine in kaltem Wasser einweichen. Die Sahne aufkochen und den Glukosesirup darin auflösen, die Gelatine ausdrücken und zunächst mit etwas von der warmen Sahne verrühren, dann ebenfalls in die Sahne rühren. Die übrigen Zutaten unterheben und dann in Eiswasser kalt rühren. Anschließend in der Eismaschine cremig gefrieren lassen.

☘ Für die Ziegenjoghurt-Mousse die Gelatine in kaltem Wasser einweichen, dann ausdrücken. Den Limettensaft erwärmen und die Gelatine darin auflösen. Den Honig zufügen und alles mit Joghurt verrühren. Die geschlagene Sahne unterheben und in Formen füllen, dann für etwa 5 Stunden kalt stellen.

☘ Für die Trauben-Granité die Trauben waschen. Entsaften und 200 ml Saft in eine flache Schale füllen und einfrieren. Den übrigen Saft für das Gel verwenden.

☘ Für das Traubengel alle Zutaten bis auf das Agar-Agar miteinander aufkochen. Den Topf vom Herd nehmen und die Mischung 15 Minuten ziehen lassen. Durch ein Tuch passieren und mit Agar-Agar mischen. Kurz erhitzen (nicht kochen), abkühlen lassen und im Kühlschrank fest werden lassen.

☘ Den Ziegenfrischkäse mit Zucker bestreuen und zum Karamellisieren abflämmen.

☘ Zum Anrichten die Pinienkerne in einer Pfanne ohne Fett anrösten und salzen. Die Trauben häuten und halbieren. Das Traubengel glatt pürieren, in einen Spritzbeutel füllen und mittig auf Teller geben, daneben jeweils eine Nocke vom Ziegenkäse-Eis und mit einem Löffel geschabtes Trauben-Granité setzen. Die Mousse aus den Formen lösen und neben das Eis platzieren. Den Ziegenkäse anlegen und mit Pinienkernen, Traubenhälften, Lavendelblüten, Sauerklee und Vogelmiere ausgarnieren.

Mandelkrokant-Eis, Limetten-Rum-Gel, Beeren und Mandeln

Für 4 Personen | Zubereitungszeit: etwa 30 Minuten plus 30 Minuten Kochzeit plus 40 Minuten Zeit zum Durchziehen plus 5 Stunden Kühlzeit

Für das Mandelkrokant-Eis
350 g Zucker
20 g Butter
200 g geschälte gemahlene Mandeln
10 Eigelb
1 Vanilleschote
1 kg Sahne

Für das Limetten-Rum-Gel
150 ml Limettensaft
110 g brauner Zucker
50 ml Rum
Mark von ¼ Vanilleschote
4 g Agar-Agar

Für die Beeren und ihre Marinade
100 g Zucker
30 ml Himbeergeist
¼ Vanilleschote
¼ Stange Ceylon-Zimt
30 ml Weißwein
gemischte Beeren nach Saison
    und Belieben
(Himbeeren, Brombeeren, Stachelbeeren,
    Erdbeeren, Heidelbeeren,
    Johannisbeeren)

Für die Mandeln
150 g ganze Mandeln
3 EL Zucker
1 EL Butter
1 Msp. Kakaopulver
Fleur de Sel

Zum Garnieren
Erdbeerminzeblätter
Lavendelblüten

❧ Für das Mandelkrokant-Eis 150 g Zucker in einer Pfanne bei geringer Temperatur karamellisieren. Die Butter unterrühren und die Mandeln darin kurz durchschwenken. Alles erkalten lassen und zermahlen.

❧ Eigelb und 200 g Zucker cremig rühren. Die Vanilleschote auskratzen und die Sahne mit Vanilleschote und -mark aufkochen. Durch ein Sieb zur Eigelbmasse geben, dabei immer wieder rühren. Die Masse unter ständigem Rühren über einem Wasserbad erhitzen und zur Rose abziehen (einen Kochlöffel eintauchen und auf den Löffelrücken pusten: Entstehen dabei wellenförmige Linien, ist die Eigelbmasse fertig). Die Vanilleschote mit etwas von der Creme im Mixer pürieren und wieder unter die Creme in der Schüssel rühren, das Ganze unter Rühren über Eiswasser abkühlen. Den Mandelkrokant unterrühren und die Mischung in der Eismaschine cremig gefrieren lassen.

❧ Für das Limetten-Rum-Gel alle Zutaten miteinander aufkochen und in eine Schüssel füllen. Zunächst bei Zimmertemperatur, anschließend im Kühlschrank fest werden lassen. Dann wieder glatt mixen, in einen Spritzbeutel füllen und bis zur Verarbeitung kalt stellen.

❧ Für die Beerenmarinade alle Zutaten bis auf die Beeren selbst miteinander aufkochen. Den Topf vom Herd nehmen und die Mischung 20 Minuten ziehen lassen. Durch ein Sieb gießen und abkühlen lassen. Die Beeren vorsichtig waschen und etwas trocken tupfen, dann 20 Minuten in der Marinade ziehen lassen.

❧ Die Mandeln in einer Pfanne ohne Fett bei mittlerer bis hoher Temperatur anrösten. Den Zucker in 3 EL heißem Wasser auflösen und zu den Mandeln geben. Bei geringer Temperatur das Wasser verdampfen lassen, bis sich eine weiße Schicht um die Mandeln gebildet hat. Anschließend die Mandeln in einem zweiten Topf bei mittlerer Temperatur erhitzen und unter Rühren goldbraun karamellisieren. Butter, Kakao und Salz zufügen und alles verrühren. Die Mandeln sofort zum Abkühlen auf Backpapier geben.

❧ Zum Anrichten die marinierten Beeren in einem Halbkreis eng am Tellerrand arrangieren. In die Zwischenräume Limetten-Rum-Gel spritzen und die Mandeln darauflegen. Die Beeren mit Erdbeerminze und Lavendelblüten dekorieren, mit zwei Löffeln eine Nocke Eis formen und in den Halbkreis setzen.

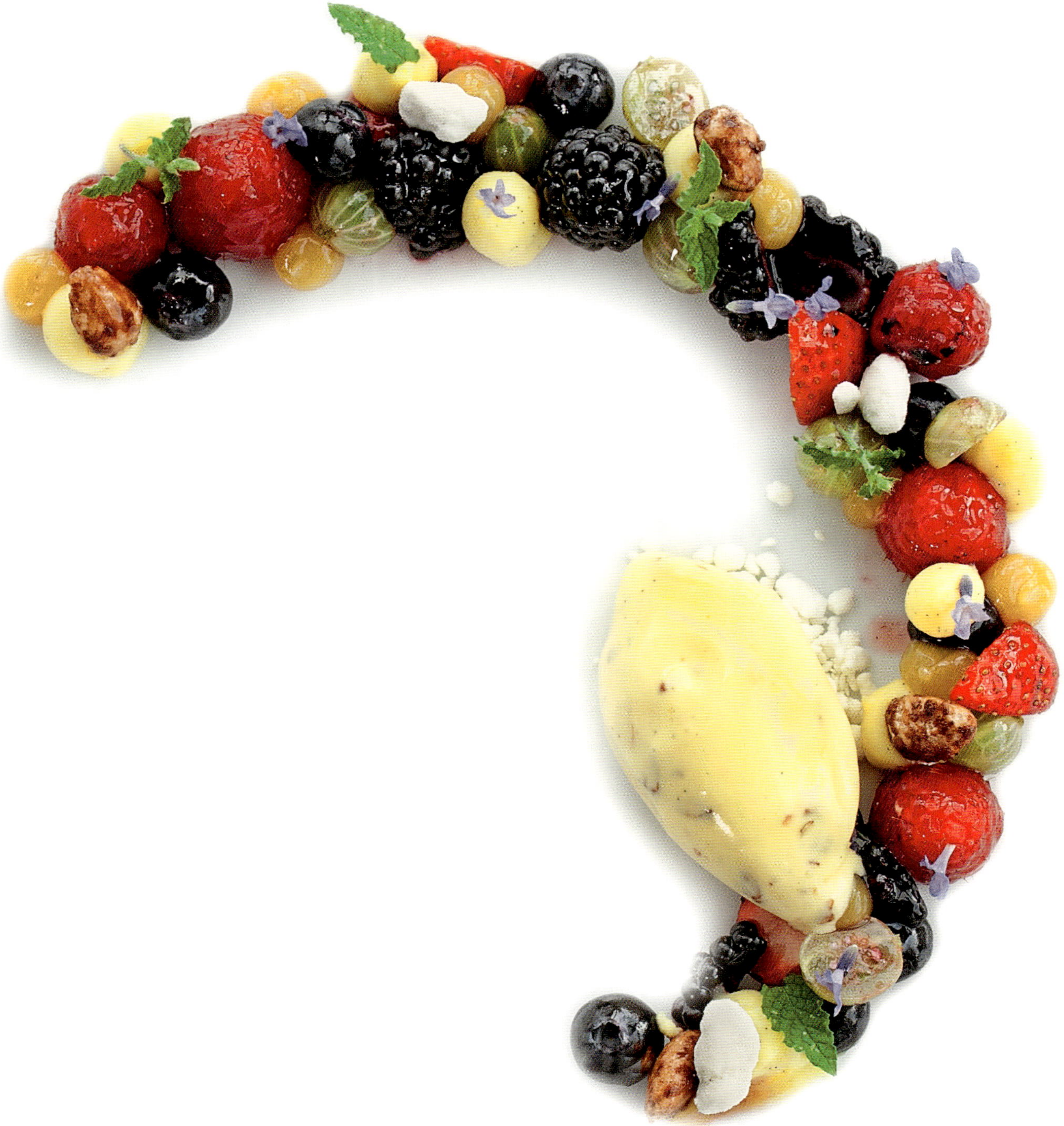

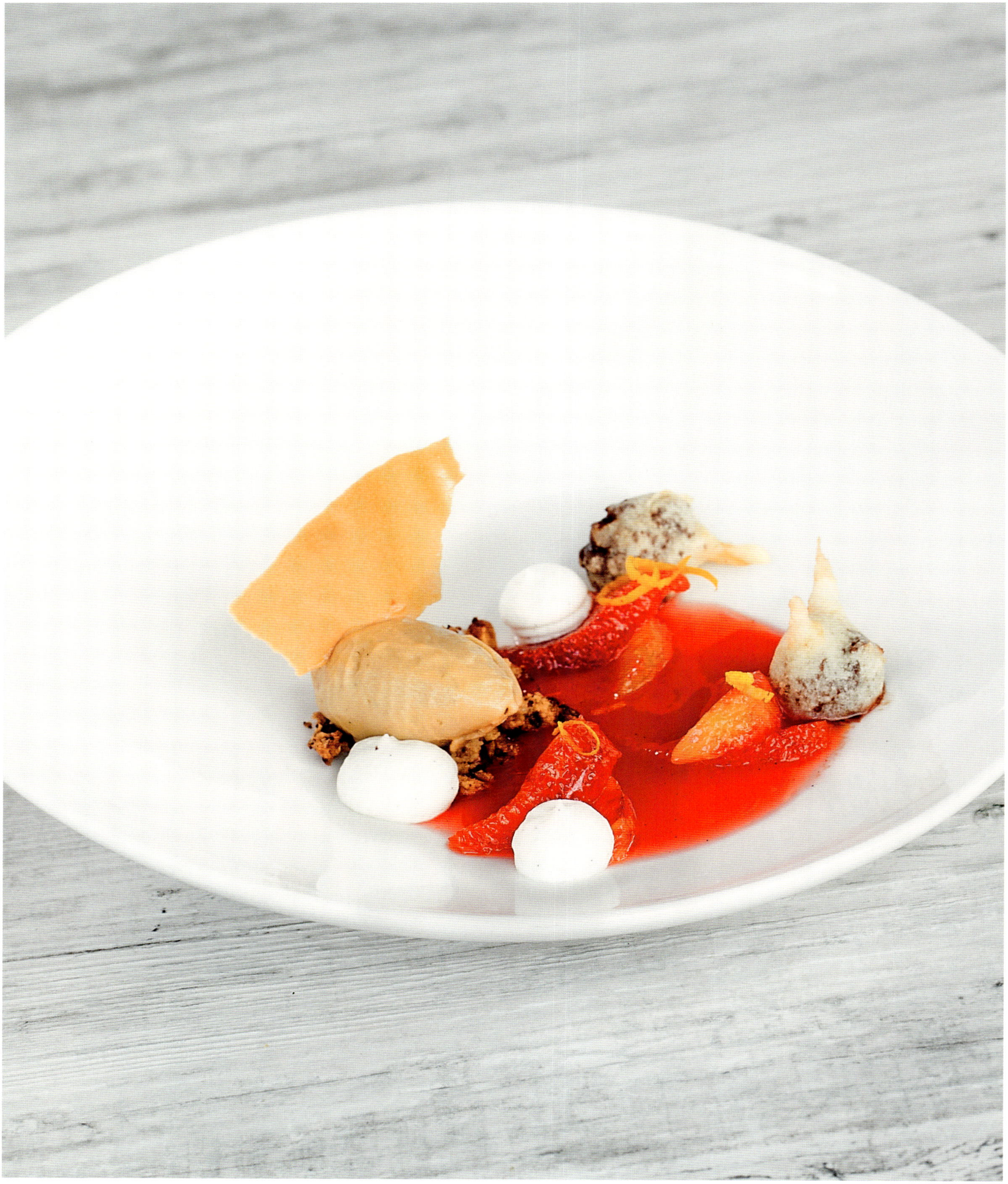

Kaffee-Eis, Kaffee-Praline, Kirschwasser-Espuma, Blutorangen und Hippen

Für 4 Personen | Zubereitungszeit: etwa 45 Minuten plus 45 Minuten Kochzeit plus etwa 5 Stunden Kühl- und Gefrierzeit

Für das Kaffee-Eis
4 Eigelb
100 g Zucker
250 ml Milch
125 g Sahne
200 ml kalter Espresso
20 g Vollmilchkuvertüre

Für die gebackene Kaffee-Praline
200 g Zartbitterkuvertüre
100 g Vollmilchkuvertüre
100 ml heißer Espresso
10 ml Kaffeelikör
Bierteig (siehe rechts)
250 ml Sonnenblumenöl zum Frittieren

Für den Bierteig
3 Eiweiß | 30 g Zucker
250 ml helles Bier
250 g Weizenmehl
1 Msp. Salz
1 EL Pflanzenöl | 3 Eigelb

Für die Blutorangenfilets
4 Blutorangen
1 kleines Stück Ingwer
1 Stängel Zitronengras
75 g Zucker | 120 ml Weißwein
¼ Stange Ceylon-Zimt
¼ Vanilleschote
2 Kardamomkapseln
1 TL Speisestärke

Für die Kirschwasser-Espuma
100 ml Milch | 200 g Sahne
70 g Zucker | 50 g Kirschwasser
1 Blatt Gelatine

Für den Orangen-Crumble
150 g Zartbitterkuvertüre
200 g Weizenmehl | 200 g Butter
150 g Mandelgrieß | 200 g Zucker
abgeriebene Schale von
    1 unbehandelten Orange

Für die Hippen
30 g Eiweiß | 30 g Puderzucker
30 g flüssige Butter | 30 g Weizenmehl

🍀 Für das Kaffee-Eis Eigelb und Zucker cremig rühren, Milch und Sahne aufkochen und unter Rühren zur Eigelbmasse geben. Zur Rose abziehen (einen Kochlöffel eintauchen und auf den Löffelrücken pusten: Entstehen dabei wellenförmige Linien, ist die Eigelbmasse fertig). Espresso und geschmolzene Kuvertüre unterrühren, abkühlen lassen und in der Eismaschine cremig gefrieren lassen.

🍀 Für die Kaffee-Praline die Kuvertüre grob hacken, bei geringer Temperatur anschmelzen, Espresso und Kaffeelikör unterrühren und alles abkühlen lassen. Mit kalten Händen kleine Kugeln daraus formen und diese gefrieren lassen. Für den Bierteig das Eiweiß steif schlagen und alle Zutaten miteinander glatt rühren. Die Pralinenkugeln in Bierteig tauchen und in heißem Sonnenblumenöl wenige Sekunden frittieren.

🍀 Für die Blutorangenfilets die Früchte schälen und filetieren. Den Ingwer schälen und fein schneiden, das Zitronengras putzen und andrücken. Den Zucker bei geringer Temperatur in einer Pfanne karamellisieren lassen und mit Weißwein ablöschen. Alle Gewürze dazugeben und die Mischung aufkochen, dann abkühlen lassen. Durch ein Sieb gießen, die Speisestärke mit etwas von der kalten Flüssigkeit anrühren und den gesamten Sud damit binden, damit er dickflüssig wird.

🍀 Für die Espuma Milch, Sahne und Zucker aufkochen und mit Kirschwasser aromatisieren. Die Gelatine währenddessen einweichen, ausdrücken und darin auflösen. Alles in einen Sahne-Siphon geben und abkühlen lassen.

🍀 Für den Crumble die Kuvertüre fein hacken und mit den anderen Zutaten verkneten. Den Teig in fünf Portionen teilen, zu Rollen formen und 2 Stunden kalt stellen. Den Backofen auf 165 °C (Ober-/Unterhitze) vorheizen. Die Teigrollen in 0,5 cm dicke Scheiben schneiden, diese im vorgeheizten Ofen auf der mittleren Schiene auf einem Backblech 15 Minuten backen. Den Backofen für die Hippen eingeschaltet lassen.

🍀 Für die Hippen alle Zutaten vermischen und auf eine Silikonbackmatte streichen. Im vorgeheizten Ofen etwa 12 Minuten goldgelb backen. Etwas abkühlen lassen, von der Matte lösen und in etwa 5 cm große Stücke brechen. In einer Blechdose trocken lagern.

🍀 Zum Anrichten die Blutorangenfilets auf Teller verteilen und mit Sud übergießen. Die Orangenkekse zum Crumble grob zerbröseln und als »Bett« für das Eis aufhäufeln. Jeweils eine Nocke Kaffee-Eis auf den Crumble geben. Die Kaffee-Pralinen anlegen, Kirschwasser-Espuma zwischen die Blutorangenfilets sprühen und mit einer Hippe dekorieren.

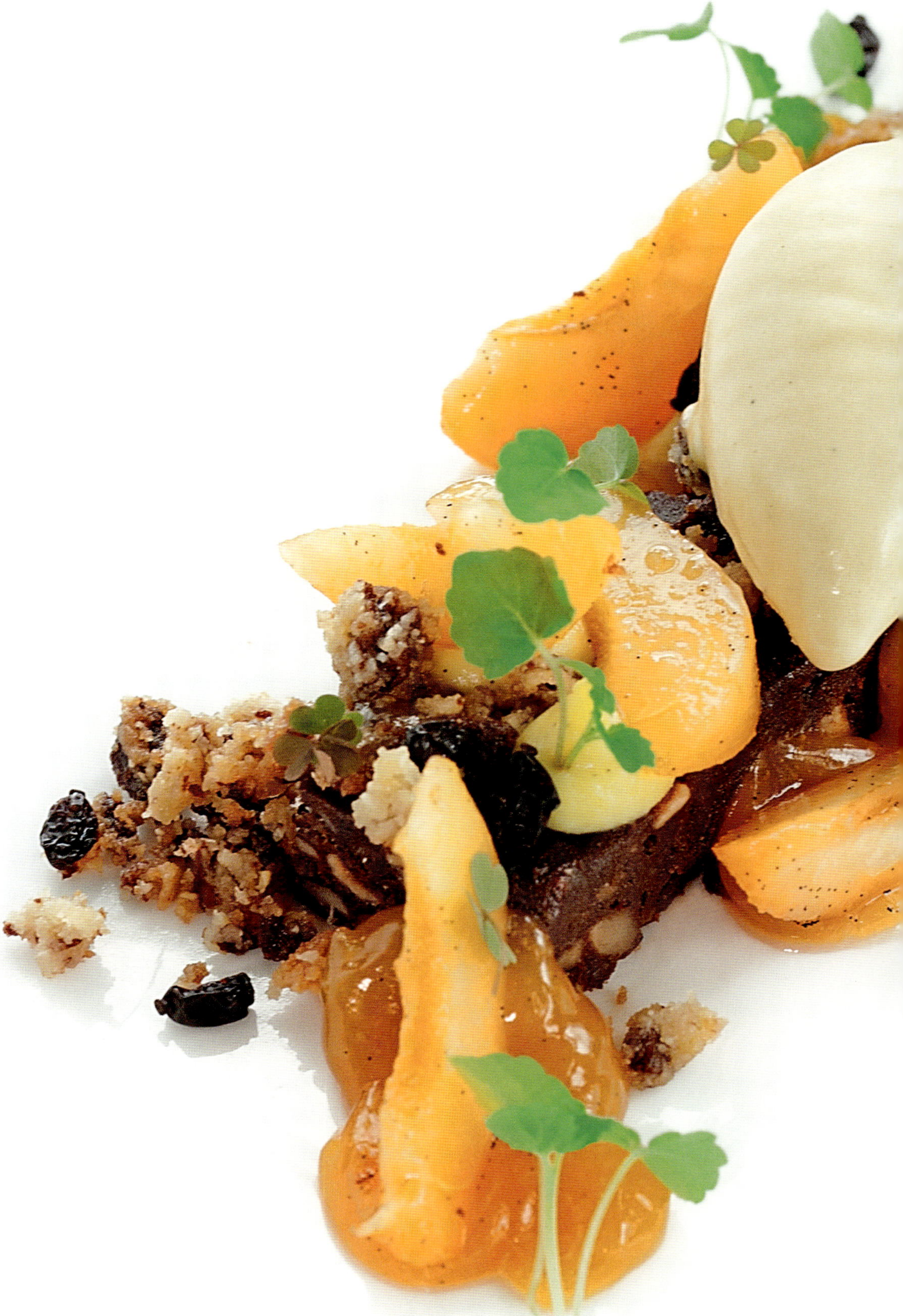

Kochen für
besondere Gäste

Wertschätzung pur, dank besonderer Gäste

Besondere Gäste. Was heißt das? Promis? Bekannte Politiker? Für mich sind alle Gäste gleich, das sage ich immer und das meine ich auch so. Doch wenn ich den Satz jetzt so vor mir stehen sehe, weiß ich, dass er nicht stimmt.

Es gibt sie eben doch, diese besonderen Gäste, die nicht so gleich sind, wie die anderen. Aber es waren nicht die Promis, Fußballprofis oder bekannten Persönlichkeiten, die einmal bei uns zu Gast waren. Ein besonderer Gast ist für mich jemand, der zum Beispiel Mühen auf sich genommen hat, um einmal bei uns zu essen. Vielleicht hatte er eine besonders weite Anreise. Vielleicht hatte er schon lange vorgehabt, uns zu besuchen, und jetzt endlich, nach vielen Anläufen, hat es doch geklappt. Für diese Menschen gehe ich gerne noch einen Extraschritt. Man findet heraus, was sie gerne mögen. Wie sie es mögen. Dann wird Kochen zu einer Geste der Sympathie, der Freundschaft oder der Liebe. Ich hatte Freunde, von denen ich wusste, dass Trüffel ihr Herz bewegen können. Bei ihrem nächsten Besuch habe ich ihnen ein Trüffel-Risotto gemacht, ganz puristisch, ganz einfach. Sie haben jahrelang davon gesprochen.

Besondere Gäste sind aber auch Menschen, die bemerken, welche Mühe, welche Liebe man in das Gericht gesteckt hat. Die essen es nicht einfach weg wie eine Beliebigkeit. Ein besonderer Gast ist jemand, der deine Arbeit und ihren Wert schätzt. Für so einen Menschen ist es etwas ganz Besonderes zu kochen. Es motiviert, weil man weiß, dass der Extraschritt, den man für ihn macht, ein Leuchten in die Augen treibt. Dafür koche ich, um dieses Leuchten zu sehen.

Wenn ich unter all meinen Gästen einen besonderen Gast nennen müsste, dann wäre das ganz eindeutig Norbert. Ich hatte ihn zu Anfang schon einmal erwähnt. Norbert war Zahnarzt bei uns in der Region und hatte ziemlich viel von der kulinarischen Welt gesehen. Während des Studiums sparte er sein Geld und investierte es dann in Leckerbissen. Über die Jahre wurde er zu einem echten Kenner der Gourmetwelt. Er schien schon bei allen gegessen zu haben, die Rang und Namen hatten. Er war deshalb aber nicht zum Jünger eines Starkochs mutiert. Norbert hatte immer ganz eigene Vorstellungen davon, wie ein Gericht schmecken musste. Und seine Vorstellungen waren, das finde ich heute genau wie früher, sehr fundiert.

Er kam als Gast in mein Leben, wurde dann aber viel mehr. Ihn kennenzulernen, hat mich damals ziemlich eingeschüchtert – und gefreut. Als Erstes fielen ihm meine Brötchen auf. Die machten wir damals wie heute mit viel Herzblut selbst. Die seien klasse, erklärte er mir, und ich fühlte mich geschmeichelt. Ich bemerkte in unseren ersten Gesprächen, dass mir da jemand gegenübersaß, der die Liebe, die ich in meine Gerichte steckte, lesen konnte. Und dieser Kerl dort, dieser leidenschaftliche Esser und Feinschmecker, der schon bei Witzigmann gegessen hatte, sagte mir: »Du bist eigentlich gar nicht so schlecht.« Das haute mich völlig um. Dennoch fühlte ich mich wie ein Provinzkoch. Nein, ich war ein Provinzkoch.

Er sagte immer: »Das Bessere ist des Guten Feind.« Sein Geschmack war sehr viel puristischer, als wir damals kochten. Er stand auf gute Produkte, die geschmacklich klar erkennbar waren. Ehrlich, geerdet. Das entspricht auch heute noch meinem Verständnis von Kochen. Mit verkünstelten Spielereien kann ich wenig anfangen. Ich bin eben eher Purist und Traditionalist. Ich hatte großen Respekt vor seiner Meinung. Nach dem Essen kam ich an seinen Tisch, dann wurde über meine Arbeit das Urteil gesprochen. Ich würde lügen, wenn ich sagen würde, dass das immer einfach so an mir vorbeiging. Norbert war immer ehrlich und hielt sich bei Lob wie Tadel nie zurück. Dabei hat er mir so manchen Zahn gezogen. Zuweilen war das hart, aber es hat mir geholfen. Er wurde zu meinem Mentor, der mich dazu anhielt, noch genauer hinzuschmecken. Das hatte Folgen: Wenn meine Ideen bei meinen Versuchspersonen auch nur den Hauch einer Kritik auslösten, warf ich sie ganz weg, manchmal sogar mit Teller.

Norbert hat mir auch die Welt zum Wein geöffnet. Vorher war ich reiner Biertrinker, Wein war für mich ein Frauengetränk. Norbert hatte bei seinen Besuchen immer eine Flasche dabei, die wir dann zusammen tranken oder von der er mir ein Glas übrig ließ. Dann saß ich fast ehrfürchtig da und er testete mich. Was ist im Glas? Ohne Norbert wäre ich heute wohl nicht da, wo ich jetzt bin. Wenn ich für ihn koche, will ich ihn damit glücklich machen und wage gerne etwas Besonderes.

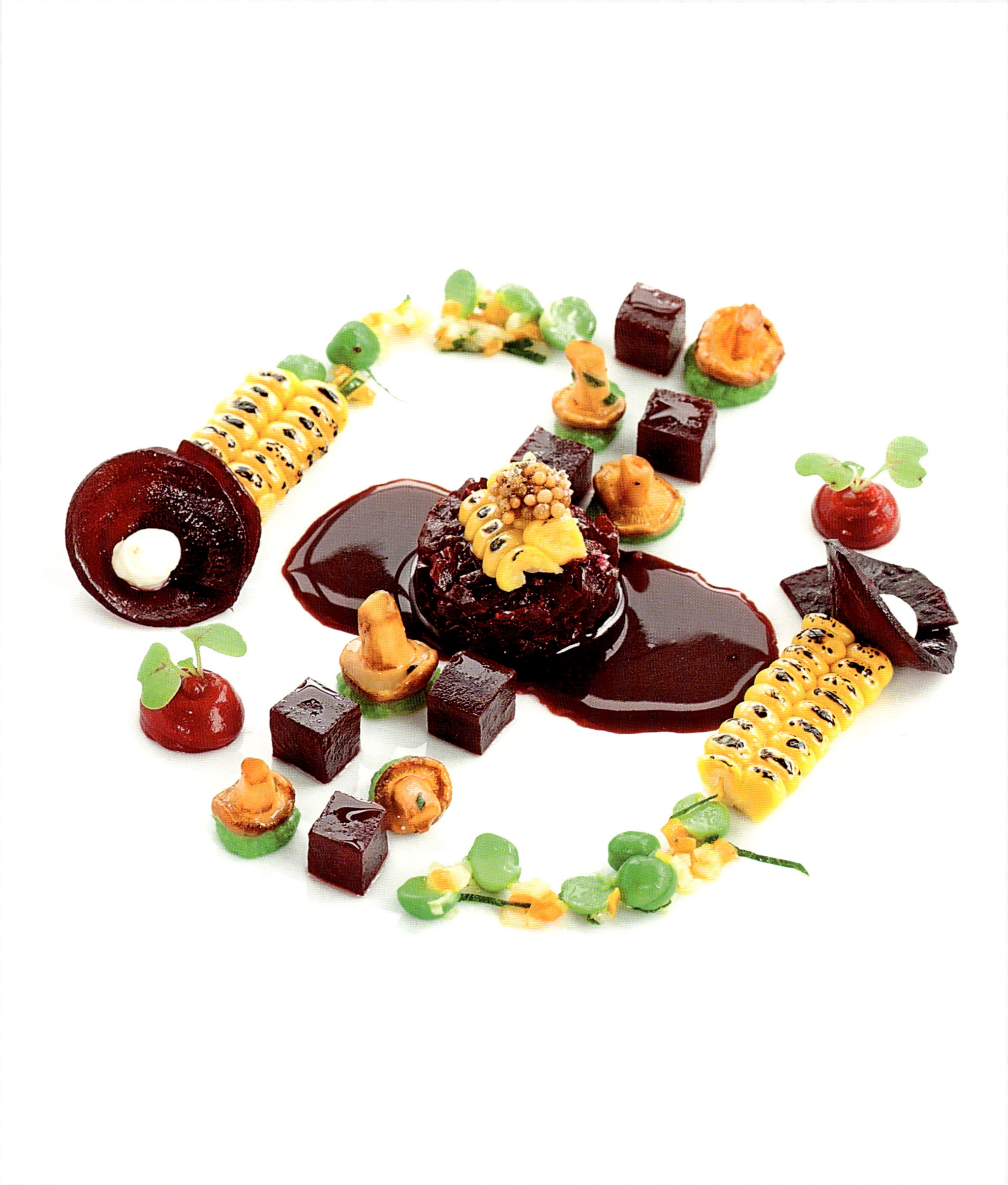

Reh mit Mohn-Grießklößen, Apfelrotkohl und Rahmwirsing

Für 4 Personen | Zubereitungszeit: etwa 1 Stunde 15 Minuten plus 2 Stunden 30 Minuten Schmorzeit plus 12 Stunden Marinierzeit
(Cassis-Schalotten, Apfelrotkohl und Rahmwirsing lassen sich bereits am Vortag zubereiten)

Für den Rotkohl
1 mittelgroßer Rotkohl
800 ml Apfelessig
Saft und abgeriebene Schale von ½ unbehandelten Orange
2 EL Zucker | 1 EL Salz
frisch gemahlener schwarzer Pfeffer
1 Zwiebel | 80 g Gänseschmalz
1 l Geflügelfond (siehe Seite 44)
100 ml Rotwein | 100 ml Portwein
2 Lorbeerblätter | 3 Gewürznelken
3 Wacholderbeeren
1 Sternanis | ½ Zimtstange
4 Äpfel | 50 g Reis | 3 EL Apfelkraut

Für Schulter und Nüsschen
1 Rehschulter (etwa 1,6 kg)
120 g Rehnüsschen
Wildgewürzmischung (FP)
4 EL Butterschmalz
1 Zweig Rosmarin | 1 Zweig Thymian
1 l Rehjus (siehe Seite 46)
200 g Cassis-Gelee | Salz
frisch gemahlener schwarzer Pfeffer

Für den Rehrücken in Walnusskruste
200 g Rehrücken
1 Msp. getrockneter Thymian
1 Msp. getrockneter Rosmarin
50 g Walnusskerne, gehackt
50 g Mie de Pain (gemahlenes Weißbrot ohne Kruste)
1 Eiweiß
etwas Weizenmehl
Wildgewürzmischung (FP)
1 EL Butterschmalz

Für die Cassis-Schalotten
200 g Schalotten
2 EL Butter
1 EL Zucker
1 Zweig Thymian
20 ml Aceto balsamico
300 ml Crème de Cassis
200 ml Rotwein | Fleur de Sel
frisch gemahlener schwarzer Pfeffer

Für die Mohn-Grießklöße
250 ml Milch
Salz
frisch geriebene Muskatnuss
80 g Weichweizengrieß
80 g kalte Butter
1 Ei
1 EL Mohn

Für den Rahmwirsing
½ Wirsing
1 Schalotte
50 g Speckwürfel
2 EL Butter
100 g Sahne
Salz
frisch gemahlener schwarzer Pfeffer
frisch geriebene Muskatnuss

Für die Dekoration
Mie-de-Pain-Brösel, geröstet

❁ Den Rotkohl putzen, in feine Streifen schneiden und mit Essig, Orangensaft und -schale sowie Zucker, Salz und Pfeffer etwa 12 Stunden marinieren. Die Zwiebel abziehen und in Scheiben schneiden. In einer Pfanne im heißen Schmalz farblos anschwitzen. Geflügelfond, Rot- und Portwein angießen. Lorbeer, Nelken, Wacholderbeeren, Sternanis und Zimt in ein Teesieb füllen und zugeben. Die Mischung etwa 5 Minuten köcheln, dann den Rotkohl zufügen und zugedeckt aufkochen.

❁ In der Zwischenzeit die Äpfel schälen, von den Kerngehäusen befreien und in Spalten schneiden. Mit dem Reis zum Rotkohl geben und das Ganze etwa 10 Minuten garen. Den verschlossenen Topf beiseitestellen und den Rotkohl langsam abkühlen lassen, dabei gelegentlich umrühren.

❁ Nach etwa 5 Stunden das Apfelkraut unterrühren und den Rotkohl mit Salz und Pfeffer abschmecken. Vor dem Servieren erwärmen, aber nicht mehr kochen.

❁ Für die Rehschulter und die Rehnüsschen den Backofen auf 120 °C (Ober-/Unterhitze) vorheizen. Das Fleisch waschen, trocken tupfen und mit der Wildgewürzmischung einreiben. Die Schulter im Bräter in 2 EL Butterschmalz rundum anbraten. Die Kräuter waschen, trocken schütteln und mit Rehjus und Gelee zugeben. Das Schulterstück im Backofen etwa 1 Stunde 30 Minuten schmoren, bis sich das Fleisch leicht vom Knochen lösen lässt. Die Backofentemperatur auf 90 °C reduzieren und das Fleisch abgedeckt warm stellen. Die Sauce durch ein Sieb passieren und mit Salz und Pfeffer abschmecken. Die Nüsschen in dem übrigen Butterschmalz rundum anbraten. Anschließend etwa 40 Minuten im Backofen garen.

❁ Den Rehrücken waschen und trocken tupfen. Kräuter, Walnusskerne und Mie de Pain auf einem Teller vermischen. Das Eiweiß in einer kleinen Schüssel leicht verquirlen und auf einem weiteren Teller etwas Mehl verteilen. Das Fleisch (es sollte vor dem Braten bereits Raumtemperatur haben) mit der Wildgewürzmischung einreiben, anschließend in Mehl wenden, in Ei tauchen und mit der Walnussmischung panieren. Das Butterschmalz in einer Pfanne bei geringer Temperatur zerlassen und den Rehrücken langsam rundum goldgelb anbraten. Anschließend im Backofen bei 90 °C (Ober-/Unterhitze) etwa 20 Minuten weitergaren.

❄ Die Schalotten abziehen und vierteln. In einer Pfanne die Butter zerlassen, Schalotten und Zucker zugeben und möglichst ohne Farbe zu nehmen anschwitzen. Den Thymian waschen, trocken schütteln und in die Pfanne geben. Mit Aceto, Crème de Cassis und Rotwein auffüllen. Die Flüssigkeit geleeartig einkochen, den Thymian entfernen und die Schalotten mit Fleur de Sel und Pfeffer würzen.

❄ Für die Grießklöße die Milch in einem Topf mit Salz und Muskatnuss aufkochen, den Grieß zugeben und kurz aufwallen lassen. Butter, Ei und Mohn einrühren. Die Mischung abkühlen lassen und anschließend mit den Händen zu Klößen (4–5 cm Ø) formen. In einem größeren Topf Salzwasser zum Kochen bringen, die Klöße hineingeben, einmal aufwallen lassen, dann bei geringer Temperatur etwa 20 Minuten gar sieden.

❄ Den Wirsing putzen und in feine Streifen schneiden. Die Schalotte abziehen und fein würfeln. Den Speck in einer Pfanne auslassen, bis er knusprig ist, anschließend in ein Sieb geben. In einem mittelgroßen Topf die Butter zerlassen und die Schalotten darin anschwitzen. Sahne und Speckwürfel hinzufügen und alles auf die Hälfte einkochen. Den Wirsing in einem großen Topf in wenig Wasser kurz blanchieren. In Eiswasser abkühlen, in einem Sieb abtropfen lassen und anschließend in einem Tuch ausdrücken. Den Wirsing in die Specksahne geben und mit Salz, Pfeffer und Muskat würzen.

❄ Zum Anrichten Rehrücken, Schulter und Nüsschen in je vier Portionen teilen. Die Schalotten auf Teller geben, mit der Fleischsauce überziehen und das Fleisch darauf anrichten. Je zwei Mohn-Grießklöße danebensetzen. Rotkohl und Wirsing jeweils zu einer Nocke formen und das Gericht damit komplettieren. Nach Belieben mit Mie-de-Pain-Bröseln garnieren.

Färsenfilet mit Weinbergschnecken-Tortellini, Blattspinat und Topinambur-Püree

Für 4 Personen | Zubereitungszeit: etwa 1 Stunde 30 Minuten

Für das Färsenfilet mit Markkruste
1 Schalotte | 80 g weiche Butter
1 TL frische Thymianblätter
1 TL fein gehackte glatte Petersilie
1 Msp. getrockneter Estragon
200 g Brioche-Brösel
30 g Rindermark, ausgelassen
80 g Rindermark, fein gehackt
Fleur de Sel
frisch gemahlener schwarzer Pfeffer
800 g Färsenfilet aus der Mitte

Für Schnecken und Tortellini
50 g Wintertrüffel | 1 kleine Karotte
1 kleines Stück Knollensellerie (50 g)
3 EL Butter | 20 ml Madeira
100 ml Schneckenfond
200 ml Kalbsjus (siehe Seite 45)
30 Weinbergschnecken, gekocht
30 g Brioche-Brösel | 100 g Ravioli-Teig
Weizenmehl für die Arbeitsfläche
20 ml Geflügelfond (siehe Seite 44)

Für das Topinambur-Püree
1 Schalotte | 1 Knoblauchzehe
5–6 Knollen Topinambur (300 g)
2 EL Butter | Salz
frisch gemahlener weißer Pfeffer
100 ml trockener Weißwein
100 ml Geflügelfond (siehe Seite 44)
100 g Sahne

Für den Spinat
1 Knoblauchzehe | 200 g Babyspinat
2 EL Butter | Salz
frisch gemahlener schwarzer Pfeffer
frisch geriebene Muskatnuss

Außerdem
16 etwa 1 cm große Selleriewürfel, in Salzwasser blanchiert, zum Dekorieren

❉ Für die Markkruste die Schalotte abziehen und fein würfeln. In einer Pfanne 20 g Butter schmelzen und die Schalotten darin anschwitzen. In einer Schüssel zunächst die Kräuter, dann die Brösel und anschließend die übrige Butter untermischen. Von dem ausgelassenen Rindermark 1 EL abnehmen und zum Braten der Steaks beiseitestellen. Das übrige zerlassene und gehackte Mark unter die Brösel mischen und das Ganze mit Fleur de Sel und Pfeffer würzen. Die Masse zwischen zwei Lagen Backpapier etwa 2 mm dick ausrollen und im Kühlschrank gut durchkühlen lassen.

❉ Für das Färsenfilet den Backofen auf 85 °C (Ober-/Unterhitze) vorheizen. Das Fleisch waschen und trocken tupfen. Aus dem Filet vier Steaks à 200 g schneiden und diese mit Fleur de Sel und Pfeffer würzen. Im übrigen ausgelassenen Rindermark in einer gusseisernen Pfanne bei hoher Temperatur anbraten. Anschließend das Fleisch im Backofen auf der mittleren Schiene auf einem Backblech 20 Minuten garen.

❉ Aus der gekühlten Bröselmischung vier Stücke in Größe der Steaks ausschneiden. Das Fleisch aus dem Ofen nehmen und den Ofengrill auf hoher Temperatur etwas vorheizen. Die Steaks mit der Markkruste belegen und etwa 1 Minute grillen, bis die Kruste goldbraun ist.

❉ Für die Schnecken Wintertrüffel, Karotte und Sellerie putzen und fein würfeln. In einem Topf 2 EL Butter zerlassen und die Gemüsewürfel darin bei geringer Temperatur etwa 3 Minuten garen. Mit dem Madeira ablöschen und diesen vollständig verkochen lassen. Den Schneckensud zugeben und auf die Hälfte einkochen, dann die Kalbsjus angießen. Die Mischung einmal aufkochen und anschließend durch ein Sieb gießen. Ein Drittel der Schnecken fein hacken und mit einem Drittel des im Sieb aufgefangenen Gemüses und den Brioche-Bröseln verrühren. Das übrige Gemüse und die übrigen Schnecken in die Jus geben.

❉ Den Ravioli-Teig auf einer mit Mehl bestaubten Arbeitsfläche dünn ausrollen. Aus der Schnecken-Brösel-Mischung zwölf kleine Kugeln formen und gleichmäßig auf dem Ravioli-Teig verteilen. Den Teig rund (6 cm Ø) ausstechen und zu Tortellini formen. Diese in einem großen Topf in kochendem Salzwasser 3–5 Minuten garen. Zum Servieren die übrige Butter mit dem Geflügelfond erwärmen und die Nudeln darin schwenken.

❉ Für das Topinambur-Püree Schalotte, Knoblauchzehe und Topinambur abziehen beziehungsweise schälen und in Scheiben schneiden. Die Butter zerlassen, Schalotten und Knoblauch darin farblos anschwitzen. Die Topinambur-Scheiben zufügen, mit Salz und Pfeffer würzen. Kurz anbraten lassen, dann mit Weißwein auffüllen und etwa 10 Minuten garen. Geflügelfond und Sahne angießen, das Ganze einige Minuten köcheln lassen, anschließend pürieren und noch einmal mit Salz und Pfeffer abschmecken. In einen Spritzbeutel füllen und warm halten.

❉ Für den Spinat den Knoblauch abziehen und einen Topf damit ausreiben. Den Spinat waschen und trocken schütteln. Die Butter zerlassen und den Spinat darin kurz zusammenfallen lassen. Mit Salz, Pfeffer und Muskat abschmecken, alles anrichten, servieren.

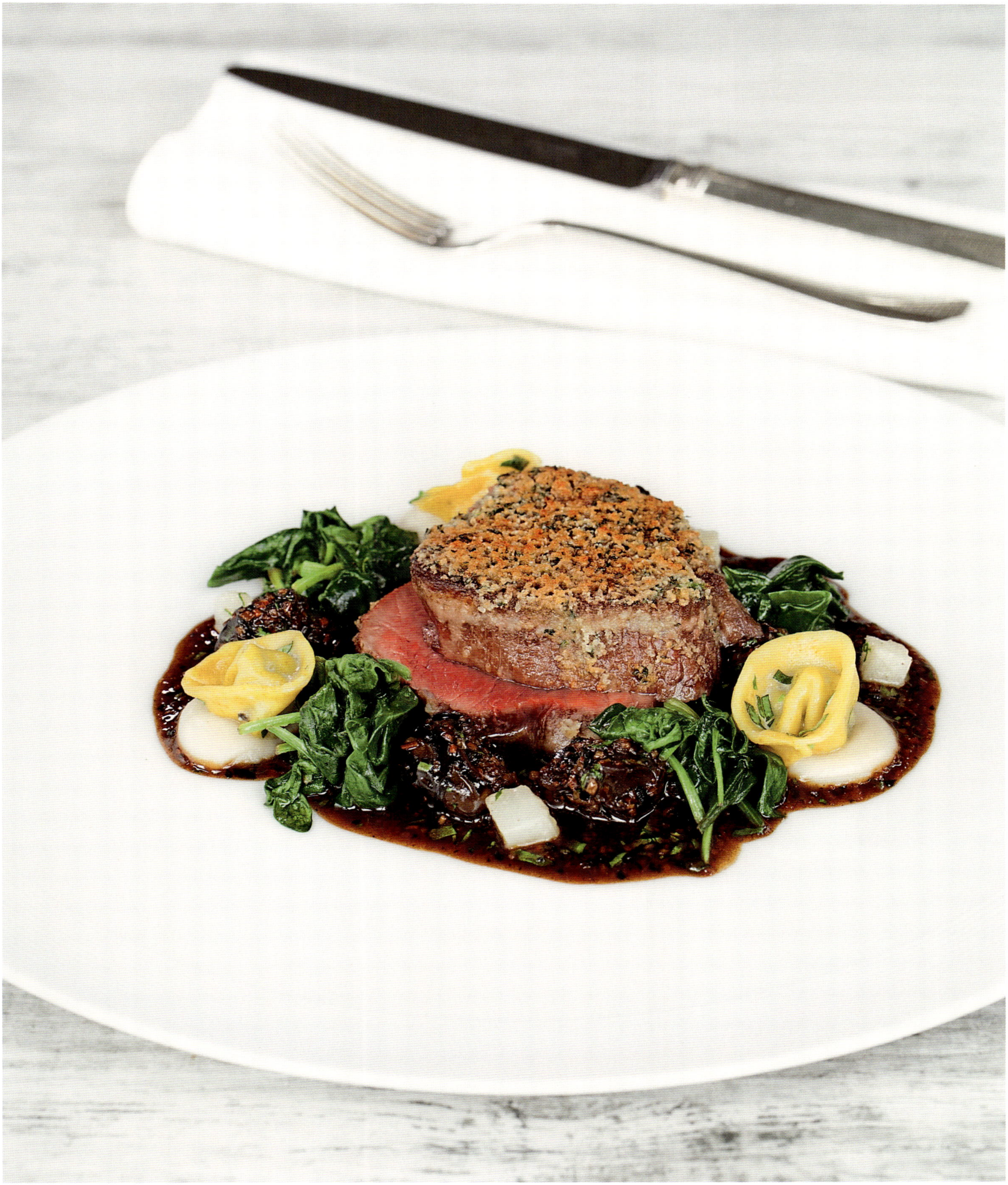

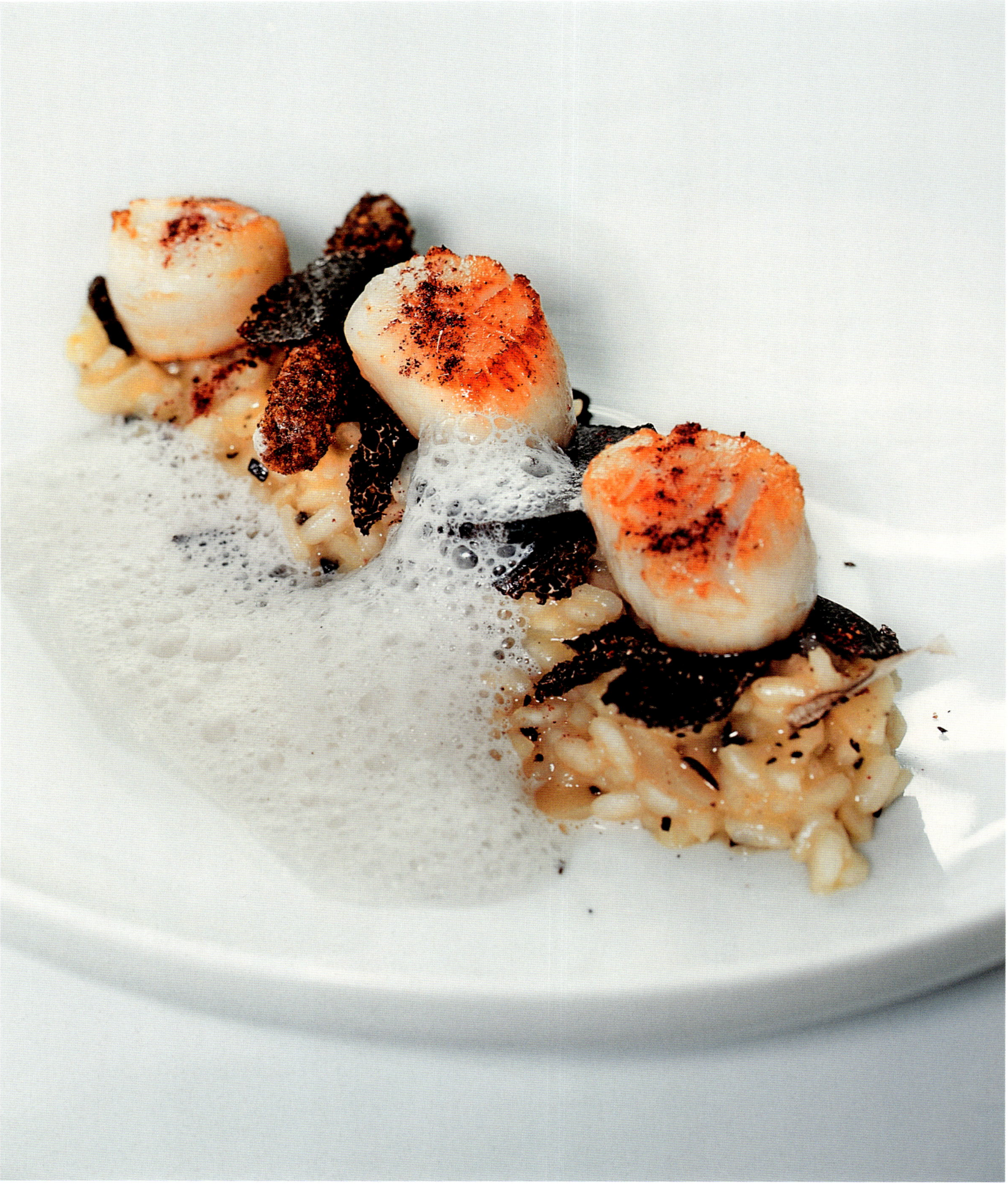

Schwarzwurzel-Trüffel-Risotto
mit Jakobsmuscheln und Trüffelschaum

Für 4 Personen | Zubereitungszeit: etwa 1 Stunde

Für die Schwarzwurzelbrühe
6 Schwarzwurzeln
1 Gemüsezwiebel
2 EL Olivenöl
1,25 l Geflügelfond (siehe Seite 44)

Für den Risotto
4 Schwarzwurzeln
Milch zum Einlegen
40 g Trüffel
½ Zwiebel
2 ½ EL Butter
200 g Risottoreis (Vialone Nano)
70 ml trockener Weißwein
30 ml weißer Portwein
50 ml Trüffelsaft (Rezept eingelegte Trüffel, siehe Seite 49)
20 g Trüffel (zum Hobeln)
4 EL kalte Butter
50 g Parmesan
1 EL Crème fraîche
Fleur de Sel
frisch gemahlener schwarzer Pfeffer
2 EL Limettensaft

Für die Jakobsmuscheln
12 küchenfertige Jakobsmuscheln
Fleur de Sel
frisch gemahlener schwarzer Pfeffer
1 Knoblauchzehe | Olivenöl
¼ Vanilleschote | 1 EL Butter

Für den Trüffelschaum
1 EL gekochte Trüffelstücke
100 g Sahne
20 ml Trüffelsaft (Rezept eingelegte Trüffel, siehe Seite 49)
20 ml Geflügelfond (siehe Seite 44)
Fleur de Sel
frisch gemahlener schwarzer Pfeffer
einige Scheiben panierte Schwarzwurzel, zum Dekorieren

✿ Für die Brühe die Schwarzwurzeln schälen und in Stücke schneiden. Die Zwiebel abziehen, würfeln und in einem Topf in heißem Olivenöl anschwitzen. Die Schwarzwurzeln zufügen und zugedeckt 5–6 Minuten garen lassen. Den Geflügelfond angießen. Die Brühe aufkochen und etwa 20 Minuten köcheln, anschließend durch ein feines Sieb streichen.

✿ Für den Risotto die Schwarzwurzeln schälen, in mundgerechte Stücke schneiden und in eine Milch-Wasser-Mischung legen. Die Hälfte der Trüffel in kleine Würfel schneiden, die übrigen für die Garnitur des Risottos beiseitelegen. Die Zwiebel abziehen und fein würfeln. Die Butter in einem Topf zerlassen und die Zwiebelwürfel bei mittlerer Temperatur darin anschwitzen, bis sie weich, aber nicht angebräunt sind. Reis, Schwarzwurzeln und Trüffelwürfel zufügen. So lange rühren, bis die Reiskörner mit Butter benetzt und leicht angeröstet sind. Wein und Portwein zugießen und vollständig verdampfen lassen. Anschließend die noch warme Schwarzwurzelbrühe kellenweise zugießen, dabei ständig rühren und den Reis von Topfrand und -boden schaben. Hat der Reis die Brühe fast vollständig aufgesogen, die nächste Kelle zugeben. So 20–25 Minuten fortfahren, bis die Körner weich, aber noch »al dente« sind, dann den Trüffelsaft angießen. Die Temperatur reduzieren und den Risotto 1 Minute ruhen lassen.

✿ Die Butter würfeln und den Parmesan fein reiben. Zum Binden zuerst die Butter, dann Parmesan und Crème fraîche zum Risotto geben und mit einem Holzlöffel kräftig unterrühren. Mit Salz, Pfeffer und Limettensaft abschmecken.

✿ Die Jakobsmuscheln gut abspülen und trocken tupfen. Mit Fleur de Sel und Pfeffer würzen. Den Knoblauch abziehen und andrücken. Das Olivenöl in einer Pfanne bei mittlerer Temperatur erhitzen. Erst Knoblauch und Vanille, dann die Muscheln zugeben und auf beiden Seiten etwa 1 Minute braten. Die Pfanne vom Herd ziehen, die Butter zufügen und die Muscheln noch etwa 2 Minuten ziehen lassen, dabei einmal wenden.

✿ Für den Trüffelschaum in einem Topf Trüffel, Sahne, Trüffelsaft und Geflügelfond erwärmen. Mit Salz und Pfeffer abschmecken und anschließend mit dem Pürierstab aufschäumen.

✿ Zum Anrichten den Risotto auf vorgewärmten Tellern verteilen und je drei Jakobsmuscheln aufsetzen. Den Trüffelschaum angießen und den übrigen Trüffel darüberhobeln.

Tipp Bitte immer nur ganz frische, getauchte Muscheln kaufen! Bei der Schleppnetzfischerei wird oftmals Sand in die Muschel gepresst, diese stirbt daran und verdirbt schnell. Außerdem führt diese Fangmethode zur Vernichtung der Meeresfauna.

Rote-Bete-Tatar mit gegrilltem Mais und Erbsenpüree

Für 4 Personen | Zubereitungszeit: etwa 2 Stunden plus 1 Tag Marinierzeit

Für die Rote-Bete-Scheiben
2 Rote Beten
200 ml süß-saure Marinade für Gemüse (siehe Seite 48)

Für die Rote-Bete-Würfel
1 Rote Bete
2 EL Apfel-Balsamico-Essig
4 EL Olivenöl | 1 EL Akazienhonig | Salz
frisch gemahlener schwarzer Pfeffer

Für den Rote-Bete-Tatar
2 Rote Beten | ½ Apfel | 2 Schalotten
4 EL Apfel-Balsamico-Essig
2 EL Walnussöl | 4 EL Olivenöl
1 TL getrockneter Thymian
2 EL Rote-Bete-Fond (Marinade der Rote-Bete-Scheiben) | Salz
frisch gemahlener schwarzer Pfeffer

Für das Rote-Bete-Gel
100 ml des Rote-Bete-Fonds (Marinade der Rote-Bete-Scheiben)
1 Msp. Agar-Agar

Für den Sauerrahm
150 g Crème fraîche | 1 EL Zucker
abgeriebene Schale von 1 unbehandelten Limette
2 EL Limettensaft | Salz
frisch gemahlener schwarzer Pfeffer

Für die Pfifferlinge
1 Schalotte
40 kleine Pfifferlinge | Salz
frisch gemahlener schwarzer Pfeffer
2 EL Olivenöl | 1 TL Thymianblätter
1 TL Yuzu-Saft (japanischer Zitrussaft, erhältlich im Asialaden)

Für den Mais
4 Maiskolben | Salz
70 g kalte Butter
100 g Zuckererbsen, frisch gepalt
150 ml Geflügelfond (siehe Seite 44)
1 TL fein gehackte glatte Petersilie
frisch gemahlener schwarzer Pfeffer

Für das Erbsenpüree
300 g Zuckererbsen, frisch gepalt
Salz | 60 g Butter | 1 EL Crème fraîche
frisch gemahlener schwarzer Pfeffer
frisch geriebene Muskatnuss

Außerdem
1 EL Senfkörner
Senfkresse zum Garnieren
Bunsenbrenner

❊ Für die Rote-Bete-Scheiben die Rote Bete schälen und in 2 mm dicke Scheiben schneiden. In einem Topf die Marinade zum Kochen bringen, das Gemüse zugeben und 1 Minute köcheln lassen. Die Rote Bete mit dem Fond in ein Einmachglas füllen und gut verschlossen 1 Tag ziehen lassen. Den Fond für die Zubereitung des Rote-Bete-Gels und des Tatars verwahren.

❊ Für die Rote-Bete-Würfel und den Tatar die Knollen putzen und in einem Topf in Salzwasser je nach Größe etwa 40 Minuten garen, bis sie weich sind, und schälen. Das Gemüse in Würfel schneiden: ein Drittel in größere Würfel und den Rest in kleine Würfel. Für die Rote-Bete-Würfel aus Essig, Öl, Honig, Salz und Pfeffer eine Vinaigrette zubereiten und die größeren Würfel darin einlegen.

❊ Für den Tatar die übrigen kleinen Würfel weiterverarbeiten: Den Apfel schälen, vom Kerngehäuse befreien und würfeln, die Schalotten abziehen und fein hacken. Die Zutaten mit den Rote-Bete-Würfeln in eine Schüssel geben und mit Essig, Öl, Kräutern und Fond vermischen. Mit Salz und Pfeffer abschmecken. Vor dem Servieren leicht erwärmen.

❊ Für das Rote Bete-Gel den Fond in einem Topf mit Agar-Agar verrühren und aufkochen. Vom Herd nehmen und abkühlen lassen. Ist das Gel fest geworden, in einem Mixer pürieren und in einen Spritzbeutel füllen.

❊ Für den Sauerrahm Crème fraîche mit Zucker, Limettensaft und -schale verrühren. Mit Salz und Pfeffer würzen und den Rahm ebenfalls in einen Spritzbeutel füllen.

❊ Für die Pfifferlinge die Schalotte abziehen und fein würfeln. Die Pilze putzen und in eine heiße Pfanne geben. Mit Salz und Pfeffer würzen, das Olivenöl zugießen und die Pilze kurz braten. Thymian und Schalotte zufügen. Nach etwa 1 Minute mit dem Yuzu-Saft ablöschen und die Sauteuse vom Herd nehmen.

❊ Die Maiskolben putzen und in Salzwasser bei mittlerer Temperatur etwa 25 Minuten köcheln lassen. Aus dem Topf nehmen und die Körner in großen Stücken vom Kolben trennen. In acht rechteckige Stücke (8 x 3 cm) sowie in vier kleinere Stücke (3 x 3 cm) schneiden. Auf jedes Stück eine kleine Butterflocke setzen. Diese mit dem Bunsenbrenner schmelzen und die Maisstücke warm stellen. Den übrigen Mais grob hacken.

🍀 Die Erbsen in Salzwasser blanchieren und in Eiswasser abschrecken. In einem Topf die übrige Butter und den Geflügelfond zu einer Geflügelbutter vermischen. Maiskörner, Erbsen und Petersilie darin erwärmen und die Mischung mit Salz und Pfeffer abschmecken.

🍀 Für das Püree die Erbsen in sprudelnd kochendem Salzwasser einige Minuten garen, in der Küchenmaschine mit Butter, Crème fraîche, Salz, Pfeffer und Muskat fein pürieren und sofort anrichten, damit das Püree seine leuchtend grüne Farbe nicht verliert.

🍀 Zum Anrichten das Rote-Bete-Gel mittig auf vorgewärmte Teller geben und flach streichen. Mithilfe eines Speiserings (5 cm Ø) den Tatar daraufsetzen und andrücken. Kleine Tupfen Erbsenpüree neben dem Tatar aufspritzen und die Pfifferlinge daraufsetzen. Je zwei große Maisstücke rechts und links des Tatars und die kleinen direkt auf dem Tatar platzieren. Erbsen, Maiskörner und Rote-Bete-Würfel dazwischenstreuen. Je Teller zwei Rote-Bete-Scheiben halb einschneiden. Diese zu Trichtern formen, neben die Maisstücke setzen und mit etwas Sauerrahm garnieren. Zum Schluss den Tatar mit der Senfsaat dekorieren und die Senfkresse auf den Tellern verteilen.

Kochen für besondere Gäste

Taubenbrust in der Salzkruste
mit Perlgraupen-Risotto und Gemüse

Für 4 Personen | Zubereitungszeit: etwa 30 Minuten plus 1 Stunde 40 Minuten Koch-, Brat- und Backzeit

Für die Taubenjus
4 Taubenbrüste mit Karkassen (siehe unten)
30 ml Olivenöl | 3 Schalotten | 1 Karotte
1 kleines Stück Knollensellerie (50 g)
200 ml trockener Rotwein (z. B. Merlot)
200 ml roter Portwein
1,5 l Geflügelfond (siehe Seite 44)
5 Pimentkörner
10 schwarze Pfefferkörner
1 Lorbeerblatt | ½ Vanilleschote
1 Kardamomkapsel
1 Riegel Zartbitterschokolade (10 g)
30 g eiskalte Butter, in Scheiben geschnitten | Salz
frisch gemahlener schwarzer Pfeffer

Für die Taubenbrust
2 Tauben
2 Eiweiß | 2 kg grobes Meersalz
100 g Weizenmehl (Type 1050)
2 Zweige Rosmarin | 2 Zweige Thymian
2 Handvoll frisches Heu

Für die Kürbiswürfel
20 ml frisch gepresster Kürbissaft
20 ml frisch gepresster Orangensaft
abgeriebene Schale von 1 unbehandelten Orange
2 EL Kakao-Nibs (Kakaobohnensplitter)
1 EL Zucker
16 Muskatkürbiswürfel (1 x 1 cm)

Für den Perlgraupen-Risotto
1 Zwiebel
1 Knoblauchzehe
60 g Butter
120 g Perlgraupen
450 ml Geflügelfond (siehe Seite 44)
Salz
frisch gemahlener schwarzer Pfeffer
feines Geflügelragout für 2 Personen (siehe Seite 49), die Hälfte davon mit gehackten Geflügelinnereien zubereiten, für die andere Hälfte die Innereien nicht hacken)

Für die Poweraden
1 Zweig Thymian
4 Poweraden (italienische Artischockenart)
Schwarte von durchwachsenem Speck
Olivenöl
Salz
frisch gemahlener schwarzer Pfeffer

Für den wilden Brokkoli
16 Röschen wilder Brokkoli
2 EL Butter
80 ml Geflügelfond (siehe Seite 44)
Salz
frisch gemahlener schwarzer Pfeffer
frisch gemahlene Muskatnuss

Außerdem
2 Scheiben Toast, in Butter knusprig geröstet

❈ Für die Taubenjus zunächst die Taubenbrüste mit den Knochen abtrennen und abgedeckt in den Kühlschrank stellen. Die übrigen Taubenstücke möglichst klein hacken und in einer großen Pfanne in heißem Olivenöl kräftig anrösten. Die Schalotten abziehen und vierteln, Karotte und Sellerie putzen und grob würfeln. Das Gemüse zum Fleisch geben und die Mischung bei mittlerer Temperatur noch einmal 8–10 Minuten schmoren. Mit Rotwein und Portwein ablöschen. Die Flüssigkeit fast vollständig verkochen lassen, dann den Geflügelfond angießen. Nach dem Aufkochen den Schaum abschöpfen. Pimentkörner und Pfefferkörner andrücken und mit den übrigen Gewürzen in die Pfanne geben. Das Ganze etwa 1 Stunde 30 Minuten bei geringer Temperatur köcheln lassen, danach durch ein feines Sieb passieren. Entfetten und auf die gewünschte Konsistenz einkochen. Die Pfanne vom Herd nehmen und Zartbitterschokolade sowie kalte Butter in die Sauce einschwenken. Mit Salz und Pfeffer würzen.

❈ Für die Taubenbrüste den Backofen auf 220 °C (Ober-/Unterhitze) vorheizen. Die Brüste waschen und trocken tupfen. Das Eiweiß mit 200 ml Wasser verquirlen, dann mit Salz und Mehl vermischen. Die Kräuter waschen und trocken schütteln. Die Böden von zwei mittelgroßen Pfannen mit einem Teil der Salzmischung bedecken. In die Mitte je 1 Handvoll Heu sowie je 1 Zweig Thymian und Rosmarin platzieren. Die Taubenbrüste samt Karkassen mit der Hautseite nach oben daraufsetzen. Alles dicht mit dem übrigen Salz bedecken und 12 Minuten im Backofen garen. Herausnehmen und an einem warmen Platz noch 10–15 Minuten ziehen lassen.

❈ Für die Kürbiswürfel alle Zutaten vermischen und in einem Vakuumbeutel 20 Minuten bei 75 °C im Wasserbad garen. Anschließend den Beutel in Eiswasser legen.

❈ Für den Risotto Zwiebel und Knoblauch abziehen und fein hacken. In einem mittelgroßen Topf 1 EL Butter zerlassen und Zwiebeln und Knoblauch bei geringer Temperatur darin anschwitzen. Die Perlgraupen einschwenken und mit etwas Geflügelfond ablöschen. Den übrigen Fond nach und nach unter ständigem Rühren angießen, dann mit Salz und Pfeffer abschmecken. Am Ende der Garzeit die übrige Butter und die von der Konsistenz her grobere Hälfte des Geflügelragouts einrühren. Die andere, von der Konsistenz her feinere Hälfte für das Anrichten beiseitestellen.

❋ Für die Poweraden den Thymian waschen, trocken schütteln und die Blättchen abzupfen. Die Poweraden putzen und in Scheiben schneiden. Eine Pfanne mit der Speckschwarte ausreiben, dann das Olivenöl erhitzen und die Poweradenscheiben darin bei mittlerer Temperatur etwa 6 Minuten goldgelb backen. Mit Salz und Pfeffer würzen. Zum Schluss den Thymian einschwenken.

❋ Für den Brokkoli das Gemüse waschen und trocken tupfen. In einer Pfanne die Butter zerlassen und die Brokkoliröschen bei mittlerer Temperatur darin anbraten. Mit dem Geflügelfond ablöschen und kochen, bis der Brokkoli von Butter und Fond überzogen ist. Mit Salz, Pfeffer und Muskat würzen.

❋ Zum Anrichten die Taubenbrüste aus dem Salz befreien und von den Karkassen lösen. Den Risotto mithilfe eines Servierrings mittig auf Tellern anrichten, daneben je einen Esslöffel Jus geben. Die Taubenbrüste mittig schräg schneiden und auf die Sauce setzen. Mit Kürbis, Poweraden und Brokkoli garnieren. Eine der Toastscheiben mit dem übrigen feinen Geflügelragout etwa 1 cm dick bestreichen, mit der zweiten Toastscheibe bedecken und in vier Ecken schneiden. Die Toastecken anlegen und servieren.

Kochen für besondere Gäste

Strudel von Steinbutt, Trüffel und Babyspinat auf Champagnerschaum

Für 4 Personen | Zubereitungszeit: etwa 1 Stunde plus 2 Stunden Kühlzeit

Für den Strudelteig
300 g Weizenmehl (Type 405) plus Mehl zum Bestauben
1 Eigelb | 1 EL Salz
4 EL Rapsöl plus Öl zum Bestreichen des Teigs

Für die Strudelfüllung
150 g Butter plus Butter für das Blech
50 g Paniermehl
800 g Babyspinat
½ Schalotte | Salz
frisch gemahlener Pfeffer
frisch geriebene Muskatnuss
600 g Steinbuttfilet
1 Wintertrüffel (etwa 60 g)

Für den Champagnerschaum
1 Schalotte
200 ml Champagner plus einen Schuss zum Abschmecken
2 EL Noilly Prat
200 ml Fischfond (siehe Seite 45)
100 g Sahne
2 EL Butter
Salz | 1 Prise Cayennepfeffer

Für die Trüffelbutter
40 g Wintertrüffel
80 g Butter
50 ml Madeira
50 ml Portwein
40 ml Trüffelsaft (Rezept eingelegte Trüffel, siehe Seite 49)
50 ml Kalbsfond (siehe Seite 44)
Salz
frisch gemahlener schwarzer Pfeffer

❊ Für den Strudelteig das Mehl auf die Arbeitsfläche sieben. Eigelb, Salz und Öl unterkneten, dann nach und nach 120–150 ml Wasser unterkneten. Den Teig kräftig durchkneten, bis er glatt ist. Auf einem mit Mehl bestaubten Backblech mit Öl bestreichen und mindestens 30 Minuten ruhen lassen.

❊ Ein sauberes Leinentuch auf dem Tisch ausbreiten und mit Mehl bestauben. Den Teig auflegen und dabei schon zu einem Strang ziehen, dann mit einem Nudelholz ausrollen. Mit beiden Händen unter den Teig greifen und diesen vorsichtig von der Mitte nach außen ziehen, bis er hauchdünn ist.

❊ Für die Strudelfüllung in einer Pfanne 50 g der Butter zerlassen und das Paniermehl darin unter Rühren hellbraun rösten, abkühlen lassen. Den Babyspinat waschen und trocken schütteln. Die Schalotte schälen und die Hälfte davon fein würfeln. Von der übrigen Butter 1 EL in einer Pfanne zerlassen und die Schalottenwürfel darin anschwitzen. Den Spinat zugeben und kurz in der Pfanne zusammenfallen lassen. Mit Salz, Pfeffer und Muskat abschmecken, in ein Sieb geben und im Kühlschrank auskühlen lassen. Das Fischfilet waschen, trocken tupfen und in dünne Tranchen schneiden. Den Trüffel in 2 mm dünne Scheiben schneiden.

❊ Die übrige Butter zerlassen, etwas abkühlen lassen und dann zwei Drittel des Strudelteigs damit bestreichen – ein wenig für die Strudeloberfläche aufbewahren. Auf das letzte Drittel des Teigs die gerösteten Semmelbrösel streuen. Dann die Hälfte des Babyspinats, die Hälfte der Fischtranchen und die Trüffelscheiben darauf verteilen. Die übrigen Fischfilets und den Babyspinat auflegen und den Strudel durch Anheben des Tuches aufrollen. Ein Backblech mit Butter bestreichen, den Strudel daraufsetzen und die Oberfläche mit Butter bestreichen. Den Strudel für etwa 2 Stunden in den Kühlschrank stellen. Den Backofen auf 220 °C (Ober-/Unterhitze) vorheizen, dann den Strudel etwa 15 Minuten goldbraun backen.

❊ Für den Champagnerschaum die Schalotte abziehen und in feine Scheiben schneiden. Diese kurz unter fließendem Wasser abspülen, damit sie milder werden. Die Schalotten in einen Topf geben, Champagner und Noilly Prat angießen und die Mischung aufkochen. Den Fischfond zufügen und die gesamte Flüssigkeit bei mittlerer Temperatur auf ein Drittel reduzieren. Die Sahne zugießen und alles unter ständigem Rühren zu einer sämigen Sauce kochen. Butter und einen weiteren Schuss Champagner zufügen und das Ganze mit dem Pürierstab luftig aufschäumen. Zum Schluss mit Salz und Cayennepfeffer abschmecken.

❊ Für die Trüffelbutter die Trüffel fein würfeln. In einer Pfanne 1 EL Butter zerlassen und die Trüffel bei geringer Temperatur darin anschwitzen. Madeira, Portwein und Trüffelsaft angießen und die Flüssigkeit fast gänzlich einköcheln lassen. Die übrige Butter einarbeiten und die Mischung mit dem Kalbsfond auffüllen. Zum Schluss die Butter mit Salz und Pfeffer abschmecken.

❊ Zum Anrichten den Strudel vierteln, jeweils etwas Trüffelbutter und Champagnerschaum auf vorgewärmten Tellern verteilen und den Strudel darauf anrichten.

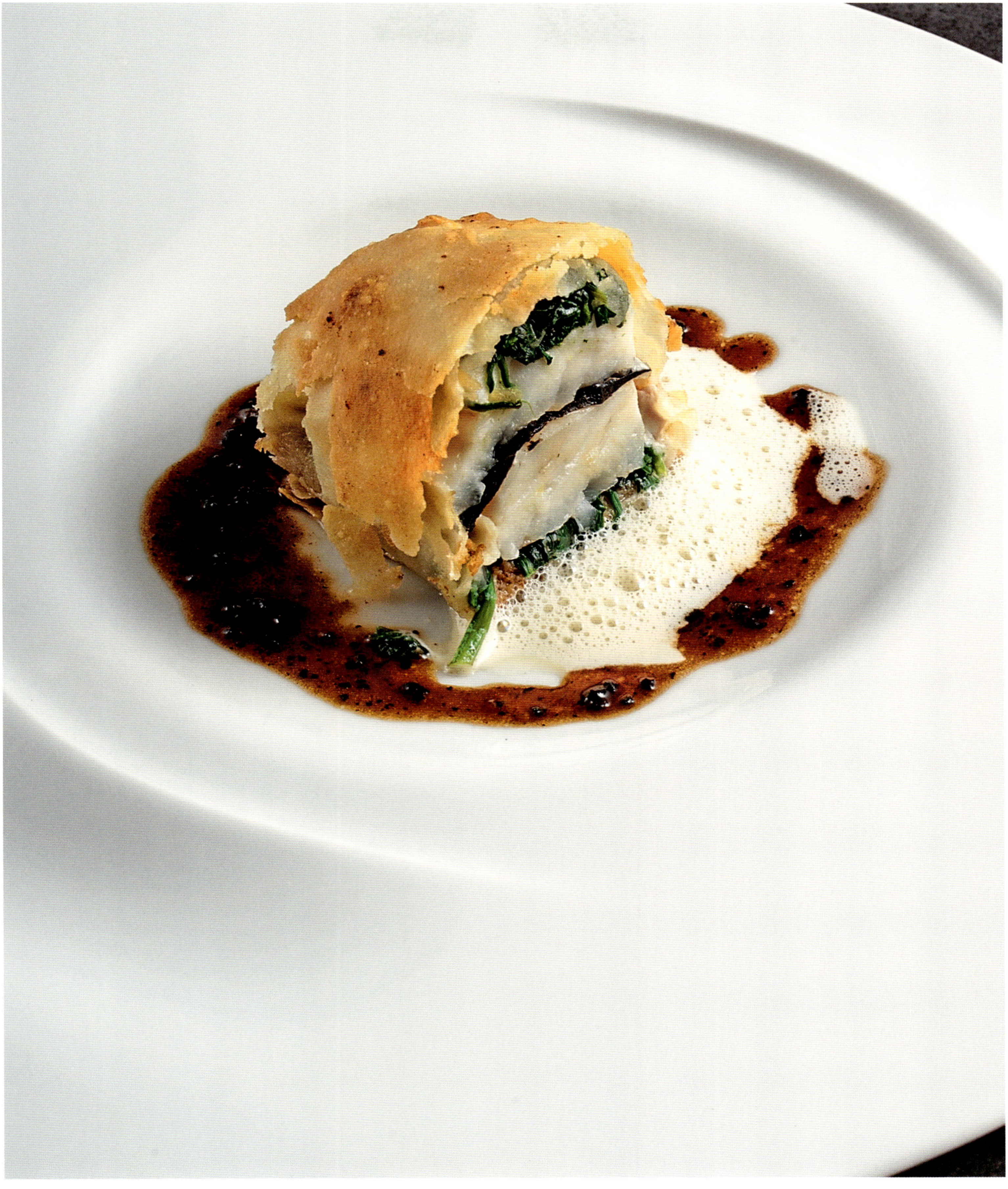

Langostino auf cremiger Polenta und buntem Gemüse

Für 4 Personen | Zubereitungszeit: etwa 1 Stunde

Für den Langostino-Schaum und die Langostino-Butter
1 kleines Stück Fenchelknolle (30 g)
1 Stück frischer Ingwer (2 cm)
1 Knoblauchzehe | 1–2 EL Rapsöl
Karkassen von 20 Langostinos
1½ EL Butter
30 ml Noilly Prat | 30 ml weißer Portwein
20 ml Cognac
150 ml klarer Tomatensaft
   (siehe Seite 47)
5–6 Safranfäden | 1 l Hummerfond
50 ml frischer Maissaft
   (von 2 entsafteten Maiskolben)
1 Zweig Estragon | 1 Kardamomkapsel
60 g Crème fraîche | 30 g Kokosmilch
Salz | 1 Prise Cayennepfeffer
Saft von ½ Zitrone
80 g eiskalte Butter,
   in Scheiben geschnitten

Für den Polenta-Fond
3 Schalotten | 1 Knoblauchzehe
1 Zweig Thymian | 1 Zweig Rosmarin
200 ml Milch | 100 g Kokosmilch
100 ml Geflügelfond (siehe Seite 44)
50 ml Fischfond (siehe Seite 45)
50 ml frischer Maissaft
   (von 2 entsafteten Maiskolben)
1 TL gemahlene Kurkuma
1 Prise gemahlener Safran

Für die Polenta
2 EL Polenta-Grieß
1 EL frisch geriebener Parmesan
1 EL kalte Butter | Salz
frisch gemahlener schwarzer Pfeffer

Für das Gemüse
200 Geflügelfond (siehe Seite 44)
5 EL eiskalte Butter
100 g frische junge Erbsen
80 g Tomatenkonfit (siehe Seite 48)
100 g kleine Pfifferlinge
½ TL Zitronenthymianblätter | Salz
frisch gemahlener schwarzer Pfeffer

Für die Langostinos
4 extragroße Langostinos
1 Knoblauchzehe
20 ml Zitronengras-Ingwer-Öl
1 EL Butter
Salz
frisch gemahlener weißer Pfeffer

Für die Dekoration
Kräuter nach Belieben

❈ Für den Langostino-Schaum und die -Butter den Fenchel putzen und fein würfeln. Den Ingwer schälen und fein hacken. Den Knoblauch abziehen und andrücken. Das Rapsöl in einem großen gusseisernen Bräter bei hoher Temperatur erhitzen. Die Karkassen einlegen und kräftig anbraten, anschließend das Öl abgießen und die Butter zugeben. Bei reduzierter Temperatur Fenchel, Ingwer und Knoblauch in der Butter anschwitzen. Mit Noilly Prat, Portwein und Cognac ablöschen. Die Flüssigkeit fast vollständig verkochen lassen, dann den Tomatensaft angießen und den Safran zugeben. Das Ganze auf die Hälfte einkochen, den Hummerfond und den Maissaft zufügen und wieder auf die Hälfte einkochen. Estragon waschen und trocken schütteln, die Kardamomkapsel andrücken. Estragon und Kardamom im Bräter etwa 30 Minuten ziehen lassen, dann die Mischung durch ein Sieb passieren.

❈ Für den Schaum die Hälfte der Sauce mit Crème fraîche und Kokosmilch schaumig rühren. Mit Salz, Cayennepfeffer und Zitronensaft abschmecken.

❈ Für die Butter die andere Hälfte der Sauce in eine zweite Pfanne füllen und bei mittlerer Temperatur weiter reduzieren, bis sie die Konsistenz einer Konfitüre bekommt. Die Pfanne vom Herd nehmen und die eiskalte Butter Scheibe für Scheibe einschwenken. Beide Zubereitungen mischen, die nun fertig zubereitete Langostino-Butter abschmecken und in eine kleine Spritzflasche füllen.

❈ Für den Polenta-Fond die Schalotten abziehen und fein würfeln, den Knoblauch abziehen und andrücken sowie die Kräuter waschen und trocken schütteln. Mit den übrigen Zutaten in einen mittelgroßen Topf geben, aufkochen und einige Minuten ziehen lassen, anschließend durch ein feines Sieb passieren.

❈ Für die Polenta 100 ml des Fonds in einem Topf aufkochen und den Grieß einrühren, etwa 3 Minuten weiterköcheln. Vom Herd nehmen und 20 Minuten ziehen lassen. Den Parmesan und die Butter unterrühren. Die Polenta sollte schön cremig und zähflüssig sein, ist sie zu fest, noch etwas von dem Fond zugeben, mit Salz und Pfeffer abschmecken.

❀ Für das Gemüse den Geflügelfond auf 60 ml einkochen und mit einem Stabmixer die kalte Butter nach und nach einarbeiten. Die Erbsen palen, kurz blanchieren und aus der Haut drücken, das Tomatenkonfit grob hacken. Die Pfifferlinge putzen und in einer heißen Pfanne kurz durchschwenken. Geflügelfond, Erbsen, Tomaten und Thymian zugeben. Die Mischung etwa 1 Minute braten, anschließend mit Salz und Pfeffer abschmecken.

❀ Die Langostinos von Schalen, Schwänzen und Darm befreien. Das Fleisch unter fließendem Wasser waschen und trocken tupfen. Den Knoblauch abziehen und andrücken. Mit dem Öl bei mittlerer Temperatur in einer Pfanne erhitzen. Das Langostino-Fleisch mit Salz und Pfeffer würzen. In der Pfanne auf jeder Seite 20 Sekunden braten. Die Pfanne sofort vom Herd ziehen, die Butter zugeben und die Langostinos noch jeweils 10 Sekunden auf jeder Seite ziehen lassen. Anschließend rasch servieren.

❀ Zum Anrichten die Polenta in jeweils etwa 3 cm breiten langen Streifen auf Tellern arrangieren. Das Gemüse darauf verteilen. Jeweils einen Langostino auflegen, einige Tropfen Langostino-Butter links und rechts entlang des Gemüses aufspritzen. Die Langostino-Sauce mit dem Stabmixer aufschäumen und um die Langostinos verteilen – mit Kräutern bestreut servieren.

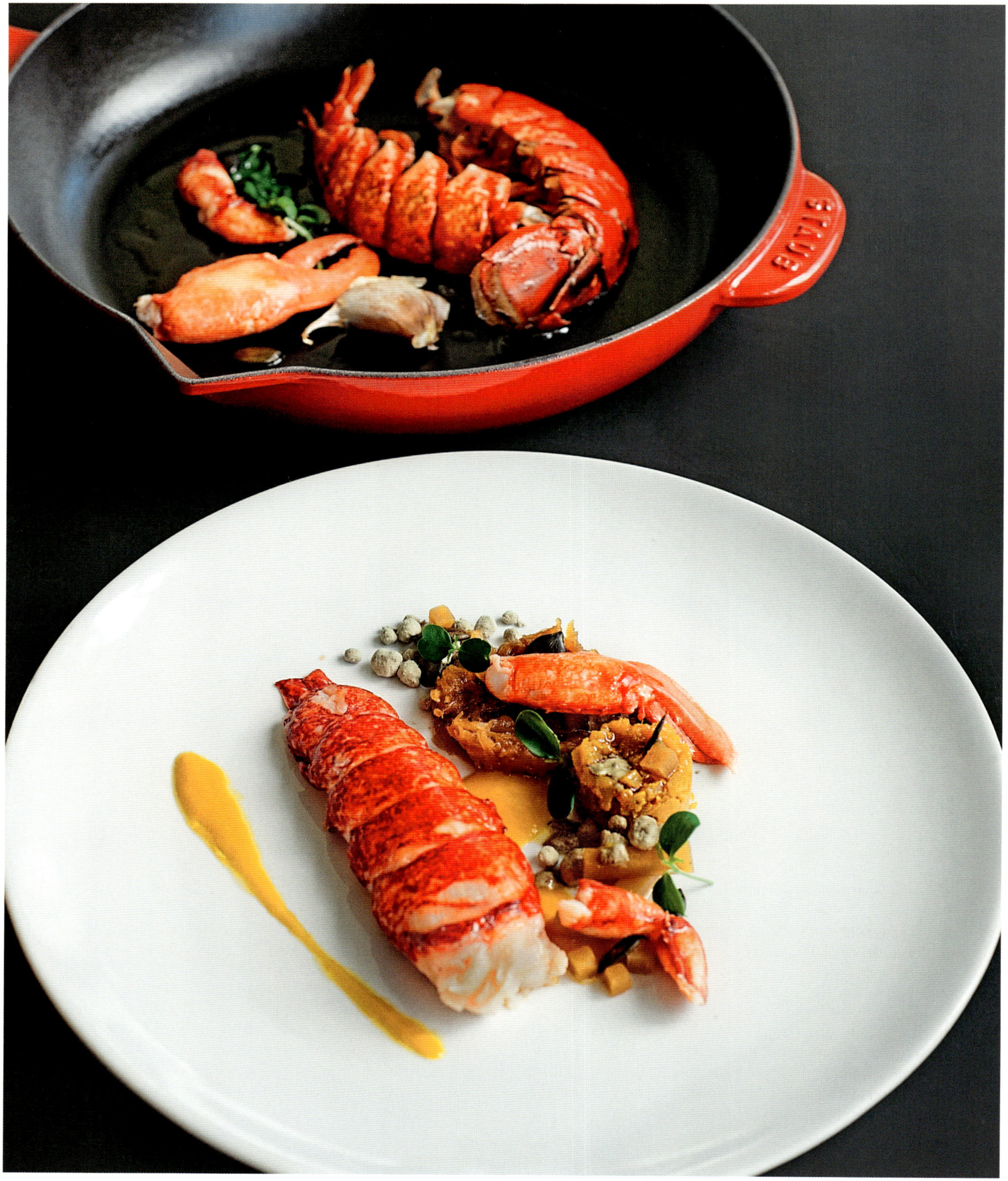

Hummer mit aromatischen Kürbisvariationen

Für 4 Personen | Zubereitungszeit: etwa 1 Stunde 15 Minuten plus 1 Tag Zeit zum Marinieren

Für die eingelegten Kürbisquader
100 ml süß-saure Marinade (siehe Seite 48)
8 kleine Quader (4 x 1 cm) Muskatkürbis

Für das Kürbispüree
Olivenöl zum Bepinseln
2 Zweige Thymian
200 g Butternusskürbis, grob gewürfelt
1 Msp. Salz
20 ml frisch gepresster Orangensaft
80 g kalte Butter, gewürfelt

Für das Kürbis-Chutney
20 ml frischer Kürbissaft
20 ml frisch gepresster Orangensaft
1 EL Kakao-Nibs (Kakaobohnensplitter)
1 EL Zucker | 1 Msp. Salz
100 g Muskatkürbis, in 5 mm große Würfel geschnitten

Für das Kürbis-Malto
1 EL Kürbiskernöl | 3 gehäufte EL Malto

Für den Pulled Pumkin
1 Knoblauchzehe | 2 EL Sojasauce
6 EL Sonnenblumenöl | 1 EL Honig
1 EL frische Thymianblättchen
½ Spaghettikürbis | 1 EL Olivenöl

Für den Hummer
1 Msp. Salz plus Salz für das Kochwasser
4 lebende europäische Hummer (à etwa 500 g)
4 Zitronenverbenenblätter
1 Vanilleschote
50 g Nussbutter (gebräunte Butter)
frisch gemahlener schwarzer Pfeffer

Außerdem
geröstete Kürbiskerne
1 Schälchen Daikon-Kresse zum Garnieren

✤ Für den eingelegten Muskatkürbis die Marinade in einem Topf aufkochen, die Kürbisquader zugeben. In ein kleines Einmachglas füllen, fest verschließen, kalt stellen und 1 Tag ziehen lassen.

✤ Für das Kürbispüree den Backofen auf 180 °C (Ober-/Unterhitze) vorheizen und ein Stück Alufolie mit Olivenöl bepinseln. Den Thymian waschen und trocken schütteln. Kräuterzweige, Kürbiswürfel, Salz und Orangensaft auf die Folie geben, ein Päckchen formen und dieses für 30 Minuten in den Backofen geben. Die Thymianzweige entfernen, die übrige Mischung in der Küchenmaschine mit der Butter fein pürieren.

✤ Für das Kürbis-Chutney alle Zutaten vermischen und in einen Vakuumbeutel füllen. Einschweißen und 20 Minuten bei 85 °C im Wasserbad garen, anschließend in Eiswasser abkühlen.

✤ Für das Kübis-Malto Öl und Malto verrühren. Die dabei entstehenden kleinen Nuggets in einer Pfanne anrösten, bis sie knusprig sind.

✤ Für den Pulled Pumkin den Backofen auf 200 °C (Ober-/Unterhitze) vorheizen, den Knoblauch abziehen und fein hacken. Mit Sojasauce, Sonnenblumenöl, Honig und Thymian zu einer Marinade verrühren. Den Spaghettikürbis schälen, entkernen und mit der Faser in daumendicke Scheiben schneiden. In einer Pfanne in heißem Olivenöl scharf anbraten, dann mit der Marinade ablöschen. Auf ein Backblech geben und im Backofen 7 Minuten karamellisieren lassen. Anschließend mithilfe von zwei Gabeln in Spaghetti zupfen.

✤ Für den Hummer in einem großen Topf Salzwasser zum Kochen bringen, zwei der Hummer mit dem Kopf zuerst ins sprudelnd kochende Wasser geben, 2 Minuten kochen, dann aus dem Wasser heben, die Schwänze abtrennen und in Eiswasser legen. Den Hummer selbst weitere 3 Minuten im Wasser garen und dann ebenfalls ins Eiswasser geben. Mit den beiden anderen Hummern ebenso verfahren. Sind die Hummer abgekühlt, das Fleisch aus den Scheren, Armen und den Schwänzen lösen und den Darm ziehen.

✤ Das Fleisch mit den übrigen Zutaten in einen Vakuumbeutel geben und einschweißen. Im 68 °C heißen Wasserbad 9 Minuten garen. Anschließend aus dem Beutel nehmen und 30 Sekunden in einer heißen Pfanne schmoren. Zum Schluss mit Pfeffer würzen.

✤ Zum Anrichten das Kürbis-Chutney erwärmen. Auf vorgewärmte Teller mithilfe von Servierringen (3 cm Ø) die Kürbisspaghetti und separat das Chutney setzen. Mit dem Kürbispüree einen Strich auf jedem Teller ziehen und einen dicken Tupfen in die Mitte setzen. Hummerfleisch, -schwanz und -scheren auf den Tellern anrichten und mit den Kürbisquadern, dem Malto, den gerösteten Kürbiskernen und der Daikon-Kresse garnieren.

Tafelspitz und Ochsenschwanzpraline an Lauchvariationen

Für 4 Personen | Zubereitungszeit: etwa 3 Stunden plus 24 Stunden Siedezeit

Für das Ochsenschwanzragout
100 g geräucherter fetter Speck
1,5 kg Ochsenschwanz | 2 Zwiebeln
1 Stange Porree | 3 Karotten
½ Knolle Sellerie | 1 Stange Sellerie
1 EL grob geschroteter schwarzer Pfeffer
1 EL grob geschrotete Pimentkörner
1 TL geröstete Koriandersamen
500 g geschälte pürierte Tomaten
375 ml Rotwein | 375 ml Portwein
2,5 l Rinderfond
200 ml Madeira
4 Brickteigstücke (à 5 x 5 cm)
Kokosöl zum Ausbacken

Für den Tafelspitz
1 Zwiebel | 1 Karotte | 1 Petersilienwurzel
½ Stange Sellerie | ¼ Knolle Sellerie
½ Fleischtomate
50 g frischer Liebstöckel

1,2 kg Tafelspitz | Salz
frisch gemahlener schwarzer Pfeffer
2 Lorbeerblätter
15 Pfefferkörner, angedrückt
2 EL Rinderfett

Für das Lauchpüree und die Lauchscheiben
2 Stangen Lauch | Salz
70 g Butter, zerlassen
frisch gemahlener schwarzer Pfeffer
frisch geriebene Muskatnuss
2 EL kalte Butter

Für das Lauchgemüse
1 EL Butter
2 EL fein gewürfelte Karotten
2 EL fein gewürfelter Knollensellerie
Salz | frisch gemahlener schwarzer Pfeffer |
 1 Stange Lauch
50 g Geflügelbutter (Rezept Rote-Bete-Tatar, siehe Seite 129)

Für das Süßkartoffelpüree
1 Süßkartoffel
2 EL Butter | Saft von 1 Orange
1 Msp. Ras el-Hanout | Salz
frisch gemahlener schwarzer Pfeffer

Für den gebackenen Frühlingslauch
50 g Weizenmehl
50 g Stärke | ½ TL Backpulver
4 Stangen Frühlingslauch
Kokosfett oder -öl zum Ausbacken | Salz
frisch gemahlener schwarzer Pfeffer

Für den Kartoffelstampf
200 g mehligkochende Kartoffeln | Salz

Zum Dekorieren
Kresse, Kräuter, Blüten nach Belieben

❁ Für das Ochsenschwanzragout den Speck grob würfeln und in einem Bräter ausbraten. Den Ochsenschwanz waschen, trocken tupfen und in mundgerechte Stücke schneiden. Das Fleisch im Bräter bei mittlerer Temperatur rundum anbraten. Die Zwiebeln abziehen und grob hacken, das übrige Gemüse putzen und grob schneiden. Die Gemüsestücke zum Fleisch geben und ebenfalls anrösten. Gewürze und Tomaten zufügen und das Ganze für einige Minuten weiterköcheln, dann mit Rotwein und Portwein ablöschen. Mit der Rinderbrühe auffüllen und bei geringer Temperatur etwa 2 Stunden 30 Minuten köcheln.

❁ Die Ochsenschwanzstücke herausnehmen und abkühlen lassen. Die Sauce durch ein Sieb passieren, entfetten und bis zur gewünschten Konsistenz einkochen. Mit Madeira abschmecken. In der Zwischenzeit das Fleisch von den Knochen lösen, grob zerteilen und wieder in die Sauce geben. Den Brickteig Stück für Stück in ein 170 °C heißes Ölbad geben, sofort mit einem Holzlöffel mit 2,5 cm Durchmesser nach unten drücken, sodass ein Körbchen entsteht. Ist das Körbchen goldbraun, herausnehmen und auf Küchenpapier abtropfen lassen.

❁ Für den Tafelspitz die Zwiebel abziehen und grob hacken, das Gemüse putzen und grob würfeln. Den Liebstöckel waschen, trocken schütteln und fein hacken. Das Fleisch waschen, trocken tupfen und mit Salz und Pfeffer würzen. In einer heißen Pfanne zuerst auf der Fettseite schmoren, sodass das Fleisch im eigenen Fett brät, dann rundum anbraten. Aus der Pfanne nehmen, das Gemüse in das ausgetretene Bratfett geben und bei geringer Temperatur bissfest garen. Tafelspitz, Gemüse, Gewürze und Kräuter in einen Vakuumbeutel füllen und einschweißen. In einem 53 °C warmen Wasserbad 24 Stunden ziehen lassen.

❁ Für das Lauchpüree und die Lauchscheiben die Stangen putzen. Für das Püree das Grüne abschneiden, halbieren und in Salzwasser blanchieren. In Eiswasser abschrecken, anschließend gut auspressen und in der Küchenmaschine mit der Butter fein pürieren. Durch ein feines Sieb streichen, mit Salz, Pfeffer und Muskat abschmecken und sofort kalt stellen. Für die Lauchscheiben das Weiße der Stangen in 1 cm dicke Scheiben schneiden und diese im Dampfgarer 3 Minuten bei 100 °C garen, anschließend sofort in Eiswasser abschrecken.

✿ Für das Lauchgemüse die Butter in einer Pfanne zerlassen und die Karotten und Selleriewürfel darin bei geringer Temperatur garen. Mit Salz und Pfeffer würzen. Den Lauch putzen und das Weiße in feine Streifen schneiden. In Salzwasser blanchieren, in Eiswasser abschrecken und in einem Sieb abtropfen lassen.

✿ Für das Süßkartoffelpüree den Backofen auf 190 °C (Ober-/Unterhitze) vorheizen. Die Süßkartoffel waschen, trocken tupfen und mehrfach mit einem Messer einstechen. In Alufolie wickeln und im Backofen etwa 45 Minuten garen. Anschließend mit den übrigen Zutaten in der Küchenmaschine fein pürieren und in einen Spritzbeutel füllen.

✿ Für den gebackenen Frühlingslauch Mehl, Stärke und Backpulver sieben und gut vermischen, nach und nach 125 ml Wasser zugeben und alles zu einem glatten Tempurateig verrühren. Den Frühlingslauch putzen und das Grüne in 5 cm lange Stücke schneiden, in den Tempurateig dippen und in einem 170 °C heißen Ölbad ausbacken. Anschließend auf Küchenpapier abtropfen lassen und mit Salz und Pfeffer würzen.

✿ Für den Kartoffelstampf die Kartoffeln schälen und in Salzwasser etwa 30 Minuten weich kochen. Das Wasser abgießen und die Kartoffeln durch die Kartoffelpresse drücken. Mit dem Lauchpüree vermischen und abschmecken.

✿ Kurz vor dem Servieren vom Tafelspitz zwei etwa 4 cm dicke Scheiben abschneiden und in heißem Rinderfett auf beiden Seiten anbraten, dann warm stellen. Die Lauchscheiben salzen und pfeffern, je eine Butterflocke auflegen und mit einem Bunsenbrenner abbrennen, ebenfalls warm stellen. Lauchgemüse, Karotten- und Selleriewürfel sowie Geflügelbutter mischen und wärmen. Auch das Kartoffel-Lauch-Püree noch einmal erwärmen.

✿ Zum Anrichten das Kartoffel-Lauch-Püree als Strich auf den vorgewärmten Tellern arrangieren, eine Nocke des Lauchgemüses danebensetzen, vom Süßkartoffelpüree links und rechts davon platzieren und darauf den gebackenen Frühlingslauch setzen. Das Ochsenschwanzragout in die Brickteigkörbchen füllen und auf die Püreestreifen setzen. Die Tafelspitzscheiben halbieren und ebenfalls aufsetzen. Etwas Ragoutsauce angießen und mit den Lauchscheiben, Kresse, Kräutern und Blüten garnieren.

Kochen für besondere Gäste

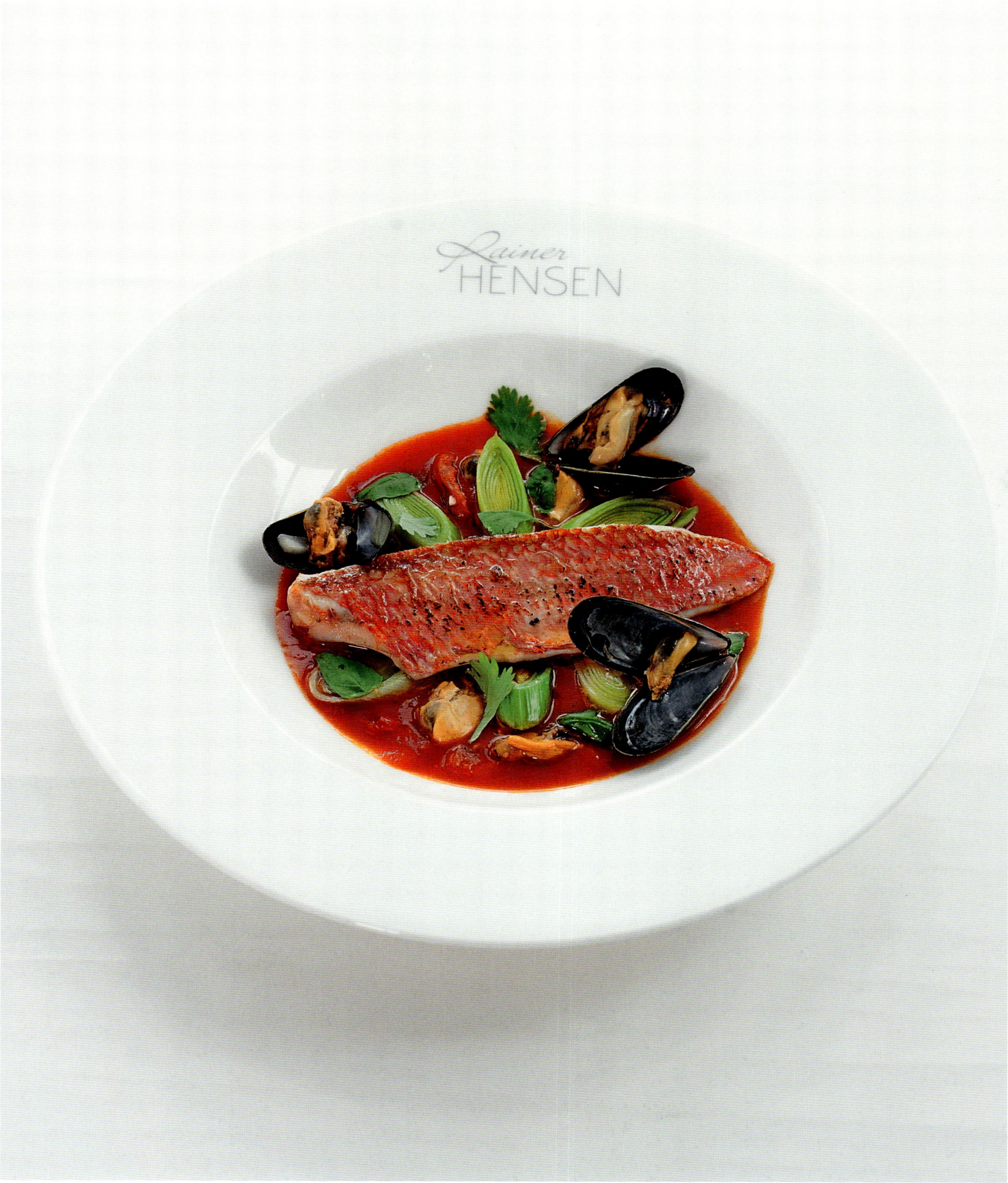
Rainer
HENSEN

Rotbarbenfilet auf tomatisierter Bouchotmuschel-Sauce

Für 4 Personen | Zubereitungszeit: etwa 30 Minuten

Für die Muscheln
1 kg Bouchotmuscheln
200 g grobes Meersalz
1 Schalotte
1 Knoblauchzehe
1 kleine Karotte
1 kleine Stange Lauch
3 EL Butter
375 ml trockener Weißwein

Für die Sauce
1 Stück Ingwer (2 cm)
2 Schalotten | 1 Knoblauchzehe
½ Karotte | ¼ Stange Sellerie
Olivenöl zum Anschwitzen
420 g Tomatenkonfit (siehe Seite 48)
Saft von 1 Grapefruit
Fleur de Sel
frisch gemahlener Pfeffer
1 Prise geräuchertes Paprikapulver
1 Zweig Koriander
1 Zweig Basilikum

Für das Lauchgemüse
1 Stange Lauch
1½ EL Butter

Für den Fisch
4 Rotbarbenfilets (à 70–90 g)
Salz
frisch gemahlener schwarzer Pfeffer
Olivenöl
Weizenmehl zum Bestauben

❋ Die Muscheln mit dem Meersalz gründlich abreiben und mehrmals waschen, bis das Wasser klar bleibt, bereits geöffnete Muscheln wegwerfen. Schalotte und Knoblauch abziehen und fein würfeln. Karotte und Lauch putzen und in feine Streifen schneiden. Die Butter in einem Topf zerlassen und Schalottenwürfel, Knoblauch und Gemüse darin andünsten. Die Muscheln zugeben, umrühren und den Wein zugießen. Das Ganze bei hoher Temperatur im geschlossenen Topf 10 Minuten garen, bis sich die Muscheln öffnen. Den Topf dabei mehrmals rütteln. Jetzt noch verschlossene Muschelschalen wegwerfen. Die Muscheln in ein Sieb gießen und den Muschelfond dabei auffangen.

❋ Für die Sauce den Ingwer schälen und fein hacken. Schalotten und Knoblauch abziehen und fein würfeln. Karotte und Sellerie putzen und ebenfalls fein würfeln. In einer Pfanne etwas Olivenöl erhitzen und zunächst Ingwer, Schalotten und Knoblauch darin glasig anschwitzen. Dann das Gemüse zugeben und 3–4 Minuten garen. Vom Tomatenkonfit 400 g zufügen und das Ganze noch einmal 5 Minuten köcheln. Mit dem Grapefruitsaft ablöschen und 2 Minuten weitergaren.

❋ Das übrige Tomatenkonfit zugeben und alles mit dem Muschelfond (ohne Muscheln) auffüllen, auf die Hälfte reduzieren. Die Sauce mit Salz, Pfeffer und Paprikapulver würzen. Die Kräuter waschen, trocken schütteln und die Blätter abzupfen. Mit den Muscheln unter die Sauce heben.

❋ Für das Lauchgemüse den Lauch putzen und das hellgrüne untere Stück schräg in 4 mm dünne Scheiben schneiden. Bei geringer Temperatur in der Butter etwa 3 Minuten garen.

❋ Die Rotbarbenfilets waschen und trocken tupfen. Mit Salz und Pfeffer würzen und die Hautseite leicht mit Mehl bestauben. In einer Pfanne in heißem Olivenöl mit der Hautseite nach unten anbraten, nach 2 Minuten kurz umdrehen.

❋ Zum Anrichten die Sauce mit den Muscheln in tiefe Teller verteilen, das Lauchgemüse darauf arrangieren und die Rotbarbenfilets mit der Haut nach oben aufsetzen.

Bouchot-Muschel-Suppe
mit frittierten Muscheln

Für 4 Personen | Zubereitungszeit: etwa 30 Minuten

Für die Muscheln
1 kg Bouchotmuscheln
200 g grobes Fleur de Sel
1 Schalotte
1 Knoblauchzehe
1 kleine Karotte
1 kleine Stange Lauch
3 EL Butter
375 ml trockener Weißwein

1 Eiweiß
Weizenmehl zum Bestauben
Paniermehl
Sonnenblumenöl (nicht kalt gepresst)

Für die Suppe
2 Schalotten
1 Knoblauchzehe
1 große Karotte

1 kleine Stange Lauch
3 EL Butter
100 g Tomatenkonfit (siehe Seite 48)
125 g Sahne
1 Bund Basilikum
1 g Safranfäden
Salz
125 g Schlagsahne
Kresse zum Dekorieren

❧ Die Muscheln mit Meersalz gründlich putzen und mehrmals waschen, bis das Wasser klar bleibt. Bereits geöffnete Muscheln wegwerfen. Schalotte und Knoblauch abziehen und fein würfeln, Karotte und Lauch putzen und in feine Streifen schneiden. Die Butter in einem Topf zerlassen und Schalottenwürfel, Knoblauch und Gemüse darin andünsten. Die Muscheln zugeben, umrühren und den Wein zugießen. Das Ganze bei hoher Temperatur im geschlossenen Topf 10 Minuten garen, bis sich die Muscheln öffnen, den Topf dabei mehrmals rütteln. Jetzt noch verschlossene Muschelschalen wegwerfen. Die Muscheln in ein Sieb gießen und den Muschelfond dabei auffangen. Das Muschelfleisch aus den Schalen lösen, zwölf Muscheln zum Frittieren auswählen und auf Küchenpapier trocknen lassen. Das Eiweiß verquirlen. Die Muscheln nacheinander in Mehl, Eiweiß und Paniermehl wenden. Anschließend in Sonnenblumenöl bei 170 °C goldgelb frittieren.

❧ Für die Suppe Schalotten und Knoblauch abziehen und fein hacken. Karotte und Lauch putzen und in feine Streifen schneiden. Die Butter in einem großen Topf zerlassen und Schalotten sowie Knoblauch darin anschwitzen. Tomatenkonfit und Gemüsestreifen zugeben. Mit Muschelsud und flüssiger Sahne auffüllen und etwa 3 Minuten köcheln. Die Suppe durch ein Sieb gießen, das Gemüse warm stellen und die Suppe wieder in den Topf füllen. Das Basilikum waschen, trocken schütteln und die Blätter fein schneiden. Muschelfleisch, Safran und Basilikum in die Suppe geben und diese noch einmal erhitzen, mit Salz abschmecken. Zum Schluss die geschlagene Sahne vorsichtig unterheben.

❧ Zum Anrichten das Suppengemüse jeweils mithilfe eines Servierrings mittig in Suppentellern platzieren. Die Suppe vorsichtig angießen und die frittierten Muscheln auf das Gemüse setzen, einige in die Suppe verteilen. Mit Kresse dekoriert servieren.

Rainer
HENSEN

Mirabellen-Nougat-Gâteau
mit Zitronen-Thymian-Creme und Tonkabohnen-Sauce

Für 4 Personen | Zubereitungszeit: etwa 1 Stunde plus 1 Stunde zum Durchziehen plus 10 Stunden Kühlzeit

Für den Sud und die eingelegten Mirabellen
150 g Zucker
750 ml Weißwein | 1 Stück Ingwer (3 cm)
2 Vanilleschoten | 1 Zimtstange
3 Kardamomkapseln | 10 Korianderkörner
2 Stängel Zitronengras
abgeriebene Schale von
   2 unbehandelten Orangen
etwa 10 kleine Mirabellen

Für das Mirabellensorbet
11 g Pektin
3 EL Zucker
1 l Mirabellenpüree
300 ml Sud (siehe oben)
250 g Glukosesirup

Für den Gâteau-Boden
250 g Valrhona-Schokolade
   »Caramelia« (36 %)
250 g heller Nougat
250 g dunkler Nougat
250 g Hippenbruch

Für den Biskuit
130 g Weizenmehl (Type 405)
1 EL Kakaopulver | 4 Eier
130 g Zucker | 40 g flüssige Butter
Mirabellenlikör zum Beträufeln

Für die Schokoladen-Sahne-Creme
4 Blätter Gelatine
360 g Valrhona-Schokolade
   »Caramelia« (36 %)
2 Eier | 2 Eigelb | 80 g Zucker
500 g Schlagsahne | ½ TL Fleur de Sel

Für das Mirabellengelee
8 Blätter Gelatine
200 ml Sud (siehe oben)
600 g Mirabellenpüree (FP)

Für das Mirabellengel
300 ml Sud (siehe links)
3 g Agar-Agar

Für die Zitronen-Thymian-Creme
1 Zweig frischer Thymian
525 g Sahne
260 g Zucker | 14 g Pektin
150 g Zitronensaft
7 g Xanthan
2 Blätter Gelatine | 150 g Butter

Für die Tonkabohnen-Sauce
1 Tonkabohne
125 ml Sud (siehe links)
1 gestr. TL Stärke

Für die Dekoration
Honey Cress (honigsüße Kresse)
Sauerklee
Nougatstückchen

❋ Für den Sud den Zucker in einem breiten Topf bei mittlerer Temperatur unter ständigem Rühren karamellisieren. Mit Weißwein ablöschen. Den Ingwer schälen, in Scheiben schneiden und mit den übrigen Zutaten zugeben. Die Mischung aufkochen, dann den Topf vom Herd nehmen und abgedeckt 1 Stunde ziehen lassen. Anschließend durch ein Tuch passieren. Für die eingelegten Mirabellen die Früchte putzen, entkernen und halbieren. In ein großes Einmachglas füllen und mit dem kochenden Sud bedecken. Das Glas verschließen und kalt stellen.

❋ Für das Mirabellensorbet das Pektin in einem großen Topf mit dem Zucker verrühren. Die übrigen Zutaten untermischen. Das Ganze einmal aufkochen, dann den Topf vom Herd nehmen und dann mindestens 10 Stunden kühl stellen. Anschließend in der Eismaschine gefrieren lassen.

❋ Für den Gâteau-Boden Schokolade und Nougat im Wasserbad schmelzen, anschließend den Hippenbruch unterrühren. Eine Form (53 x 22 cm) mit Frischhaltefolie auslegen, die Mischung einfüllen, glatt streichen und fest werden lassen.

❋ Für den Biskuit den Backofen auf 180 °C (Unter-/Oberhitze) vorheizen, Mehl und Kakao sieben. Eier und Zucker schaumig rühren, dann die Mehl-Kakao-Mischung und die Butter vorsichtig unterheben. Auf ein mit Backpapier belegtes Blech (53 x 22 cm) streichen und im Backofen 12 Minuten backen. Den Biskuit abkühlen lassen. Auf den Knusperboden setzen und mit Mirabellenlikör beträufeln.

❋ Für die Creme die Gelatine in Wasser einweichen und die Schokolade im Wasserbad schmelzen. Eier und Zucker schaumig rühren und zunächst die Schokolade, dann die geschlagene Sahne und Fleur de Sel unterheben. Die Gelatine ausdrücken und in etwas von der warmen Creme auflösen, dann in die übrige Creme einrühren. Die Mischung gleichmäßig auf dem Biskuit verstreichen und den Kuchenboden kühl stellen.

❋ Für das Mirabellengelee die Gelatine in kaltem Wasser einweichen. Den Sud erwärmen, die eingeweichte Gelatine ausdrücken und zunächst in etwas erwärmtem Sud unter Rühren auflösen, dann in den übrigen Sud rühren. Die Mischung unter das Püree rühren. Das Mirabellengelee als Topping auf die Schokoladenmousse geben und den Kuchen kühl stellen.

✤ Für das Mirabellengel den Sud mit Agar vermischen und aufkochen. Auf ein Blech gießen und erkalten lassen. Mit dem Stabmixer zu einem glatten Gel pürieren, in einen Spritzbeutel füllen und kalt stellen.

✤ Für die Zitronen-Thymian-Creme den Thymian waschen und trocken schütteln. Die Sahne aufkochen. Den Topf vom Herd nehmen, den Thymian einlegen und die Flüssigkeit 10 Minuten ziehen lassen. Anschließend durch ein Sieb in einen Topf passieren. Zucker mit Pektin vermengen, die Mischung in die passierte Sahne einrühren und aufkochen. Zitronensaft und Xanthan verrühren und unter die Sahne montieren. Die Gelatine in Wasser auflösen, dann ausdrücken. Ist die Mischung auf 50 °C abgekühlt, in etwas davon die Gelatine auflösen, dann Butter und Gelatine in die Masse einrühren. Die fertige Creme in einen Spritzbeutel füllen und kalt stellen.

✤ Für die Tonkabohnen-Sauce die Tonkabohne raspeln und in einer Pfanne anrösten. Mit 100 ml des Suds ablöschen. Die Stärke mit dem übrigen Sud verrühren und die Sauce damit binden. Zum Schluss durch ein feines Sieb passieren.

✤ Zum Anrichten schmale Kuchenstücke auf Teller setzen, an einen Saucenspiegel jeweils eine Nocke Sorbet setzen und Gel- sowie Creme-Tupfen aufspritzen. Eingelegte Mirabellen anlegen und mit Kresse, Klee und Nougat garnieren.

Kochen für besondere Gäste

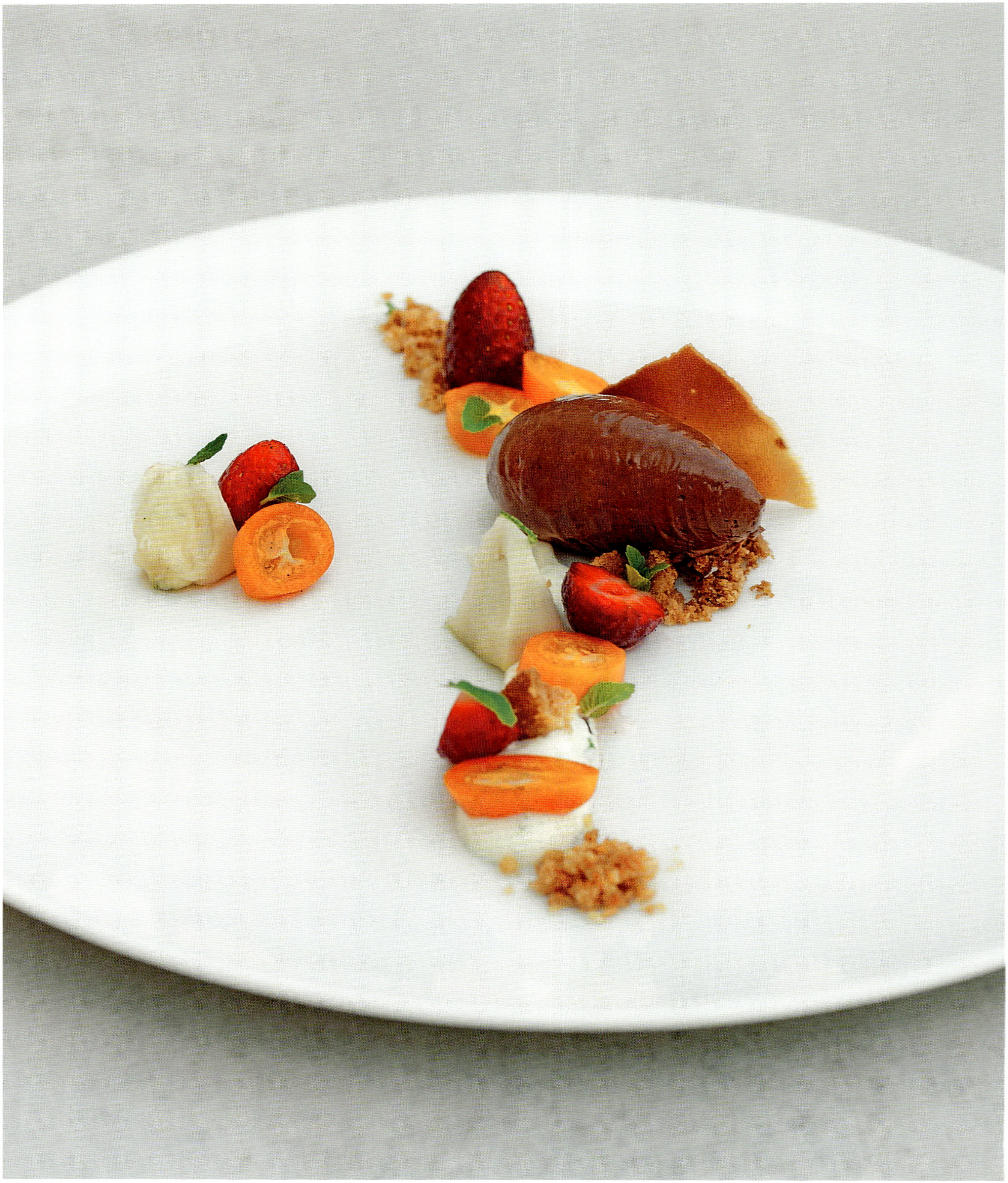

Guayana-Schokoladenmousse
mit Quarkcreme und frischen Früchten

Für 4 Personen | Zubereitungszeit: etwa 1 Stunde plus 1 Stunde Kühlzeit plus 10 Stunden Marinierzeit

Für die Früchte
200 ml Weißwein
100 g Zucker
¼ Vanillestange
¼ Zimtstange
16 unbehandelte Kumquats
24 Walderdbeeren
4 Cherimoya

Für den Haselnuss-Crumble
75 g Weizenmehl
50 g Butter
75 g gemahlene Haselnusskerne
60 g Zucker

Für die Marzipanhippen
200 g Marzipan
100 g Puderzucker
70 g Weizenmehl
150 g Eiweiß

Für die Mousse
180 g Guayana-Kuvertüre (62 %)
1 EL Zucker
1 Ei
1 Eigelb
1 EL Rum
250 g Schlagsahne

Für die Quarkcreme
250 g Quark (40 %)
Mark von ½ Vanilleschote
85 g Puderzucker
1 Prise Salz
abgeriebene Schale von
   1 unbehandelten Limette

Außerdem
Minzspitzen zum Garnieren

❈ Für die Früchte den Weißwein in einem Topf mit Zucker und Gewürzen aufkochen und 20 Minuten ziehen lassen. Die Kumquats waschen und trocken tupfen. Die Hälfte der Früchte vierteln, die andere Hälfte in Scheiben schneiden. Die Kumquats in eine Schüssel geben. Den Weißwein nochmals aufkochen und durch ein Sieb auf die Kumquats gießen. Die Schüssel abdecken und die Früchte mindestens 10 Stunden marinieren lassen. Die Walderdbeeren vorsichtig waschen und etwa 1 Stunde vor dem Anrichten mit dem Kumquat-Sud marinieren. Die Cherimoya kurz vor dem Servieren schälen und in Scheiben schneiden

❈ Für den Crumble den Backofen auf 170 °C (Ober-/Unterhitze) vorheizen, alle Zutaten verkneten und 1 Stunde kalt stellen. Anschließend den Teig auf einem Backblech zerbröseln und 10–12 Minuten im Backofen goldgelb backen.

❈ Für die Marzipanhippen den Backofen auf 180 °C (Ober-/Unterhitze) vorheizen. Alle Zutaten zu einer glatten Masse verrühren und etwa 2 mm dünn auf Backpapier aufstreichen. Im Backofen etwa 5 Minuten backen. Die heißen Teigblätter in die gewünschte Form schneiden und abkühlen lassen.

❈ Für die Mousse die Kuvertüre im Wasserbad schmelzen. Zucker, Eier und Rum cremig rühren. Im Wasserbad bei geringer Temperatur unter ständigem Rühren erhitzen und zur Rose abziehen, dann die Kuvertüre unterrühren. Die Masse abkühlen lassen, anschließend die geschlagene Sahne unterheben und kalt stellen.

❈ Für die Quarkcreme alle Zutaten verrühren und bis zum Servieren kalt stellen.

❈ Zum Anrichten mit einem Löffel jeweils etwas Quarkcreme auf einen Teller streichen und stellenweise mit dem Crumble bestreuen. Die Früchte dekorativ darauf anrichten. Jeweils eine Nocke Schokoladenmousse auf etwas Crumble setzen und eine Hippe anlegen. Das Dessert mit Minzspitzen dekorieren.

Früchte-Brownie mit Hefe-Eis
und marinierten Aprikosen

Für 4 Personen | Zubereitungszeit: etwa 1 Stunde plus 10 Stunden Marinierzeit plus 5 Stunden Kühlzeit

Für die Aprikosen und das Aprikosengel
1 Stück Ingwer (1 cm)
500 ml Weißwein
etwa 200 g Zucker (je nach Süße der Aprikosen)
¼ Stängel Zitronengras
¼ Zimtstange
6 Aprikosen
3 g Agar-Agar

Für den Früchte-Brownie
110 g Kuvertüre (70 %)
110 g Butter
90 g Zucker
2 Eier
Mark von ½ Vanilleschote
100 g getrocknete Aprikosen
100 g getrocknete Berberitzen
75 g gemahlene Mandelkerne
50 g gehackte Walnusskerne
50 g gehackte Pistazienkerne

Für das Hefe-Eis
250 ml Milch
250 g Sahne
25 g frische Hefe
5 Eigelb
50 g Zucker
1 Prise Salz
Mark von ½ Vanilleschote

Für die Crème pâtissière
1 Ei
2 Eigelb
110 g Zucker
30 g Speisestärke
250 ml Milch
250 g Sahne
Mark von 1 Vanilleschote

Außerdem
Orangen-Crumble (Rezept Kaffee-Eis, siehe Seite 117)
etwa 40 Berberitzen und Atsina-Kresse zum Garnieren

❈ Für die Aprikosen und das Aprikosengel den Ingwer schälen und in Scheiben schneiden. Mit Weißwein, Zucker und Gewürzen aufkochen. Den Topf vom Herd nehmen und den Sud etwa 20 Minuten ziehen lassen. Die Aprikosen waschen, trocken tupfen und häuten. Jede Frucht in sechs Stückchen schneiden und diese in ein verschließbares Gefäß geben. Den Sud nochmals aufkochen, durch ein Sieb passieren und über die Aprikosen gießen. Die Früchte mindestens 10 Stunden marinieren. Nach der Marinierzeit 300 ml des Aprikosensuds in einem Topf mit Agar-Agar vermischen und aufkochen. Auf einem Blech zunächst bei Raumtemperatur, dann im Kühlschrank erstarren lassen. Vor dem Servieren im Mixer zu einem Gel verrühren und in einen Spritzbeutel füllen.

❈ Für den Brownie den Backofen auf 165 °C (Ober-/Unterhitze) vorheizen. Kuvertüre und Butter im Wasserbad schmelzen. Zucker, Eier und Vanillemark schaumig rühren und mit der Schokoladenmasse vermischen. Aprikosen und Berberitzen fein schneiden und mit den übrigen Zutaten unterrühren. Den Teig in eine kleine Backform (18 x 18 cm) geben und im Backofen etwa 20 Minuten backen. Nach dem Abkühlen mindestens 5 Stunden im Kühlschrank ziehen lassen. Anschließend in 9 x 3 cm große Stücke schneiden und weiterhin kühl aufbewahren. Vor dem Servieren etwa 30 Minuten bei Raumtemperatur lagern.

❈ Für das Eis Milch und Sahne vermischen. Die Hefe darin auflösen und das Ganze aufkochen. In der Zwischenzeit Eigelb, Zucker, Salz und Vanillemark miteinander cremig rühren, die heiße Milchmischung zufügen und unterrühren. Die Masse im Wasserbad zur Rose abziehen, anschließend im Eiswasserbad kalt rühren und in der Eismaschine cremig gefrieren lassen.

❈ Für die Crème pâtissière Eier, Zucker und Speisestärke in einer großen Schüssel vermischen. Milch, Sahne und Vanillemark aufkochen, anschließend unter ständigem Rühren langsam in die Eiermasse gießen. Die Mischung noch einmal aufkochen, damit die Creme andickt. Unter Rühren abkühlen lassen und anschließend in einen Spritzbeutel füllen.

❈ Zum Anrichten jeweils einen Brownie in die Mitte eines flachen Tellers legen, darauf und daneben einige Tupfer Crème pâtissière und Aprikosengel setzen. Die Aprikosenspalten auf die Tupfer platzieren. Etwas Crumble und jeweils 10 Berberitzen über den Brownie streuen und jeweils eine Nocke Hefe-Eis aufsetzen. Nach Belieben mit Atsina-Kresse garnieren.

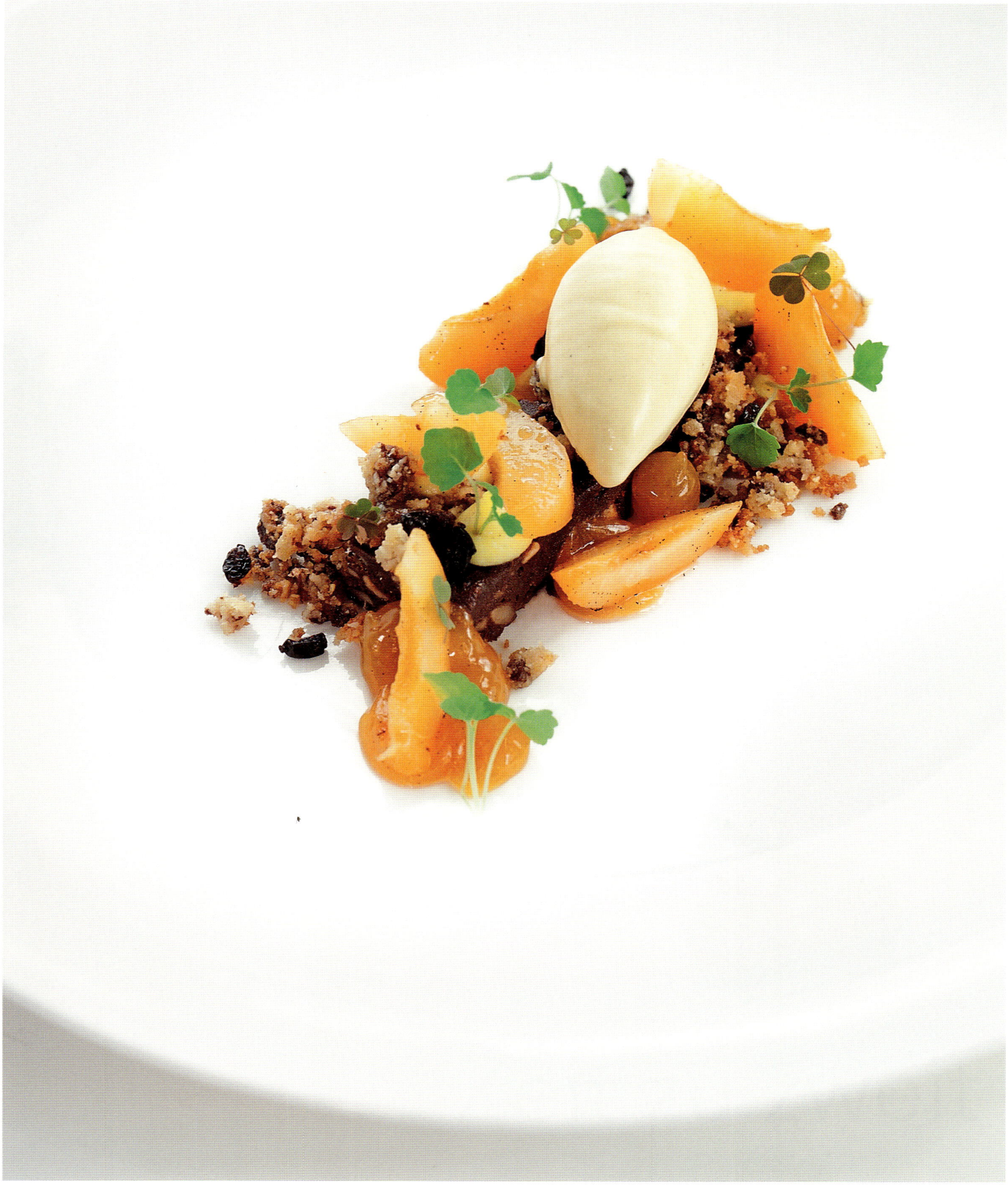

Zu zweit ins Abenteuerland

Im Beruf ständig verfügbar sein. Am Telefon Probleme lösen. Auf Mails antworten. Das Unternehmen repräsentieren. Die Kinder am Nachmittag zum Verein bringen oder zur Nachhilfe und später wieder abholen. Kennen Sie das? Zeit für sich selbst bleibt wenig. Das Gleiche gilt für Partner oder Partnerin.

Gemeinsame Zeit ganz für meine Frau Rosi und mich allein, das war von Anfang an für uns schwierig. Der Kochberuf funktioniert nur mit langen Arbeitszeiten. Das vervielfacht sich, wenn man sich selbstständig macht. Der Chef muss Gesicht zeigen. Dazu gibt es Absprachen, Termine und Anfragen, die einem das Team nicht abnehmen kann. Bei uns kommt noch dazu, dass wir über dem Restaurant leben. Selbst wenn man eigentlich nicht da ist, ist man doch immer da. Immer greifbar. Das schlaucht, selbst wenn man seine Arbeit liebt, so wie ich.

Rosi und ich hatten uns deshalb kleine Inseln erkämpft, die nur uns gehörten. Die größte Insel war der jährliche Urlaub. Richtig auszuspannen, das ist für uns immer mit Meer und Strand verbunden. Zwei Wochen lang (am Stück!) nur Rainer und Rosi sein und dabei bemerken, dass man tatsächlich noch ein Paar ist. Das ist meine Erinnerung an diese Urlaube in Dänemark. Wir sind früher – das waren vor allem die 1980er- und 1990er-Jahre – immer nach Blåvand in Jütland gefahren. Sonne, ein einsamer Strand, die See und minus 18 Grad Außentemperatur. Januar und Februar waren unsere Monate, denn dann hatten wir Blåvand gefühlt für uns alleine. Abgesehen von den paar Seelen, die tatsächlich dort wohnen.

Es ist übrigens egal, mit was für einem Wagen wir auf Reisen sind, er ist nie groß genug, selbst wenn wir nur das Nötigste mitnehmen. Wobei man als Koch »das Nötigste« wahrscheinlich anders definiert als die meisten anderen Urlauber. Denn nötig waren für uns einige Mitbringsel wie zum Beispiel vorgefertigter Nudelteig. Eine Nudelmaschine, Champagner und gekochte Trüffel hatten wir eigentlich immer dabei. Dazu kamen verschiedene Fonds, getrocknete Tomaten und, und, und. Denn diese gemeinsame Zeit war für uns Luxus und das wollten wir entsprechend feiern. Also hatte ich vorbereitet, was sinnvoll war, und dann sind wir hoch in unser Zweisamkeitsnest. Auf dem Weg haben wir *Abenteuerland* von Pur gehört und oft erschütternd laut mitgesungen. Das lag zum Teil daran, dass die Gegend in der Nähe von Blåvand tatsächlich Abenteuerland genannt wird. Seltsamerweise steht das sogar auf Deutsch irgendwo auf einem Schild. Zum anderen lag es daran, dass ich die Musik so klasse und positiv fand. Vielleicht empfand ich das aber auch so, weil wir es immer gehört haben, wenn wir nach Blåvand gefahren sind. Ein Häuschen mit einer kleinen Küche, einem offenen Kamin, einer Sauna, einem Bett und uns zwei, das waren die Zutaten für ein unschlagbares Rezept.

Gemacht haben wir dort nicht viel, aber davon reichlich. Morgens lange schlafen. Spazieren gehen am Strand. Auf das Meer schauen. Ab in die Sauna oder vor den Kamin. Und natürlich das gemeinsame Kochen. Es macht viel mehr Spaß für jemanden zu kochen, den man liebt. Oder ihm über das Kochen sogar ein bisschen davon zu zeigen. Wir haben dort gemeinsam in der kleinen Küche gestanden. Rosi machte Gemüse und Dessert, ich machte alles andere drum herum. Ich muss aber zugeben, dass es uns im Urlaub nicht in erster Linie ums Kochen ging, sondern ums Genießen. Man sagt ja: »Liebe geht durch den Magen«. Wenn das stimmt, hatten wir in den Urlauben immer eine starke Überdosis Liebe. Wir haben geschlemmt, was Gaumen und Magen hergaben.

Wir hatten auch einige Jahre mit Kontrastprogramm. Im Sommer ging es da nach Südfrankreich ans Meer bei 30 Grad im Schatten, die Orte wechselten. Und wir haben Dinge gemacht, die man vielleicht nur als Koch sinnvoll findet. In einem Jahr hatten wir etwa 200 Topftomaten gezogen, die ausgerechnet dann reif wurden, als wir in Urlaub fuhren. Die konnte man nicht drei Wochen stehen lassen, sonst sind die »über«, wie man bei uns in der Gegend sagt. Wir hatten sowieso einen Hänger mit einer Harley-Davidson dabei (damals fuhr ich noch regelmäßiger) und mit gutem Willen fand sich zumindest für die schönsten Topftomaten der nötige Platz.

Ich wünsche Ihnen, sich diese Zeit zu nehmen. Für sich, für Ihren Partner, für Ihre Familie und Freunde. So oft es für Sie nötig ist. Vielleicht ist dieses Buch ein kleiner Anstoß dazu.

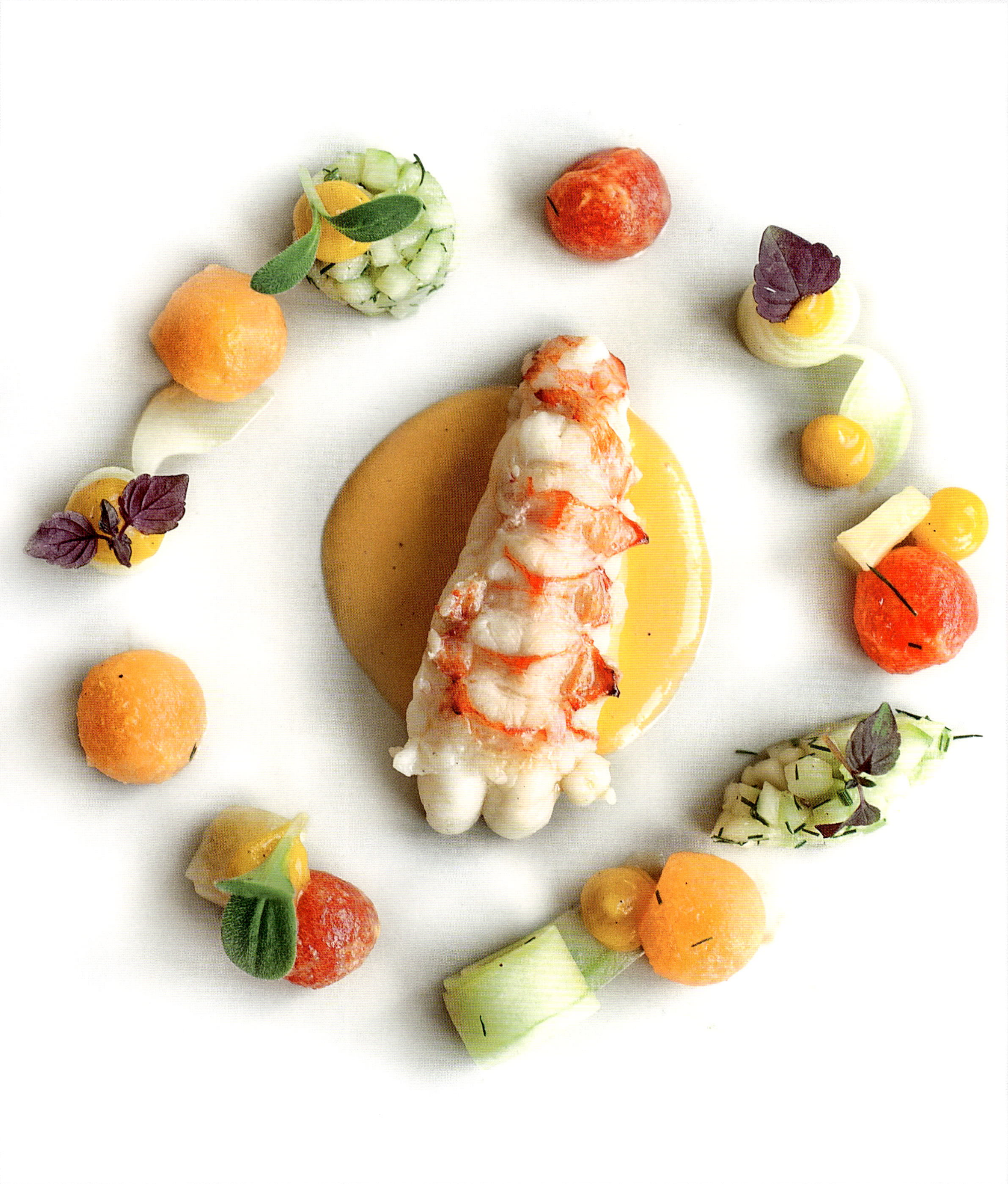

Carpaccio von der Jakobsmuschel und Wildgarnele

Für 4 Personen | Zubereitungszeit: etwa 25 Minuten plus 20 Minuten Koch- und Bratzeit plus 12 Stunden Trockenzeit

Für den gepufften Reis
40 g schwarzer Reis
Pflanzenöl zum Ausbacken

Für die Mango und die Mango-Passionsfrucht-Vinaigrette
2 Mangos
2 Passionsfrüchte
1 kleines Stück Ingwer (etwa 3 cm)
25 ml Olivenöl
Mark von ¼ Vanilleschote
Salz
frisch gemahlener schwarzer Pfeffer
Honig zum Abschmecken

Für den Sauerrahm
150 g Crème fraîche
abgeriebene Schale von 1 unbehandelten Limette
2 EL Limettensaft
1 EL Zucker
Salz
frisch gemahlener schwarzer Pfeffer

Für die Wildgarnelen
10 küchenfertige Garnelen (ohne Kopf, entdarmt)
1 EL Limettensaft
2 EL Olivenöl plus Olivenöl für die Dekoration
1 TL gehackter Dill
Fleur de Sel
frisch gemahlener schwarzer Pfeffer
1 Knoblauchzehe
Zitronengras-Ingwer-Öl zum Braten
6 Jakobsmuscheln

Für die Dekoration
Dillspitzen
Wildkräuter

Außerdem
Bunsenbrenner

❋ Für den gepufften Reis den Backofen auf 40 °C (Ober-/Unterhitze) vorheizen. Den Reis in reichlich Wasser sehr weich garen, abgießen und auf einem Backblech verteilen, im vorgeheizten Ofen auf der mittleren Schiene am besten über Nacht trocknen lassen. Das Öl in einem Topf auf 180 °C erhitzen und den Reis darin puffen lassen – Vorsicht, es geht recht schnell. Auf Küchenpapier abtropfen lassen.

❋ Beide Mangos schälen und bei einer Frucht das Fleisch möglichst links und rechts am Kern vorbei in zwei großen Stücken abschneiden. Aus einem Stück 16 etwa 1,2 cm große Würfel schneiden. Die Kanten mit einem Bunsenbrenner vorsichtig anbräunen. Von der anderen Mangohälfte längs etwa 2 mm dünne und 1 cm breite Streifen schneiden und aufrollen. Das übrige Fruchtfleisch dieser Mango fein würfeln und für die Vinaigrette beiseitestellen.

❋ Für die Mango-Passionsfrucht-Vinaigrette die Passionsfrüchte halbieren, dann Fruchtfleisch, Saft und Kerne herauslöffeln. Den Ingwer schälen und fein hacken. Den Ingwer im Olivenöl bei geringer Temperatur anschwitzen, dann das Vanillemark dazugeben und ebenfalls anschwitzen. Das Fruchtfleisch der zweiten Mango und der Passionsfrucht in einem Mixer fein pürieren, dann das Ingwer-Vanille-Öl unterrühren. Mit Salz, Pfeffer und Honig abschmecken und die feinen Mangowürfel unterheben.

❋ Für den Sauerrahm die Crème fraîche mit den übrigen Zutaten verrühren, abschmecken und in einen Spritzbeutel füllen.

❋ Die Wildgarnelen waschen und trocken tupfen, sechs Garnelen fein hacken. Das Tatar mit Limettensaft, Olivenöl sowie Dill mischen und mit Salz und Pfeffer abschmecken. Den Knoblauch abziehen und andrücken. Die übrigen Garnelen in einer Pfanne mit dem Knoblauch und dem Zitronengras-Ingwer-Öl auf beiden Seiten kurz bei mittlerer Temperatur anbraten, sie sollen innen noch glasig sein. Die Jakobsmuscheln waschen, trocken tupfen und in 2 mm dünne Scheiben schneiden.

❋ Zum Anrichten Dill und Wildkräuter waschen und trocken schütteln. In der Tellermitte mit einem Pinsel Olivenöl zu jeweils einer Kreisfläche (etwa 12 cm Ø) verstreichen. Darauf Jakobsmuschelscheiben setzen, leicht mit Salz und Pfeffer würzen und mit Mango-Passionsfrucht-Vinaigrette überziehen. Vom Garnelentatar jeweils eine Nocke neben das Jakobsmuschel-Carpaccio setzen, eine gebratene Garnele auflegen. Die Mangostreifen aufrollen und mit Sauerrahm füllen, mit den abgeflämmten Mangowürfeln um die Meeresfrüchte herum verteilen. Mit Sauerrahmtupfen, gepufftem Reis, Dill und Wildkräutern garnieren.

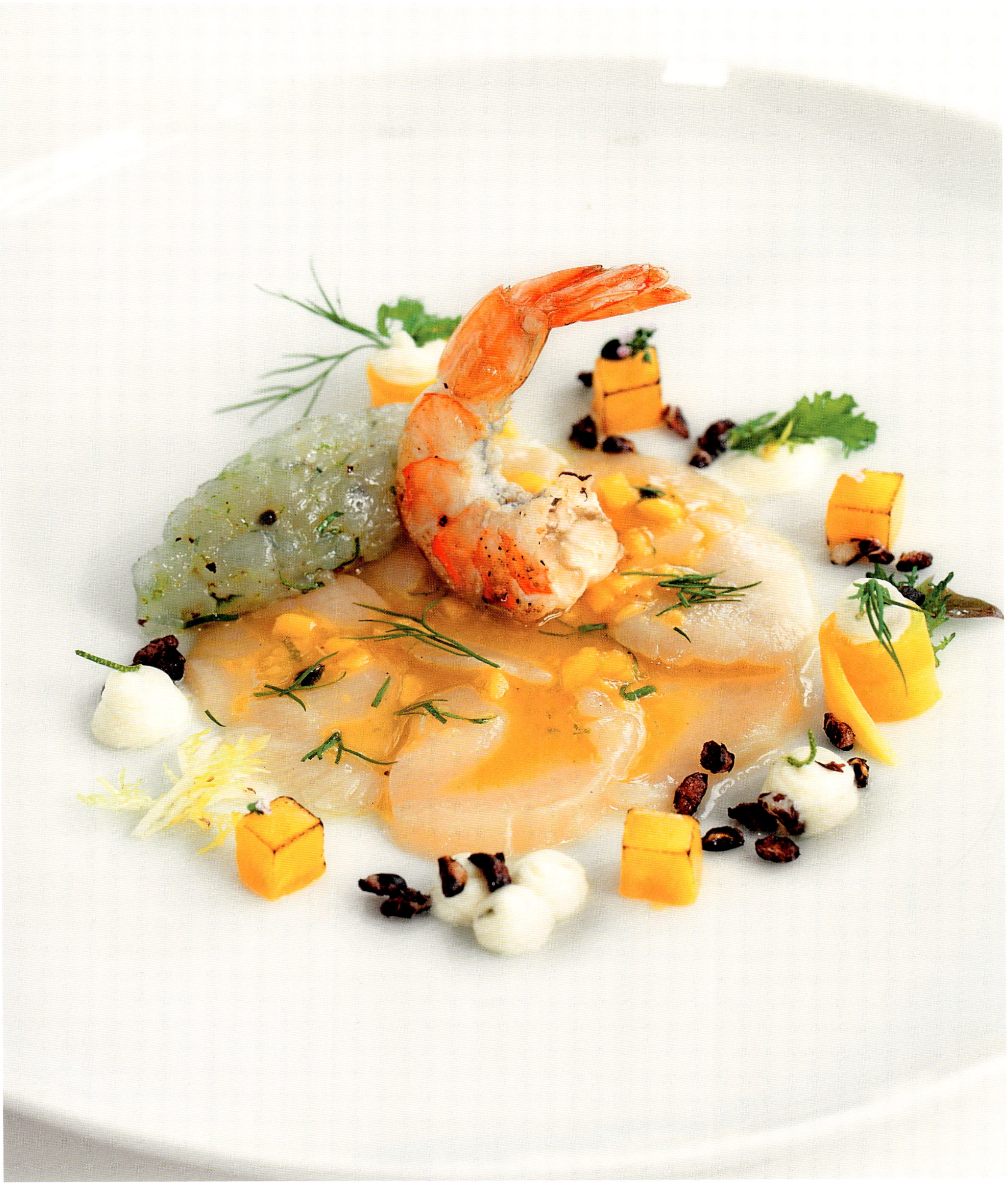

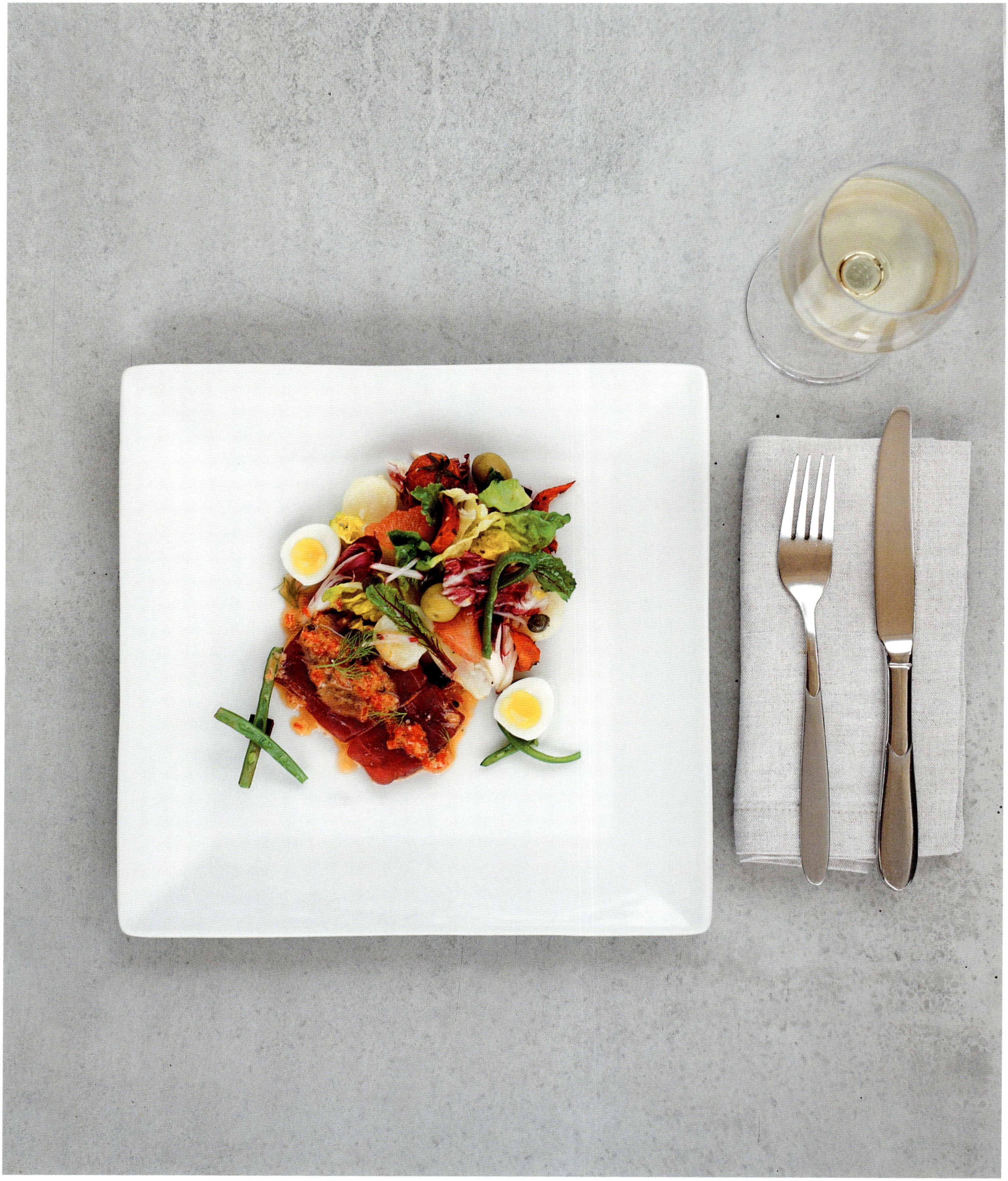

Cevice vom Thunfisch an Salade niçoise

Für 4 Personen | Zubereitungszeit: etwa 25 Minuten plus 15 Minuten Kochzeit

Für die Marinade
1 Schalotte
1 Knoblauchzehe
½ Stängel Zitronengras
1 Paprikaschote
1 kleines Stück Ingwer
1 TL Koriandersamen
200 ml Olivenöl
Saft von 5 Limetten
Salz
frisch gemahlener schwarzer Pfeffer
2 EL Honig
1 EL fein geschnittene Korianderblätter

Für den Salat
1 Zweig Bohnenkraut
20 feine grüne Böhnchen
Salz
2 Kartoffeln, gekocht
100 g Rote Bete, gegart
1 Knoblauchzehe
2 EL weißer Aceto balsamico
1 EL Senf
1 TL Zucker
4 EL Olivenöl
1 EL Sesamöl
1 TL gehackte Korianderblätter

frisch gemahlener schwarzer Pfeffer
300 g Mischsalat (Romana, Radicchio, Blutampfer)
1 EL Kapern aus dem Glas
16 entsteinte grüne Oliven
12 entsteinte schwarze Oliven

Außerdem
500 g Thunfisch (Sushi-Qualität)
6 Wachteleier

❊ Für die Marinade die Schalotte und den Knoblauch abziehen, das Zitronengras und die Paprikaschote putzen sowie den Ingwer schälen. Alles würfeln beziehungsweise fein schneiden. Den Koriandersamen in einer Pfanne ohne Fett anrösten, etwas vom Olivenöl dazugeben und Schalotte, Knoblauch, Zitronengras und Ingwer darin bei geringer Temperatur anschwitzen. Den Limettensaft zugießen und alles aufkochen. Mit Salz, Pfeffer und Honig abschmecken und erkalten lassen. In eine Schüssel geben und das übrige Olivenöl, die Paprika sowie die Korianderblätter unterheben, nochmals abschmecken.

❊ Den Thunfisch in zwölf Tranchen schneiden, auf ein Blech legen und mit der Marinade überziehen (etwas davon zum Anrichten übrig lassen), dann 15 Minuten ziehen lassen. Die Wachteleier direkt aus dem Kühlschrank für 3 Minuten in kochendes Wasser geben, anschließend sofort in Eiswasser abschrecken, beiseitelegen.

❊ Für den Salat das Bohnenkraut waschen und trocken schütteln. Die Bohnen in Salzwasser mit dem Bohnenkraut blanchieren, in Eiswasser abkühlen, auf Küchenpapier abtropfen lassen und der Länge nach halbieren. Die Kartoffeln in Scheiben schneiden und die Rote Bete fein würfeln, den Knoblauch abziehen und mit Salz zerdrücken.

❊ Knoblauch, Essig, Senf und Zucker verrühren, mit den Ölen und dem Koriander zu einer Vinaigrette verrühren, abschmecken. Den Salat waschen und trocken schütteln; Salat, Kapern und Oliven mit der Vinaigrette marinieren.

❊ Fisch und Salat auf Tellern anrichten, die Wachteleier pellen, halbieren und je drei Hälften auf einen Teller geben.

Farfalle mit Meeresfrüchten

Für 4 Personen | Zubereitungszeit: etwa 25 Minuten plus 30 Minuten Kochzeit plus 1 Stunde Ruhezeit

Für den Spinat-Nudelteig
150 g Spinat | 7 Eigelb | 200 g Nudelgrieß

Für den hellen Nudelteig
200 g Nudelgrieß plus Nudelgrieß
   zum Bestauben
2 Eier | Salz

Für die Artischocken
Saft von 2 Zitronen | Salz
2 Artischocken

Für den Tomatenschaum
150 ml klarer Tomatensaft
   (siehe Seite 47)
50 g Sahne | Salz
frisch gemahlener schwarzer Pfeffer

Für die Meeresfrüchte
1 kg gekochte Bouchotmuscheln
   (Rezept Bouchotmuschel-Suppe,
   siehe Seite 144) ohne Schalen
500 g gedämpfte Venusmuscheln
   (siehe Seite 49)
8 küchenfertige Jakobsmuscheln
8 küchenfertige Wildgarnelen
   (ohne Kopf, entdarmt)
100 g küchenfertige Calamaretti
1 Knoblauchzehe
Salz
frisch gemahlener schwarzer Pfeffer
Zitronengras-Ingwer-Öl zum Braten

Zum Fertigstellen
20 Basilikumblätter
50 g entsteinte schwarze Oliven
50 ml klarer Tomatensaft
   (siehe Seite 47)
50 ml Venusmuschel-Fond
   (siehe Seite 49)
50 ml Bouchotmuschel-Fond
   (siehe Seite 144)
2 EL Butter
50 g Tomatenkonfit
   (siehe Seite 48)

❀ Für den Spinat-Nudelteig den Spinat waschen und trocken schütteln. Mit dem Eigelb im Mixer fein pürieren, dann mit dem Nudelgrieß verkneten (sollte der Teig zu trocken sein, einige Tropfen Wasser zugeben). Den Teig zu einer Kugel formen und in Frischhaltefolie gewickelt 1 Stunde ruhen lassen. Für den hellen Nudelteig ebenfalls den Nudelgrieß mit den Eiern verkneten und genauso verfahren.

❀ Für die Farfalle den grünen und weißen Nudelteig dünn ausrollen und mit einem gezackten Teigrädchen in 2 x 5 cm große Rechtecke schneiden. Mit den Fingern jeweils mittig wellig zusammendrücken und auf einer mit Nudelgrieß bestaubten Arbeitsfläche einige Minuten antrocknen lassen. In sprudelnd kochendem Salzwasser al dente garen.

❀ Für die Artischocken 1 l Wasser mit Zitronensaft und Salz aufkochen. Von den Artischocken den Stiel ausbrechen und den unteren Teil mit etwa zwei Drittel der Hüllblätter direkt abschneiden. Die am Stiel verbliebenen Hüllblätter vorsichtig mit dem Messer entfernen und mit einem Löffel das Heu von den Böden kratzen. Die Böden im kochenden Zitronenwasser 5 Minuten garen. Aus dem Topf nehmen, abkühlen lassen und in Scheiben schneiden.

❀ Für den Tomatenschaum den Tomatensaft auf 50 ml einkochen, die Sahne dazugeben und würzen, zum Servieren mit dem Stabmixer aufschäumen.

❀ Alle Meeresfrüchte vorbereiten beziehungsweise waschen und trocken tupfen, die Calamaretti in feine Streifen schneiden. Den Knoblauch abziehen und ebenfalls fein schneiden. Jakobsmuscheln und Garnelen mit Salz und Pfeffer würzen und in einer Pfanne kurz auf beiden Seiten in Zitronengras-Ingwer-Öl anbraten. In einer zweiten Pfanne den Knoblauch bei mittlerer Temperatur in Zitronengras-Ingwer-Öl goldgelb anrösten und die Calamaretti-Streifen darin einmal durchschwenken. Sofort auf ein Blech zum Auskühlen geben und mit Salz und Pfeffer würzen.

❀ Zum Fertigstellen das Basilikum waschen und trocken schütteln sowie die Oliven in Scheiben schneiden. In einem Wok Tomatensaft und Muschelfonds aufkochen, die Butter einrühren. Artischocken, Tomatenkonfit, Oliven und Farfalle einschwenken, bis die Nudeln richtig heiß sind. Jakobsmuscheln, Garnelen, Calamaretti, Basilikum, Bouchot- und Venusmuscheln einschwenken und erhitzen, in tiefen Tellern anrichten und üppig mit dem Tomatenschaum beträufeln.

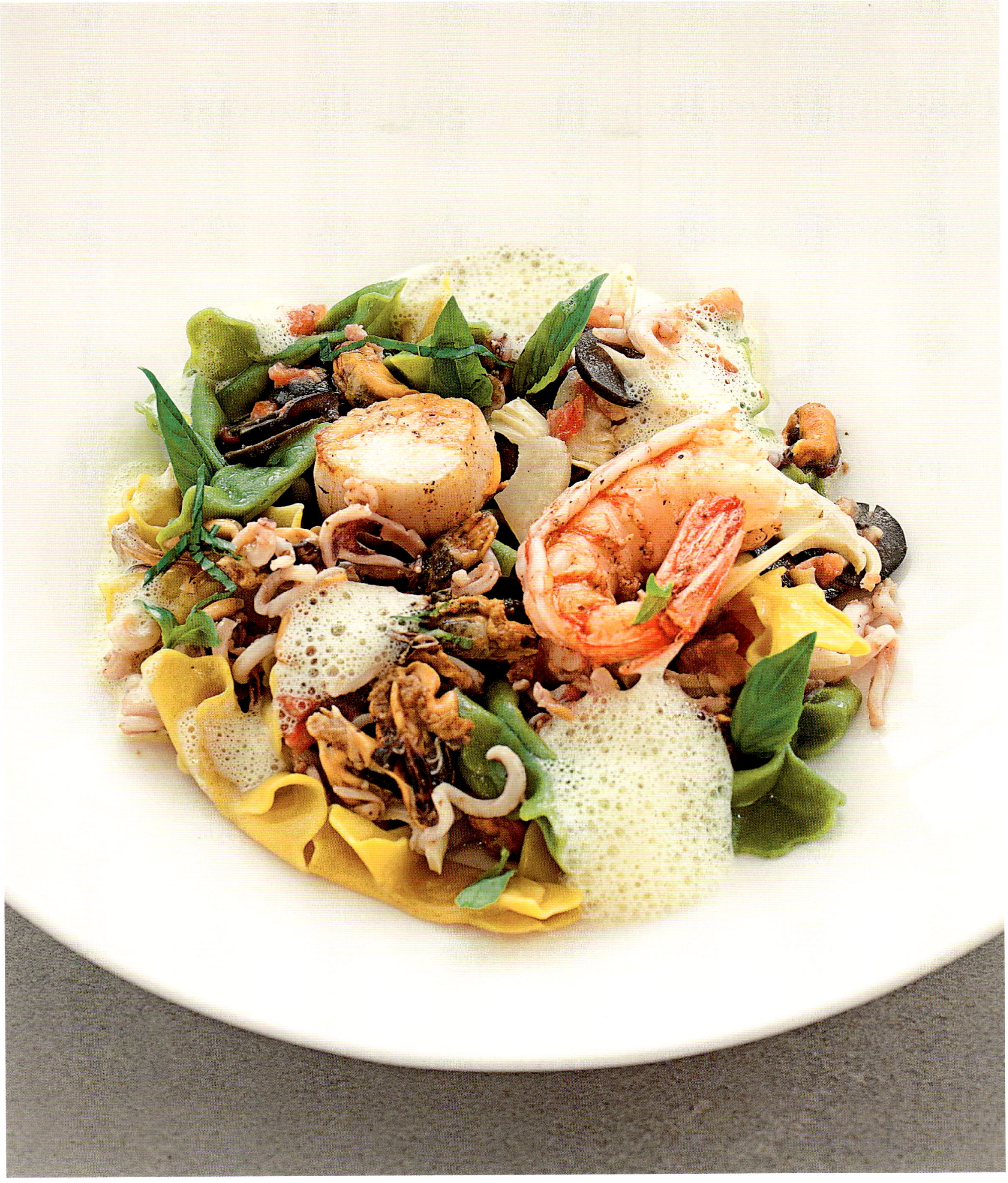

Steinbutt, Bohnen, Karotten und Champagnerschaum

Für 4 Personen | Zubereitungszeit: etwa 35 Minuten plus 30 Minuten Kochzeit plus 24 Stunden Zeit zum Durchziehen und Gelieren

Für die Dekoration
2 Karotten | 200 ml süß-saure Marinade für Gemüse (siehe Seite 48)

Für die weißen Tomatentaler
200 ml klarer Tomatensaft (siehe Seite 43) | 2 Blätter Gelatine

Für den Champagnerschaum
3 Schalotten | 1 kleiner Zweig Estragon
250 ml Champagner | 50 ml Noilly Prat
1 Lorbeerblatt
80 g Sahne | 50 g eiskalte Butter

Für die Bohnen
150 g grüne Bohnen | Salz
1 Zweig Thymian
1 Zweig Bohnenkraut | 1 Knoblauchzehe
1 kleines Stück Knollensellerie (etwa 20 g) | 1 Karotte
50 g getrocknete Coco-Bohnenkerne (über Nacht eingeweicht)
abgeriebene Schale von 1 unbehandelten Orange
200 ml Olivenöl
150 ml Geflügelfond (siehe Seite 44)
50 g kalte Butter
1 EL gehacktes Bohnenkraut
50 g Tomatenkonfit (siehe Seite 48)
Salz
frisch gemahlener schwarzer Pfeffer
frisch geriebene Muskatnuss

Für die Bohnenvinaigrette
100 g Buschbohnen | Salz
frisch gemahlener schwarzer Pfeffer
frisch geriebene Muskatnuss
100 ml Olivenöl

Für den Fisch
600 g Steinbuttfilet mit Haut | Salz
frisch gemahlener schwarzer Pfeffer
Mehl zum Bestauben
1 Knoblauchzehe | 1 Zweig Thymian
Olivenöl zum Braten | 40 g Butter

✺ Für die Dekoration die Karotten putzen und mit dem Sparschäler in feine Streifen schneiden, in ein kleines Einmachglas legen. Die Marinade erhitzen, darübergießen und 24 Stunden ziehen lassen.

✺ Für die Tomatentaler den Tomatensaft bei geringer Temperatur erwärmen. Die Gelatine in Wasser einweichen, ausdrücken und in etwas vom Tomatensaft auflösen. Die Mischung unter den übrigen Tomatensaft rühren und in der Küchenmaschine schaumig aufschlagen. Auf ein mit Frischhaltefolie belegtes Blech oder in eine Form 4 mm hoch einfüllen und sofort für 2–3 Stunden kalt stellen. Zum Servieren aus dem Schaum mit einem Ausstechring (oder kleinen Glas, 2 cm Ø) 20 Taler ausstechen und bis zum Anrichten kalt stellen.

✺ Für den Champagnerschaum die Schalotten abziehen und fein würfeln, den Estragon waschen und trocken schütteln. Beides mit 200 ml Champagner, Noilly Prat sowie dem Lorbeerblatt aufkochen und die Flüssigkeit anschließend bei geringer Temperatur auf 100 ml einkochen. Die Kräuter aus dem Topf nehmen und die Flüssigkeit mit der Sahne nochmals aufkochen. Den Topf vom Herd nehmen und die Butter mit einem Stabmixer einarbeiten. Zum Servieren den übrigen Champagner zugeben und mit dem Stabmixer aufschäumen.

✺ Die grünen Bohnen schräg in etwa 2 mm feine Streifen schneiden, in Salzwasser bissfest blanchieren und in Eiswasser abschrecken. Die Kräuter waschen und trocken schütteln, den Knoblauch abziehen und andrücken. Sellerie und Karotte schälen, den Sellerie am Stück belassen und die Karotte in grobe Stücke schneiden. Coco-Bohnen, Kräuter, Knoblauch, Sellerie, Karotte und Orangenschale in einem Topf mit Wasser bedecken und aufkochen. Etwa 80 ml Öl angießen, alles mit Backpapier bedecken und weich kochen. Zum Ende der Garzeit, wenn die Bohnen schon weich sind, salzen und alle (größeren) Zutaten außer den Bohnen aus dem Topf nehmen. Die Bohnen in der Flüssigkeit abkühlen lassen und anschließend in einem Sieb abtropfen lassen.

✺ Zum Fertigstellen den Geflügelfond auf ein Drittel einkochen und die kalte Butter mit dem Stabmixer einarbeiten. Die Coco-Bohnen in der Geflügelbutter unter Rühren bei mittlerer bis hoher Temperatur erwärmen. Schnittbohnen, Bohnenkraut und Tomatenkonfit dazugeben, mit Salz, Pfeffer und Muskatnuss abschmecken.

✺ Für die Vinaigrette die Buschbohnen im Ganzen in kochendem Salzwasser blanchieren und in Eiswasser abschrecken. Die Bohnen entsaften und den Saft mit Salz, Pfeffer und Muskat würzen, das Öl unterrühren und alles in eine Spritzflasche füllen.

❈ Das Steinbuttfilet waschen, trocken tupfen und in vier schöne Tranchen schneiden. Salzen und pfeffern, auf der Hautseite mit Mehl bestauben. Den Knoblauch abziehen und andrücken, den Thymian waschen und trocken schütteln. In einer Pfanne Olivenöl und Butter bei mittlerer bis hoher Temperatur zerlassen. Knoblauch und Thymian zugeben und die Temperatur reduzieren. Den Steinbutt mit der Hautseite nach unten einlegen – vorsichtig beschweren, damit die Haut gleichmäßig bräunt. Ist der Fisch beinahe gar, wenden und die Pfanne vom Herd ziehen, der Fisch gart mit der Restwärme zu Ende.

❈ Zum Anrichten die Karottenstreifen aus der Marinade nehmen, etwas abtupfen und aufrollen; am Außenrand der Teller verteilen. Die Bohnen dazwischen anrichten und darauf die Tomatentaler verteilen, alles mit Bohnenvinaigrette beträufeln. Den Steinbutt in die Mitte der Teller setzen und reichlich vom Champagnerschaum dazugeben.

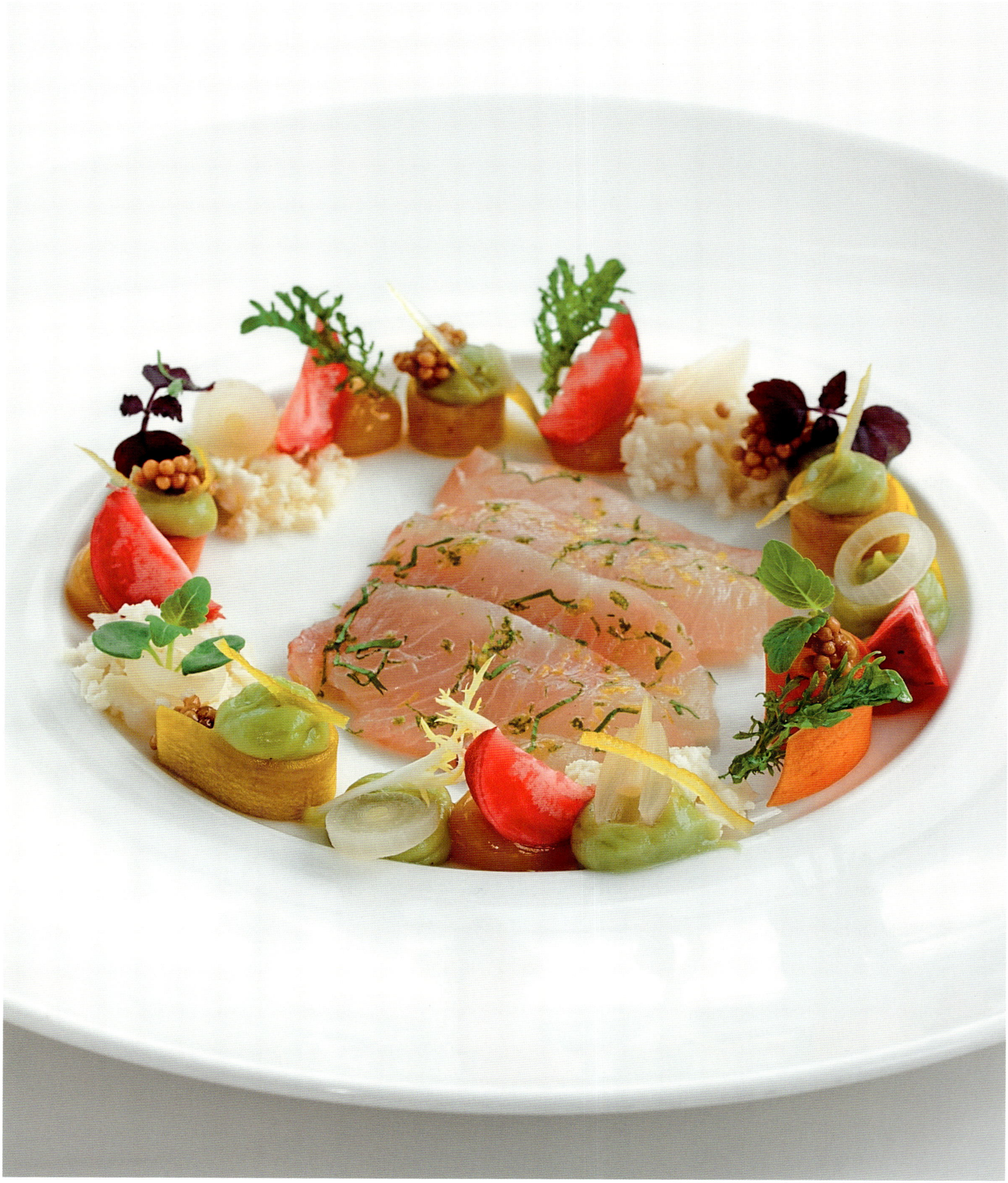

Gebeizter Hamachi,
Mango-Yuzu-Gel und süß-sauer eingelegtes Gemüse

Für 4 Personen | Zubereitungszeit: etwa 75 Minuten plus 60 Minuten Kochzeit plus 24 Stunden Zeit zum Durchziehen

Für den gebeizten Hamachi
1 großes Hamachi-Filet
   (Gelbschwanzmakrele, etwa 400 g)
1 Stängel Zitronengras | 10 g Ingwer
abgeriebene Schale von
   1 unbehandelten Limette
25 g Fleur de Sel | 25 g Rohrzucker

Für das eingelegte Gemüse
10 Radieschen | 2 Karotten | 10 Perlzwiebeln
20 kleine Blumenkohlröschen
1,5 l heiße süß-saure Marinade für Gemüse
   (siehe Seite 48)
2 TL Senfkörner | 1 TL Honig
Zesten von 1 unbehandelten Zitrone

Für die Guacamole
1 Avocado
1 Knoblauchzehe
4 Zweige Koriander
2 EL klarer Tomatensaft (siehe Seite 47)
1 EL Limettensaft
1 TL Honig
3 EL Olivenöl
1 Msp. Chilipulver
Salz
frisch gemahlener schwarzer Pfeffer

Für das Mango-Yuzu-Gel
1 vollreife Mango
10 g Ingwer
1–2 Stängel Zitronengras
7 EL Yuzu-Saft
ausgekratztes Mark von ¼ Vanilleschote
1 Prise Salz
6 g Agar-Agar

Für die Dekoration
Kresse und Kräuter nach Belieben

❋ Für den gebeizten Hamachi den Fisch waschen und trocken tupfen. Das Zitronengras putzen und fein hacken, den Ingwer schälen und fein hacken. Den Fisch mit Zitronengras, Ingwer, Limettenschale, Salz und Zucker bestreuen und in einem Beutel vakuumieren, dann 24 Stunden im Kühlschrank beizen.

❋ Für das eingelegte Gemüse Radieschen und Karotten putzen, die Radieschen vierteln und die Karotten in dünne Streifen schneiden. Die Perlzwiebeln abziehen. Das Gemüse separat in Einmachgläser füllen und mit etwa 1,3 l heißer Marinade übergießen. Die Senfkörner mit 50–100 ml Marinade aufkochen, den Honig unterrühren und ebenfalls in ein kleines Glas füllen. Die Gläser verschließen und das Gemüse und die Senfkörner 24 Stunden marinieren lassen. Die Zitronenzesten in Wasser blanchieren und in ein Einmachglas füllen, ebenfalls mit etwa 50–100 ml heißer Marinade übergießen und 24 Stunden ziehen lassen.

❋ Für die Guacamole die Avocado schälen, vom Kern befreien und in große Stücke schneiden. Den Knoblauch abziehen, den Koriander waschen, trocken schütteln und etwas zerzupfen. Alle Zutaten bis auf die Gewürze im Mixer fein pürieren. Mit Chilipulver, Salz und Pfeffer würzen und in einen Spritzbeutel füllen.

❋ Für das Gel die Mango schälen und das Fruchtfleisch vom Stein lösen. Den Ingwer schälen und fein hacken, das Zitronengras putzen und fein hacken. Alle Zutaten außer Agar-Agar etwa 10 Minuten miteinander kochen, dann im Mixer pürieren. Durch ein feines Sieb streichen und nochmals mit Agar-Agar aufkochen. Abkühlen lassen, die erstarrte Masse mixen und in einen Spritzbeutel füllen.

❋ Zum Servieren die Karotten zu Röllchen formen. Auf jeden Teller vier Röllchen verteilt an den Rand setzen. Dazwischen abwechselnd die anderen Gemüse anordnen, die Guacamole in die Karottenröllchen spritzen, vom Mango-Yuzu-Gel Tupfen zwischen die Gemüse setzen und vom Senf hier und da etwas verteilen. Den etwas abtupfen und in 16 etwa 4 mm dünne Tranchen schneiden. Jeweils vier in die Mitte der Teller setzen und mit Kresse und Kräutern dekorieren.

Entenbrust mit Zwiebelkonfit, weißem Bohnenpüree und Holunderjus

Für 2 Personen | Zubereitungszeit: etwa 45 Minuten plus 2 Stunden Koch- und Bratzeit

Für die Entenjus
2 weibliche Enten
5 Zwiebeln | 1 große Karotte
1 Stange Sellerie | 2 Knoblauchzehen
3 mittelgroße Tomaten
500 ml Rotwein | 250 ml Portwein
1,5 l Geflügelfond (siehe Seite 44)
1 Zweig Thymian | 1 Zweig Rosmarin
2 Lorbeerblätter
1 TL schwarze Pfefferkörner
5 Pimentkörner
200 ml Holundersaft | 3 EL Zucker | Salz
frisch gemahlener schwarzer Pfeffer

Für die Entenbrust
4 kleine Zweige Thymian
4 Entenbrüste (siehe oben) | 3 EL Butter

Für das Zwiebelkonfit
1 Zweig Thymian
200 g Schalotten
2 EL Butter
1 EL brauner Zucker
50 ml alter Aceto balsamico
Salz
frisch gemahlener schwarzer Pfeffer
500 ml Portwein

Für die Coco-Bohnen
2 Zweige Thymian | 2 Zweige Bohnenkraut
1 Knoblauchzehe
1 kleines Stück Sellerie (etwa 20 g)
1 Karotte
100 g Coco-Bohnenkerne, über Nacht eingeweicht
abgeriebene Schale von 1 unbehandelten Orange
200 ml Olivenöl | Salz
frisch gemahlener schwarzer Pfeffer

Für die Schnittbohnen
250 g Schnittbohnen
1 EL Butter | Salz
frisch gemahlener schwarzer Pfeffer
frisch gemahlene Muskatnuss
1 EL gehacktes Bohnenkraut
50 g Tomatenkonfit (siehe Seite 48)

Für die Geflügelbutter
150 ml Geflügelfond (siehe Seite 44)
50 g kalte Butter

❋ Entenbrüste und -keulen von den Karkassen lösen. Die Karkassen klein hacken und mit Fett von den Enten in einem Bräter anrösten. Zwiebeln, Karotte, Sellerie und Knoblauch putzen beziehungsweise abziehen und würfeln. Die Tomaten über Kreuz einschneiden, mit heißem Wasser übergießen und häuten, vierteln sowie von Stielansätzen und Samen befreien. Alles ebenfalls in die Pfanne geben und ebenfalls gut anrösten. Mit Rot- und Portwein zwischendurch immer wieder ablöschen. Währenddessen Thymian und Rosmarin waschen und trocken schütteln. Wenn sich genügend Röststoffe gebildet haben, mit dem Geflügelfond auffüllen, alles aufkochen, abschäumen und Gewürze und Kräuter dazugeben. Etwa 1 Stunde 30 Minuten köcheln lassen. Dann durch ein feines Sieb passieren, entfetten und auf die Hälfte einkochen lassen. Den Holundersaft mit dem Zucker auf 50 ml einkochen und unter die Jus mischen, mit Salz und Pfeffer abschmecken.

❋ Für die Entenbrüste den Thymian waschen und trocken schütteln. Auf jede Entenbrust auf die Seite ohne Haut einen Zweig Thymian legen und ein Viertel von der Butter geben. In einem Beutel vakuumieren und 45 Minuten bei 56 °C im Wasserbad garen, anschließend in Eiswasser abschrecken.

❋ Für das Zwiebelkonfit den Thymian waschen und trocken schütteln. Die Schalotten abziehen, würfeln und in der Butter glasig schwitzen, den Zucker dazugeben und schmelzen lassen. Den Essig angießen und bei geringer Temperatur verkochen lassen. Mit Salz und Pfeffer würzen, den Thymianzweig einlegen und mit dem Portwein auffüllen. Alles zu einer Marmelade einkochen, abkühlen lassen und fein hacken. Anschließend wieder schonend erwärmen.

❋ Für die Coco-Bohnen die Kräuter waschen und trocken schütteln. Den Knoblauch abziehen und andrücken, Karotte und Sellerie putzen und ganz lassen oder in grobe Stücke schneiden. Coco-Bohnen, Knoblauch, Karotte, Sellerie, Kräuter und Orangenschale mit Wasser bedecken und aufkochen. Vom Öl 80 ml angießen, alles mit Backpapier abdecken und weich kochen. Gegen Ende der Garzeit mit Salz würzen. Wenn die Bohnen weich sind, Gemüse und Kräuter herausnehmen und ein Drittel der Bohnen mit etwas Kochflüssigkeit in den Mixer geben. Mit dem restlichen Olivenöl fein pürieren, durch ein Sieb streichen und mit Salz und Pfeffer abschmecken, in einen Spritzbeutel füllen. Die übrigen Bohnen in der Flüssigkeit abkühlen und anschließend auf einem Sieb abtropfen lassen.

❋ Von den Schnittbohnen 150 g schräg in 2 mm dünne Scheiben schneiden, die übrigen ganz lassen. In Salzwasser bissfest blanchieren und in Eiswasser abschrecken. Die ganzen Bohnen in 7 cm lange Stücke schneiden und dann längs in 1 mm dünne Streifen schneiden. Die Bohnenstreifen nebeneinander zu 4 Quadraten von je 7 x 7 cm auf ein mit Butter bestrichenes Backpapier legen, die Bohnen mit Butter bepinseln und mit Salz, Pfeffer und Muskat würzen. Im auf 80 °C vorgeheizten Backofen kurz warm stellen.

❋ Für die Geflügelbutter den Geflügelfond auf ein Drittel einkochen und die kalte Butter mit dem Pürierstab einarbeiten. Die Entenbrüste auf der Hautseite vorsichtig in Rauten einschneiden, mit Salz und Pfeffer würzen. Mit der Hautseite nach unter in eine kalte Pfanne legen und bei geringer Temperatur langsam knusprig braten; so schmilzt das Fett langsam und das Fleisch erhält eine schöne Bräune. Wenden, den Herd ausschalten und mit der Restwärme fertig garen.

❋ Zum Fertigstellen die Coco-Bohnen in der Geflügelbutter erwärmen. Die Schnittbohnen, das Bohnenkraut und das Tomatenkonfit dazugeben, mit Salz, Pfeffer und Muskatnuss abschmecken. Zum Anrichten das Bohnen-Carpaccio mittig auf vorgewärmte Teller setzen, jeweils eine Nocke Zwiebelkonfit daraufsetzen, links und rechts davon je einen Löffel von den Coco-Bohnen platzieren. Einige Tupfen vom Bohnenpüree danebensetzen, die Entenbrüste der Länge nach halbieren (an den Seiten etwas begradigen), neben dem Bohnen-Carpaccio anrichten und von der Sauce angießen.

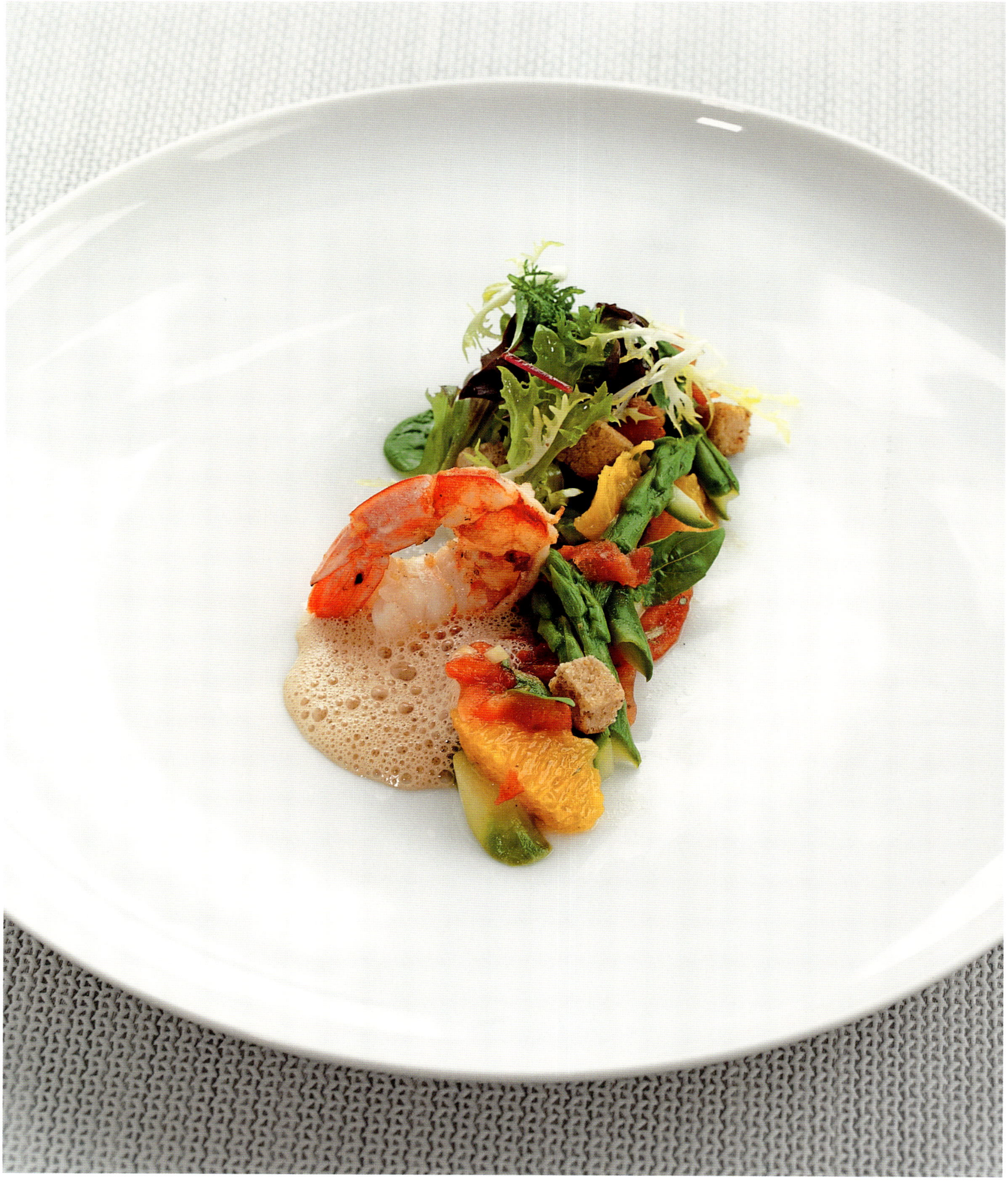

Salat von grünem Spargel, Orange und Wildgarnele mit Schinkenschaum

Für 4 Personen | Zubereitungszeit: etwa 25 Minuten plus 3 Stunden 20 Minuten Kochzeit

Für den Schinkenschaum
150 g Bacon
1 Knoblauchzehe
1 Zwiebel
1 Zweig Thymian
750 ml Geflügelfond (siehe Seite 44)
150 g Knochen und Parüren von einem Ibérico-Schinken
250 g Crème fraîche

Für den Spargelsalat
28 Stangen grüner Spargel
Salz | Zucker | 16 Basilikumblätter
1 EL Orangensaft | 1 EL Zitronensaft
1 EL weißer Aceto balsamico
frisch gemahlener schwarzer Pfeffer
3 EL Traubenkernöl
24 Orangenfilets
30 g Tomatenkonfit (siehe Seite 48)
60 g Brot-Croûtons

Für die Wildgarnelen
1 Knoblauchzehe
4 küchenfertige Wildgarnelen (ohne Kopf und entdarmt)
Zitronengras-Ingwer-Öl

Für die Dekoration
Wildkräutersalat

✻ Für den Schinkenschaum den Bacon fein wolfen und die Knoblauchzehe abziehen, die Zwiebel ebenfalls abziehen und fein würfeln. Den Thymian waschen und trocken schütteln. Alle Zutaten bis auf die Crème fraîche in einem Topf aufkochen und bei geringer Temperatur etwa 3 Stunden köcheln. Den Topfinhalt durch ein Tuch passieren, mit der Crème fraîche erhitzen und zum Servieren mit dem Stabmixer aufschäumen.

✻ Für den Salat den Spargel putzen und in 6 cm lange Stücke schneiden, in kochendem Salz-Zucker-Wasser bissfest garen und abgießen. Basilikum waschen und trocken schütteln, die Hälfte der Blätter fein schneiden. In einer großen Schüssel Orangen- und Zitronensaft, Essig, Salz, Zucker und Pfeffer verrühren, dann das Traubenkernöl einrühren und nochmals abschmecken. Spargel, Orangenfilets, Tomatenkonfit, Brot-Croûtons und Basilikum einschwenken und kurz durchziehen lassen.

✻ Für die Wildgarnelen den Knoblauch abziehen und andrücken, die Garnelen waschen und trocken tupfen. In einer Pfanne das Zitronengras-Ingwer-Öl mit dem Knoblauch bei mittlerer Temperatur erhitzen und die Garnelen darin auf beiden Seiten kurz anbraten, sie sollen innen noch glasig sein.

✻ Zum Servieren die Wildkräuter waschen und trocken schütteln. Den Spargelsalat mittig in einem Streifen auf Tellern anrichten, die Garnelen an den Salat setzen und etwas Schinkenschaum dazugeben. Mit Wildkräutersalat dekorieren und servieren.

Spargel-Tagliatelle
in Morchelrahm

Für 2 Personen | Zubereitungszeit: etwa 40 Minuten

Für den Morchelrahm
320 g Morcheln
1 Schalotte
Olivenöl zum Braten
1 Schuss Madeira zum Ablöschen
150 g Sahne
Saft von 1 Limette
1 EL Crème fraîche
Salz
frisch gemahlener schwarzer Pfeffer
2 EL Schlagsahne

Für die Spargel-Tagliatelle
1 kg weißer Spargel
200 ml Geflügelfond (siehe Seite 44)
50 g Butter
Fleur de Sel
frisch gemahlener schwarzer Pfeffer

Zum Servieren
1 Bund Schnittlauch
60 g Parmesan

❀ Die Morcheln gründlich waschen, bis sie sandfrei sind, und die Stiele abschneiden. Die Morcheln halbieren und nochmals waschen – gut abtropfen lassen. Die Schalotte abziehen und fein würfeln. In einer großen Pfanne das Olivenöl bei mittlerer Temperatur erhitzen und die Morcheln darin anbraten. Die Schalotte dazugeben, durchschwenken und mit Madeira ablöschen. Sahne, Limettensaft und Crème fraîche zugeben und alles kurz aufkochen. Mit Salz und Pfeffer abschmecken und die geschlagene Sahne unterheben.

❀ Für die Spargel-Tagliatelle den Spargel schälen (vom grünen Spargel nur das untere Drittel) und mit dem Sparschäler in Tagliatelle schneiden. Geflügelfond und Butter in einem großen Topf erhitzen und den Spargel darin in 3–5 Minuten bissfest garen, mit Salz und Pfeffer abschmecken.

❀ Zum Servieren den Schnittlauch waschen, trocken schütteln und in feine Röllchen schneiden. Den Morchelrahm auf vorgewärmte Pasta-Teller verteilen und die Spargel-Tagliatelle mittig anrichten. Mit Schnittlauch bestreuen und den Parmesan darüberhobeln.

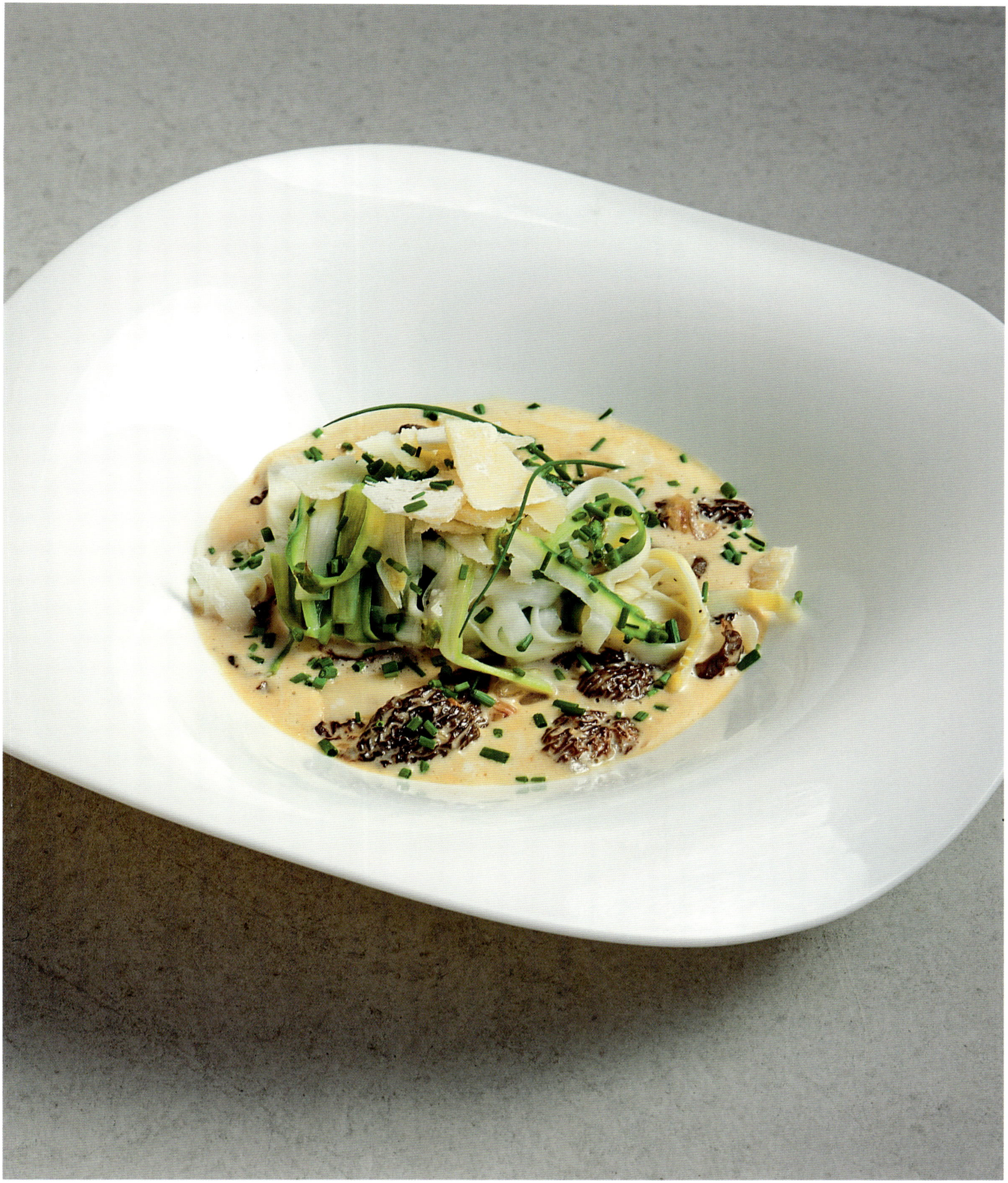

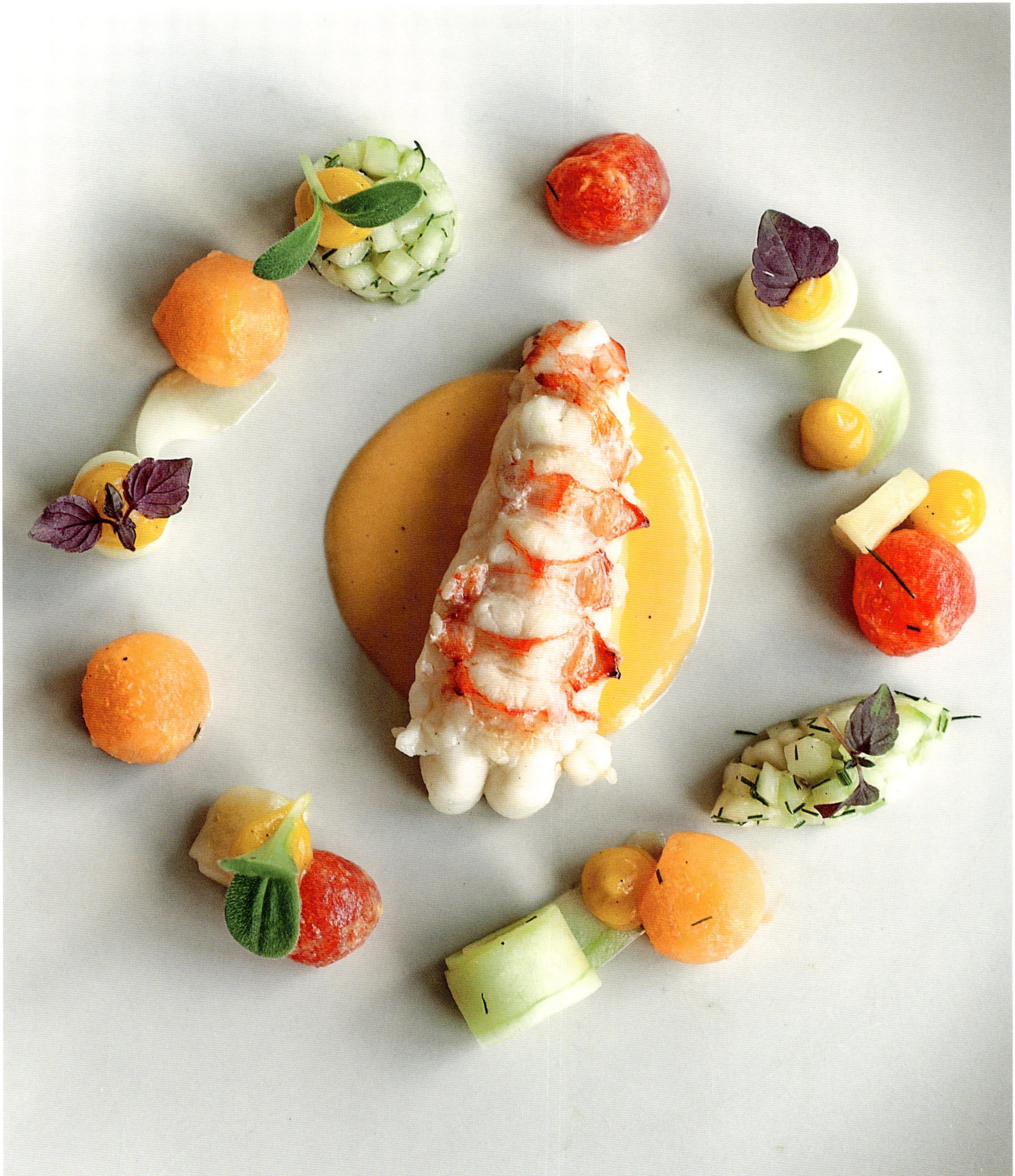

Langustine, Melone und Gurken-Chutney

Für 4 Personen | Zubereitungszeit: etwa 30 Minuten plus 15 Minuten Kochzeit plus Gelierzeit

Für Melonenkugeln und -gel
1 großes Stück Ingwer (etwa 50 g)
2 Knoblauchzehen
5 Schalotten
1 Stängel Zitronengras
1 EL Olivenöl
50 ml weißer Aceto balsamico
1 Charentais-Melone
¼ Wassermelone
4 EL helle Sojasauce
1 TL Yuzu-Saft
Salz
frisch gemahlener schwarzer Pfeffer
1 g Agar-Agar

Für Gurkenschleifen und -chutney
1 Salatgurke
250 ml Tonic Water | 400 ml Gin
1 TL Zucker | Saft von ½ Limette
1 EL gehackter Dill | Salz
frisch gemahlener schwarzer Pfeffer

Für die Melonensauce
100 ml Melonensud (siehe links)
3 EL weißer Aceto balsamico
2 Spritzer Tabasco
4 EL Panko-Paniermehl
(feines weißes Paniermehl)
3 EL Olivenöl | Salz
frisch gemahlener schwarzer Pfeffer

Für die Langustinen
4 küchenfertige große Langustinen
(geschält, entdarmt, ohne Kopf)
1 TL Yuzu-Saft
1 EL Zitronengras-Ingwer-Öl
Zitronensalz
gemahlener Langpfeffer

Zum Anrichten
Shiso-Kresse
Borretsch-Kresse

❋ Für die Melonenkugeln und das Gel den Ingwer schälen, Knoblauch und Schalotten abziehen sowie das Zitronengras waschen und trocken schütteln. Alles fein würfeln beziehungsweise fein schneiden. In einer Pfanne in Olivenöl farblos anschwitzen und mit dem Essig ablöschen, dann kurz aufkochen und die Marinade etwas abkühlen lassen.

❋ Die Melonen schälen und von den Kernen befreien. Mit einem Ausstecher jeweils zwölf Kugeln ausstechen. Das übrige Melonenfruchtfleisch mit der Marinade in einem Mixer pürieren und durch ein feines Sieb passieren. Mit Sojasauce, Yuzu-Saft und den Gewürzen abschmecken und die Melonenkugeln im Sud marinieren – es sollten außerdem 150 ml vom Melonensud übrig bleiben.

❋ Für das Gel die übrigen 150 ml vom Melonensud mit dem Agar-Agar mischen und aufkochen. In eine Schüssel füllen und kalt stellen. Wenn die Masse fest ist (Packungsangabe beachten und hin und wieder kontrollieren), pürieren und in einen Spritzbeutel füllen, dann bis zur Verwendung kalt stellen.

❋ Für die Gurkenschleifen und das Chutney die Gurke schälen und mit einem Sparschäler außen herum zwölf etwa 1 cm breite Streifen abziehen. Das übrige Fruchtfleisch der Länge nach halbieren und von den Kernen befreien. Das Fruchtfleisch in 3 mm große Würfel schneiden. Tonic Water, Gin, Zucker, Limettensaft sowie Dill mischen und mit Salz und Pfeffer abschmecken. Die Gurkenwürfel und -streifen separat darin marinieren.

❋ Für die Melonensauce 100 ml vom Sud der Melonenkugeln mit Essig, Tabasco und Panko-Paniermehl mixen und in eine Schüssel füllen. Das Öl nach und nach einrühren und mit Salz und Pfeffer abschmecken.

❋ Die Langustinen mit Yuzu-Saft beträufeln und mit Öl, Zitronensalz und Langpfeffer würzen. Etwas marinieren lassen und rundum mit einem Bunsenbrenner abflämmen (das Fleisch bekommt so ein schönes Raucharoma und bleibt innen glasig).

❋ Zum Anrichten die Kresse waschen und trocken schütteln. In die Mitte der Teller Melonensauce geben und die Langustinen mittig platzieren. Die Gurkenstreifen aus der Marinade nehmen und etwas abtupfen, aufrollen und die Rollen auf die Teller stellen, dann mit Melonengel füllen. Nocken vom Gurken-Chutney dazuplatzieren und Tupfer vom Melonengel dazwischensetzen. Die Melonenkugeln auf die Teller verteilen und alles mit Kresse garnieren.

Kabeljau auf Gurken-Kartoffel-Salat und Chorizo-Schaum

Für 4 Personen | Zubereitungszeit: etwa 30 Minuten plus 35 Minuten Kochzeit

Für den Gurken-Kartoffel-Salat
500 g kleine, festkochende Kartoffeln
Salz | 1 kleine Zwiebel
100 ml Geflügelfond (siehe Seite 44)
100 ml Apfelsaft
70 ml weißer Aceto balsamico
30 ml alter Aceto balsamico
1 EL Senf | Fleur de Sel
frisch gemahlener schwarzer Pfeffer
1 Spritzer Worcestersauce
1 kleine oder ½ Salatgurke (etwa 200 g)
½ Bund Dill
100 ml Olivenöl

Für den Chorizo-Schaum
100 g Chorizo
200 ml Geflügelfond (siehe Seite 44)
100 ml klarer Tomatensaft (siehe Seite 47)
1 Zweig Thymian
100 g Sahne
80 g Tomatenkonfit (siehe Seite 48)
1 kleine mehligkochende Kartoffel, weich gekocht
Salz
frisch gemahlener schwarzer Pfeffer

Für den Blattsalat
20 g Mesclun-Salat
1 EL Honig
3 EL weißer Aceto balsamico | Salz
frisch gemahlener schwarzer Pfeffer
6 EL Olivenöl | 1 EL Sesamöl

Für den Kabeljau
720 g Kabeljaufilet mit Haut | Salz
frisch gemahlener schwarzer Pfeffer
Mehl zum Bestauben
1 Knoblauchzehe | 1 Zweig Thymian
2 EL Olivenöl | 2 EL Butter

❊ Für den Salat die Kartoffeln in der Schale in Salzwasser bissfest garen und noch warm pellen. Die Zwiebel abziehen und fein würfeln. Den Geflügelfond mit den Zwiebelwürfeln auf ein Drittel einkochen, den Apfelsaft separat ebenfalls auf ein Drittel einkochen und beides mischen. Essige und Senf einrühren, mit Salz, Pfeffer und Worcestersauce würzen.

❊ Die Kartoffeln noch warm in 3–4 mm dicke Scheiben schneiden und in der Marinade gut 10 Minuten ziehen lassen. Die Gurke schälen, der Länge nach halbieren, von den Kernen befreien und in 3 mm dicke Scheiben schneiden. Den Dill waschen und trocken schütteln, etwas zerzupfen. Gurke und Dill unter die Kartoffeln heben, das Olivenöl unterrühren und 30 Minuten ziehen lassen. Nach Belieben nochmals abschmecken.

❊ Für den Schaum die Chorizo fein wolfen. Mit dem Geflügelfond und dem klaren Tomatensaft auf die Hälfte einkochen. Den Thymian waschen, trocken schütteln und dazugeben, nochmals um ein Drittel einkochen. Die Sahne parallel auf die Hälfte einkochen. Den Chorizo-Sud durch ein Tuch passieren und mit dem Tomatenkonfit und der Sahne im Mixer fein pürieren, gegebenenfalls mit der zerdrückten Kartoffel etwas binden und mit Salz und Pfeffer abschmecken.

❊ Den Blattsalat waschen und trocken schütteln, Honig und Aceto balsamico verrühren, mit Salz und Pfeffer würzen. Die Öle unterrühren und den Salat damit anmachen, etwas durchziehen lassen.

❊ Das Kabeljaufilet in vier schöne Tranchen schneiden, salzen, pfeffern und auf der Hautseite mit Mehl bestauben. Den Knoblauch abziehen und andrücken, den Thymian waschen und trocken schütteln. In einer Pfanne Olivenöl und Butter bei geringer Temperatur erhitzen, Knoblauch und Thymian zugeben. Den Kabeljau mit der Hautseite nach unten einlegen und auf der Fleischseite vorsichtig beschweren, damit die Haut gleichmäßig bräunt. Wenn der Fisch nahezu gar ist, wenden und die Pfanne vom Herd nehmen – mit der Resthitze gart der Fisch zu Ende.

❊ Zum Anrichten den Gurken-Kartoffel-Salat in die Mitte der Teller geben, den Kabeljau daraufsetzen. Den Chorizo-Sud mit dem Stabmixer aufschäumen und angießen, mit Mesclun-Salat garnieren.

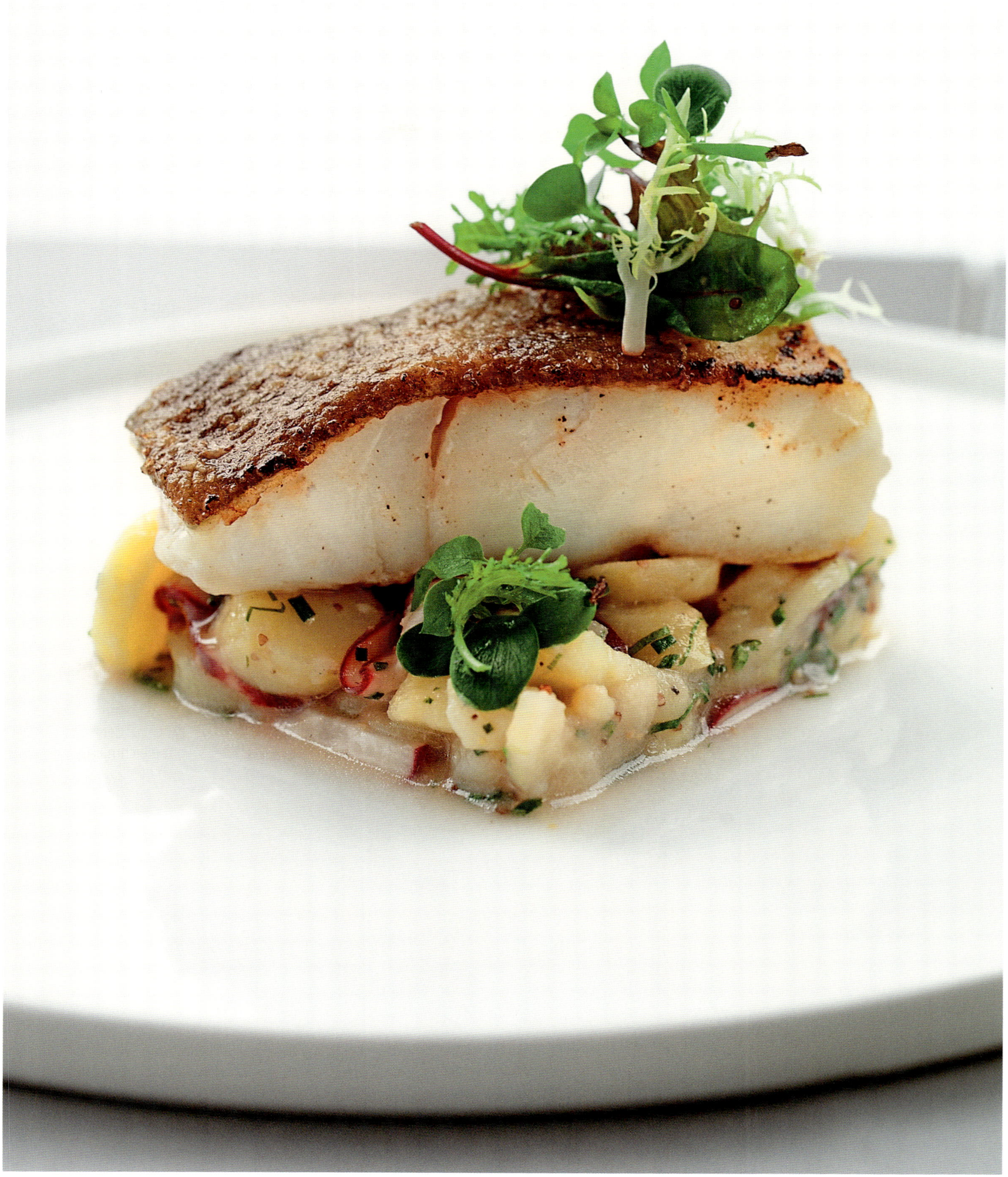

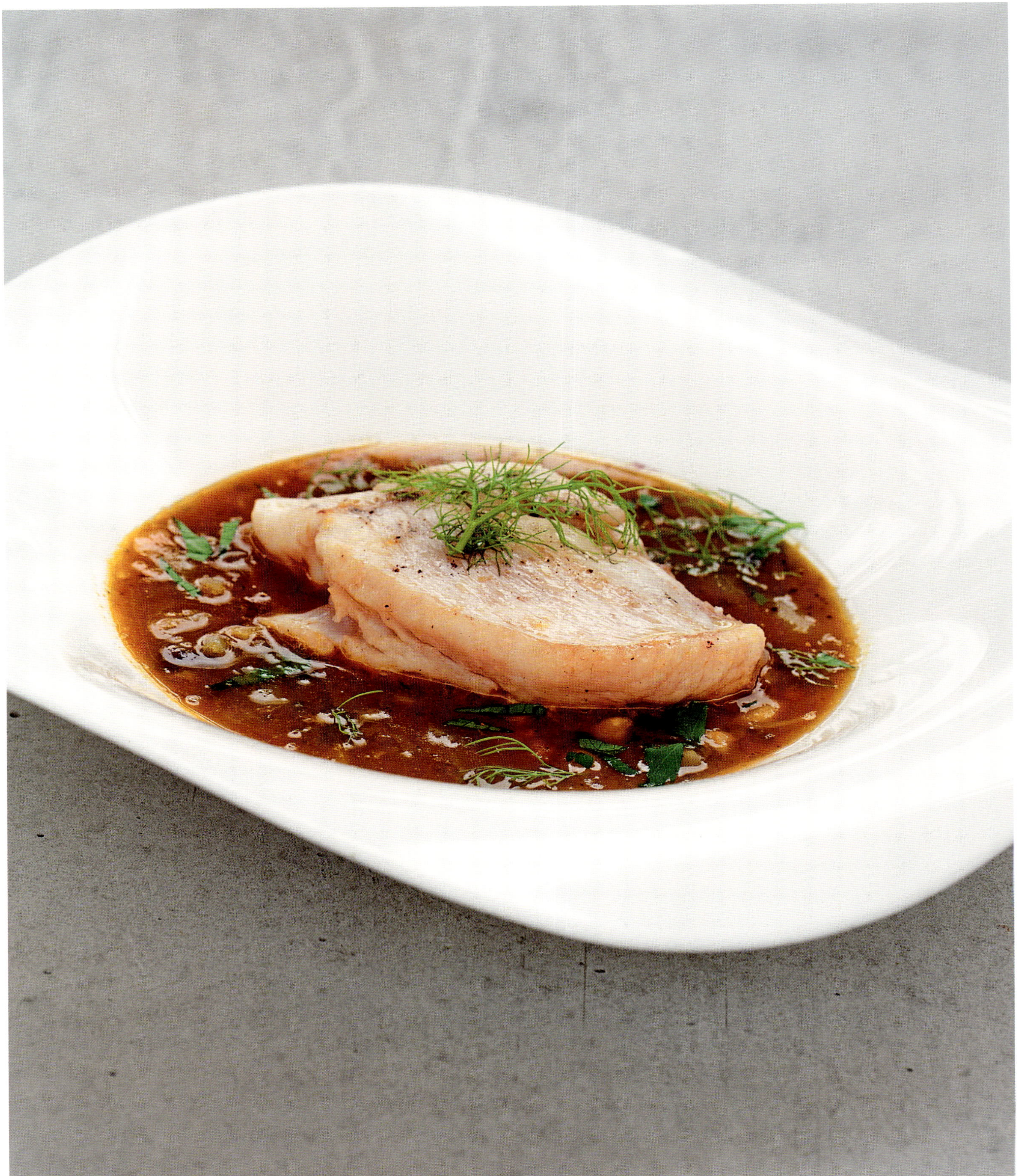

Pot au feu von der Zahnbrasse

Für 4 Personen | Zubereitungszeit: etwa 20 Minuten plus 1 Stunde Kochzeit plus 12 Stunden Einweichzeit

Für den Fond
1 Gemüsezwiebel
1 Knolle Fenchel
1 Karotte
500 g vollreife Tomaten
Olivenöl zum Anschwitzen
50 ml Pastis (Anislikör)
1 l Fischfond (siehe Seite 45)
1 l Venusmuschelfond mit Muscheln (siehe Seite 49)
Kopf von 1 großen (oder 3 kleineren) Zahnbrasse(n), gut gewässert

Für die Suppe
20 g Puy-Linsen | 30 g Kichererbsen
¼ Gemüsezwiebel | 1 Knoblauchzehe
½ Karotte | ½ Stange Sellerie
2 mehligkochende Kartoffeln
30 g Tomatenkonfit (siehe Seite 48)
Olivenöl zum Anschwitzen
Fischfond (siehe links)
Ras el-Hanout | Fleur de Sel
frisch gemahlener schwarzer Pfeffer
1 kleines Bund Dill
1 kleines Bund Koriander

❀ Für den Fond die Gemüsezwiebel abziehen, Fenchel und Karotte putzen und alles grob würfeln. Die Tomaten waschen und vierteln, dabei vom Stielansatz befreien. Das grob gewürfelte Gemüse in einem Suppentopf in etwas Olivenöl bei geringer Temperatur anschwitzen. Die Tomaten dazugeben und weitere 5 Minuten anschwitzen, mit Pastis ablöschen und Fisch- sowie Muschelfond (ohne Muscheln) auffüllen – die Muscheln beiseitestellen und warm halten. Alles aufkochen und nach etwa 10 Minuten den Fischkopf einlegen. Kurz aufkochen, den Herd abschalten und 20 Minuten ziehen lassen. Den Fischkopf aus dem Fond nehmen, den Fond warm halten und durch ein feines Sieb passieren.

❀ Für die Suppe Linsen und Kichererbsen am Vorabend in Wasser einweichen. Gemüsezwiebel und Knoblauch abziehen, Karotte und Sellerie putzen sowie die Kartoffeln schälen. Alles fein würfeln, das Tomatenkonfit ebenfalls fein hacken. Linsen und Kichererbsen durch ein Sieb abgießen. In einem großen Topf Zwiebel und Knoblauch in etwas Olivenöl glasig anschwitzen. Karotte, Sellerie und Kartoffeln darin ebenfalls kurz anschwitzen und mit dem Fond auffüllen. Linsen und Kichererbsen zugeben und alles kochen, bis die Kartoffeln zerfallen. Das Tomatenkonfit dazugeben und mit Ras el-Hanout, Salz und Pfeffer würzen. Die Kräuter waschen, trocken schütteln und die Blätter abzupfen beziehungsweise den Dill etwas zerzupfen.

❀ Zum Anrichten das Fleisch inklusive der Bäckchen vorsichtig vom Fischkopf lösen. Die Suppe in tiefe Teller füllen und das Fischfleisch sowie die Muscheln einlegen, mit den Kräutern dekoriert servieren.

Danksagung

So ein Buch ist keine leichte Sache und von ganz allein geht es nicht – hierfür sind viele Menschen nötig und diesen möchte ich nun danken:

Meiner Frau Rosemarie, die mir immer den Rücken gestärkt hat, auch wenn es nicht immer einfach war – ihr gilt der größte Dank.

Freddy Gerhold, meinem Sous Chef, der bei allen Foto-Shootings dabei war und mich tatkräftig unterstützt hat.

Doris Mertens, die so manche Überstunde machen musste, um unsere handgeschriebenen Rezepte leserlich für den Verlag aufzuarbeiten.

Carolin Friese, unserer Fotografin, die ich durch die Weltgeschichte gehetzt habe, und die vom fertigen Gericht über Olivenöl bis zur lebenden Kuh alles fotografieren musste.

Meiner gesamten Küchencrew, und besonders meinem Küchenchef Alex Wulf, die uns bei vielen Gerichten unterstützt beziehungsweise den Rücken für unsere vielen Reisen freigehalten haben.

Doreen Brodowsky, die mit mir manchmal sehr viel Geduld haben musste.

Carsten Preis, der aus meinen langen Erzählungen die Essenz herausgefiltert und sie in wunderbare Geschichten verpackt hat.

Peter und Margarete Plück, Nicole Bibad und Jörg Hertzner, die so wunderbare Gastgeber waren.

Mein Dank gilt auch allen, die an diesem Projekt mitgearbeitet haben und die ich nicht namentlich erwähnt habe.

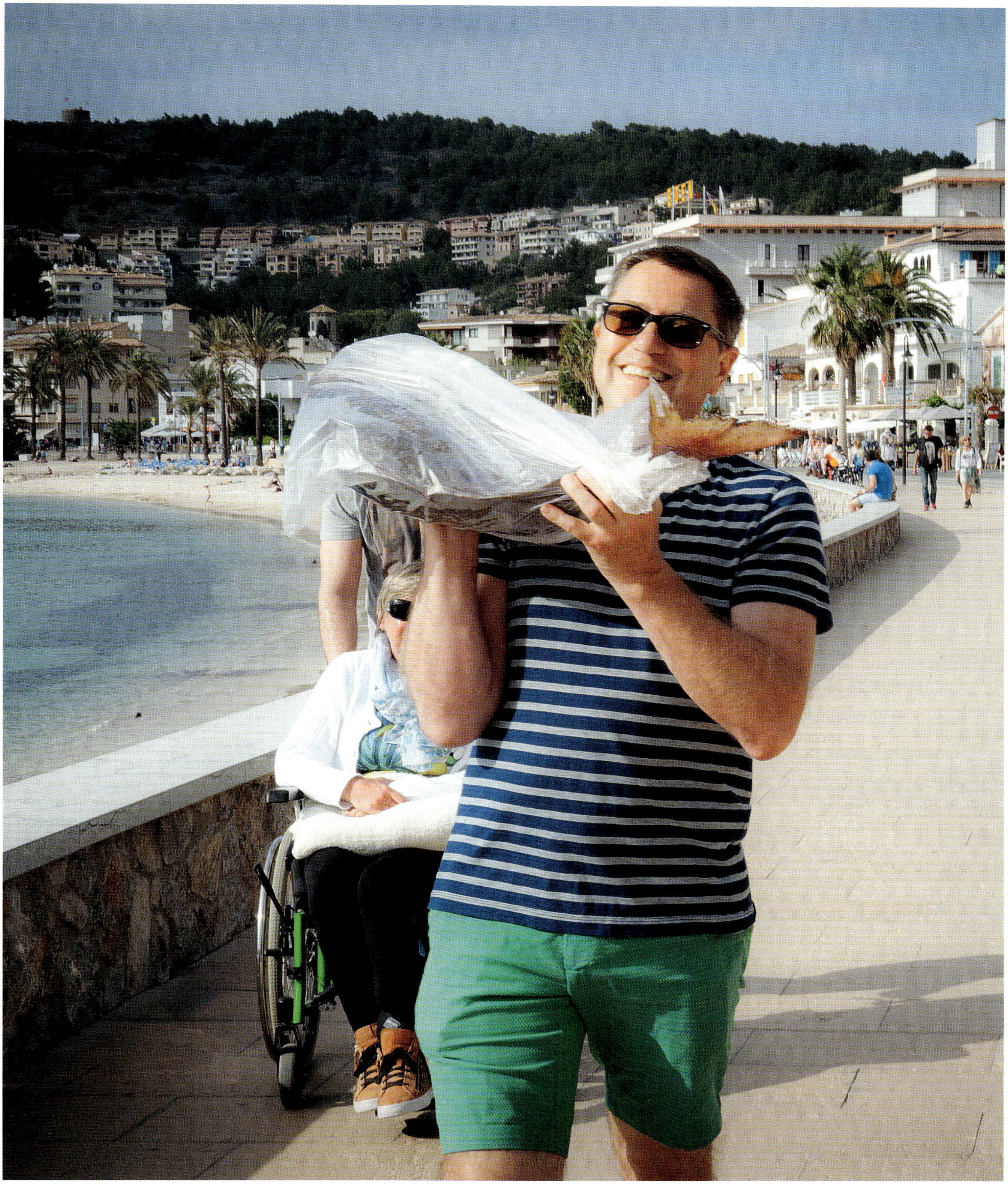

Impressum

Produktmanagement: Doreen Brodowsky
Partnermanagement: Thomas Nehm
Textredaktion: Sabine Durdel-Hoffmann
Korrektorat: Susanne Langer, M.A.
Layout und Satz: Silke Schüler
Umschlaggestaltung: Katharina Franz
unter Verwendung von Fotos von Carolin Friese
Repro: Repro Ludwig, Zell am See
Herstellung: Barbara Uhlig
Texte: Carsten Preis
Fotografie: Carolin Friese

Printed in Italy by Printer Trento

Unser komplettes Programm finden Sie unter
www.christian-verlag.de

★★★★★

Sind Sie mit diesem Titel zufrieden?
Dann würden wir uns über Ihre Weiterempfehlung freuen.
Erzählen Sie es im Freundeskreis, berichten Sie Ihrem Buchhändler oder bewerten Sie bei Onlinekauf. Und wenn Sie Kritik, Korrekturen, Aktualisierungen haben, freuen wir uns über Ihre Nachricht an Christian Verlag, Postfach 40 02 09, D-80702 München oder per E-Mail an lektorat@verlagshaus.de

Alle Angaben dieses Werkes wurden vom Autor sorgfältig recherchiert und auf den neuesten Stand gebracht sowie vom Verlag geprüft. Für die Richtigkeit der Angaben kann jedoch keine Haftung übernommen werden.

Die Deutsche Nationalbibliothek verzeichnet diese Publikation in der Deutschen Nationalbibliografie; detaillierte bibliografische Daten sind im Internet über http://dnb.d-nb.de abrufbar.

© 2017 Christian Verlag GmbH, München

ISBN 978-3-95944-693-3
Alle Rechte vorbehalten

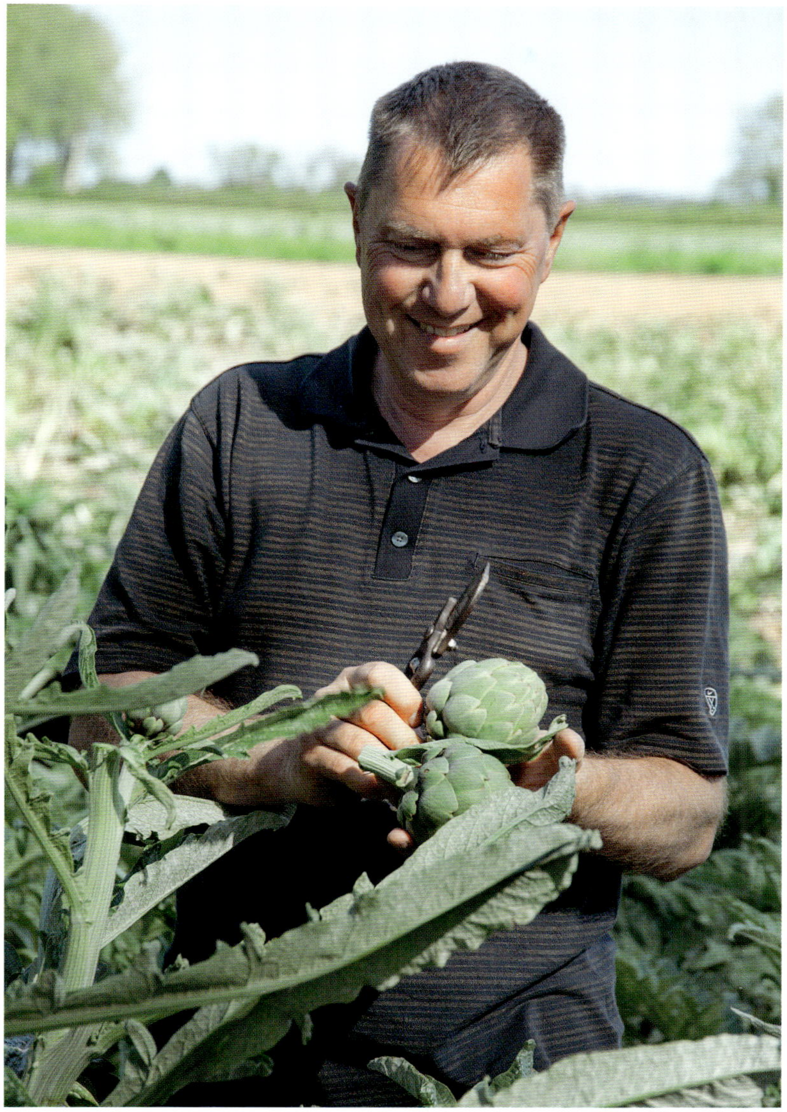

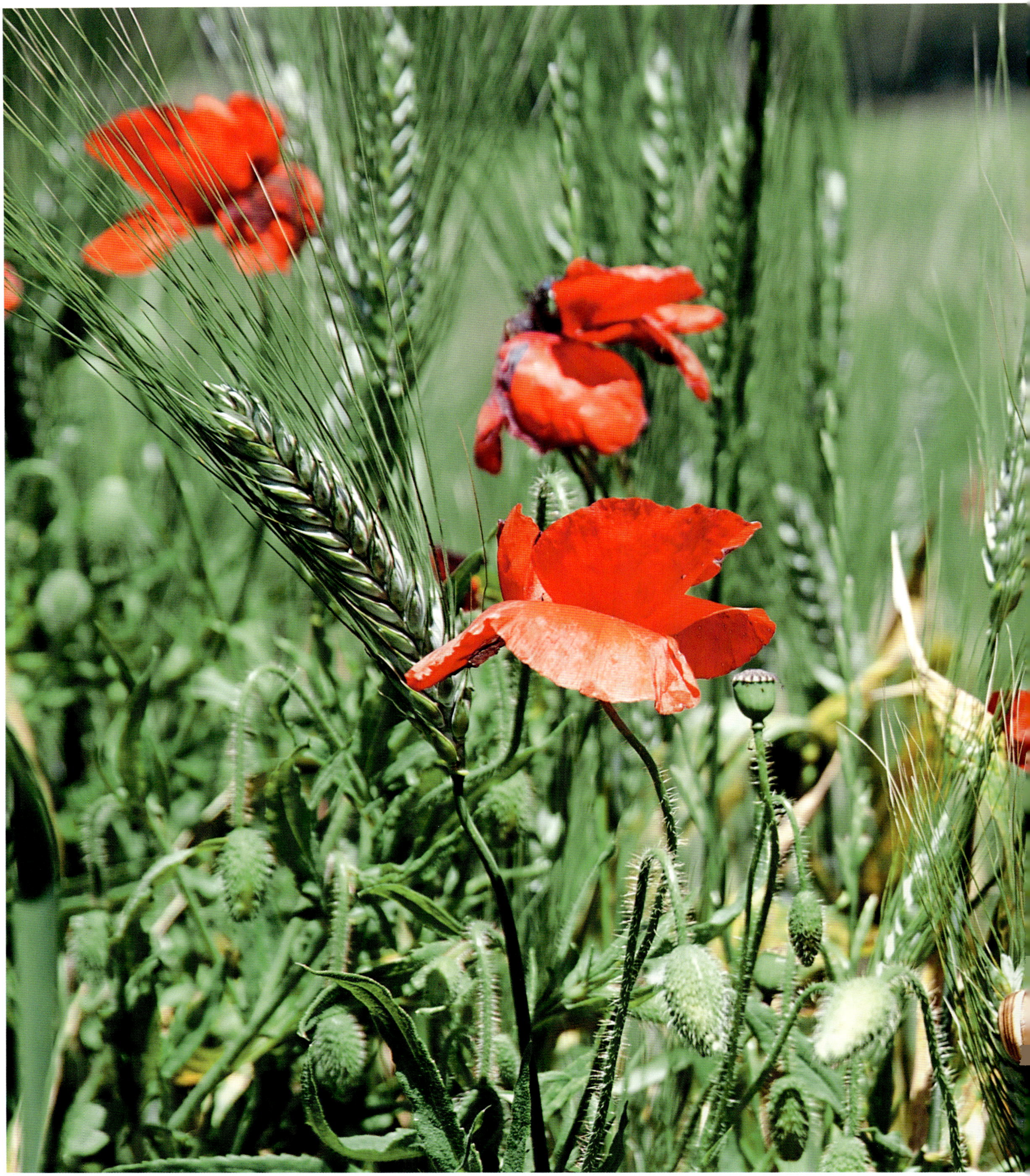